一峯草堂師友書札

劉欣　江功舉　編
張啓政　劉欣　校註

文物出版社

紀念吳一峯百年誕辰系列圖書

一峯草堂師友書札
吳一峯山水畫集
吳一峯藝術年譜
吳一峯研究文集

謹以此書

紀念吴一峯先生百年誕辰

前言

吳一峯先生一九〇七年生於浙江平湖，一九九八年病逝於蜀中。生前爲中國美術家協會會員，畢生致力於山水畫的研究與創作，是上世紀百年畫壇中頗具實力的山水畫家。上世紀二十年代，他即遊學習畫於上海，一九三二年隨黄賓虹先生入蜀後，慕戀蜀中山水奇偉，從此留寓四川，定居成都。先生一生行跡獨特，筆硯勤耕，作畫從藝凡七十餘年，成績斐然。其平生交遊廣闊，或亦師亦友於書畫同道，或翰墨結緣於時彦耆宿。數十年間，友朋書信往來不斷，談藝論畫略無旁涉。本書擇其要者所收録的，是自上個世紀三十年代至八十年代的半個世紀中，前輩大師、同儕好友如黄賓虹、謝无量、郭沫若、鄭午昌、張大千、吳作人、王个簃、陸儼少、趙少昂、關山月等致吳一峯先生信函四十餘通。

本書的編排以信函書寫人出生年代先後爲序。

爲方便讀者瞭解信函書寫人與吳一峯先生之間的關係，本書選用了一些相關資料作爲附件。

凡信函中生僻用字、用典，爲方便讀者閲讀，盡可能加以註釋；凡信函中涉及相關的人物、事件亦擇以註釋。

書札中編者未能辨識的文字，均用□符號表示，以待識者幫助訂正。對於個别明顯誤書的文字，則於釋文中先依原稿照録，然後在誤書字後括號内加以註明。

名人書札因其具有較高的書法藝術價值和極高的文獻史料價值，歷來爲世人青睞，史家重視。而本書所收録者或爲書畫名家，或爲文化名人之書札，不僅有精湛的書法可供欣賞，其中内容則更爲研究吳一峯先生繪畫藝術和近現代繪畫史的重要資料。通過本書，相信讀者既可從中領略到風采各異的書法之美，又能從這些陳墨舊紙中獲得自己所感興趣的信息。

編者

目次

序一

一峯先生與我

流沙河

我小一峯先生二十四歲，該算晚輩。一九三一年秋，他開步『大走』到天目山和富春江寫生時，我尚未生。他是大畫家，而我是國畫外行。鷹飛鷹的道，蛇爬蛇的道，本來不相交。純粹由於誤陷『陽謀』，同遭五十年前的那一場反右派鬥爭之奇禍，被弄到一起『搞臭』，戴帽監督管制，强迫勞動，纔有了彼此朝暮聚首的緣份。衹是緣份不長，年餘罷了，還談不上相契相知。唉，那短暫的一年餘也太特殊了。那是兩條被龍捲風拋落到涸轍中的魚，朝朝同掃厠所，暮暮同拉煤車，被革命同志唾棄喝斥的一年餘；無一甘之可同，有百苦之與共，累得頭昏眼花的一年餘；歷史上可遇而不可求的一年餘。經這樣特殊的一年餘，二人之間，朝朝暮暮相嘘相濡，較之於『相忘於江湖』的十餘年，更能够互相明其心而見其性。

初服苦役，我不耐煩。掃操場猛揮帚，塵坌飛揚，往往招來惡聲。一峯先生則迥異，做事耐心，絶無怨氣。任何苦役，莫不愉快從事。我以爲他是在掙表現，圖個早日摘帽歸隊，竊笑之。他答：『不是。這是君子自重。』一言令我終身受用。不管衆人怎樣鄙視，我們應該珍視自己。要有這點阿Q精神，纔不至於被人壓垮。

煤車我拉中杠，一峯先生從旁協拉紼維（俗呼飛蛾者誤）。空車去路輕鬆，一路笑談。他年長，見多識廣，娓娓道來。説到那精彩處，觀其表情，煖然似春，渾忘頭壓千鈞之帽。掃女厠所這樣尷尬的事，他都泰然爲之。抹洗女式坐便平臺，見其格局頗似舊時醬園鋪中嵌置瓦缸之平臺，他居然有閑情説笑話：『又開醬園鋪啦。』想用賤役辱没他，那就失算了。在川西大邑縣長河壩陳家巖揹礦煉鐵，夜宿工棚。他鋸一截竹筒，打通留底，以代尿罐，毛筆書其上曰『吳一峯尿筒』。我大笑説：『你是人，不是尿筒。』他拍額哈哈笑，隨即添一『之』字。他之愛搞笑，蓋自幼而然。二十五歲那年，隨侍其恩師黃賓虹入蜀，路上想必多有搞笑之事，所以黃大師給其夫人的信上説『吳一峯孩子氣重』。

一日午，他入室通知我同去勞作，見我正在讀郭沫若著《奴隸制時代》。此書封面素雅，白地黑字，郭氏手跡，鈐一紅印。他拿起來細察印文，小聲説：『想不到他還在用。』想起抗日戰爭在重慶爲郭氏治此印的歲月，他忽愀然不樂，沉默久之。

後來又去川西崇慶縣懷遠鎮曹家溝煉鐵，奉命通宵鋸柴，以供高爐。在一盞馬燈下，我二人對坐，共執一把小鋸，一推一拉，鋸樹成尺截。又用刀斧四劈成柴，火塘烘烤，使之乾燥。困倦了，他就吟誦昔年『大走』江湖所作的詩。其一云：『旅館殘燈半不明，身酸被冷夢未成。年年浪跡天涯路，又聽秋風葉落聲。』尾句使我感動，偵察到愛搞笑外表下一顆敏感細膩的心。我提議合作七言絶句詩。他先來兩句寫現場，隨口唸道：『煙如迷霧催人淚，砭骨寒風夜夜來。』我接着觸景打油，來兩句小小牢騷，唸道：『斧影刀光鋸聲裏，大柴紛紛變小柴。』相與大笑，笑跑了瞌睡蟲，又努力鋸柴。

此後，一峯先生在省圖書館建築工地上勞作，我去看望。見他正在忙着驗收石灰，依然滿臉歡笑，正是『處涸澤以猶歡』，不像我一臉的苦命相。想不到的是又過了三十年，在桂花巷開會，我趨前問候他。病中的一峯先生竟表情阻滯，一時認不出我了。歲月無情，奪人記憶，一至於斯。從前種種，若能喚回他的記憶，恐怕也會覺得那是一場夢啊。

一峯先生逝世轉瞬八年，鶴飛杳杳。如今從這一册《一峯草堂師友書札》稿本中，每一頁猶能看見其師友們眼光中的吳一峯，間接感受到他正直的品格、快樂的心態、奮進的人生，足爲後代典型。至於那些書札，除在下的拙作而外，莫不流露出自然瀟灑之美，堪作法書，供人觀賞。

序二

借風景的老人——懷念我的朋友吳一峯

馬悅然

一九七九年馬悅然與吳一峯夫婦攝於『一峯草堂』

我夜裏做夢上峨嵋山去。走到了洗象池以上的天梯時，我向東看，就發現雲海不見了！唉，峨嵋山我上過好幾次，每次到這天梯來，就會看見雲海。上到金頂，向西看，啊！西藏的雪山還在！向北看，啊！重山還在！向南看，啊！長江還在！可向東看，啥子都没得！全是空白！雲海不見了！佛光不見了！佛燈也不見了！

忽然一個駄着很大一個背囊的老頭兒走過來，在我旁邊坐下。『非常抱歉。』他説，『我叫你失望！我馬上把我所借的還給自然！』説着，他把背囊解開，讓其中的雲海像個鉅大的瀑布沖到山谷裏。霎時間，金頂以東的風景回復原狀。

當天晚上，老頭兒和我在金頂寺的客堂裏靠着火盆擺龍門陣。老頭兒説：『我山下有個老朋友雖然比我小十二歲，可是身體衰弱，走不動。我答應他上山，把他所想欣賞的風景裝在我的背囊裏，帶回我的書齋去給他看。把風景放出來以後，我就畫畫兒。他有時候作詩，有時候也畫畫兒。第二天早晨我就把風景揹上來，還給自然。』

我睡醒的時候，那老頭兒已經下山去了。

我多想知道那老頭兒到底是誰。他那大方而温和的樣子讓我想到我的老朋友吳一峯。但不可能是他！我們雖然很多年没有見過面，我一定會認識他，他也會認識我。而且，吳一峯先生是一個非常正直的好人，他不會上峨嵋山去偷屬於自然的雲海。

我頭一次跟吳一峯見面是一九四八年的秋天。他那時在成都的一個畫廊展出他的山水畫兒，畫的多半是我那時還没有去過的峨嵋山的風景。我父親是畫家，所以我從小對藝術，尤其是山水畫兒，很感興趣。從那時起，吳一峯和他的夫人駱氏禧懋女士成爲我親密的友人。

我記得一九四九年聖誕節晚上，成都快要解放的時候，我請一峯和禧懋到我華西大學後壩的寒舍來吃晚飯。吃了飯之後，我們到教堂去做禮拜。牧師講完道之後説：『今天晚上可能街上有一點亂，大家最好安安静静地回家去。』好，我就請一峯和禧懋那天晚上歇在我家裏。第二天早晨我把他們送回西門外的住宅去。幾天以後解放軍就進成都來。解放後，我每星期到一峯和禧懋的家裏去吃家常的飯菜，聊天。我一九五〇年七月離開成都的時候，他們把我送到車站。

一峯是一位優秀的畫家。他會用畫家的眼睛和詩人的感情接受山水之美景。他贈我的那些山水畫作品，至今還在我的家裏陳列着，成爲我們友誼的優美的見證。他的夫人禧懋是一位真正的藝術家的伴侣，也是她丈夫最親密的知音。我永遠不會忘記他們對我的關懷和友誼。

二〇〇六年四月八日　於斯德哥爾摩

馬悦然：瑞典著名漢學家。一九二四年生於瑞典南方。一九四六年入斯德哥爾摩大學，從著名漢學家高本漢學習古代漢語和中國音韻學。一九四八年到中國四川作方言調查。一九五二年在斯德哥爾摩大學獲文學博士學位。一九七五年當選瑞典皇家人文科學院院士，并爲諾貝爾文學獎評審。

吳一峯先生小傳

吳一峯像

吳一峯（一九〇七—一九九八），浙江平湖人，諱名士濬。年少志好丹青，從馮超然遊。超然先生以『立馬吳山第一峯』之寓意勵其志，賜名立，字一峯，遂以字行。性喜遊歷，自號『大走客』，齋號『一峯草堂』。

一九二四年考入上海美專，受業於劉海粟、潘天壽、鄭午昌、朱天梵、黃葆戉、豐子愷、方介堪諸師，課餘問道於黃賓虹先生，爲其私淑弟子。一九二六年畢業後，經朱天梵推薦，曾在松江縣任教一年，終因不能放棄繪畫而辭去教職。旋歸上海並活躍於海上畫壇。廣交海上名家，與賀天健、張善孖、張大千、錢瘦鐵、謝玉岑、謝稚柳、鄭曼青、王師子、汪仲山、馬萬里、王个簃等結爲師友。並爲鄭午昌、謝公展、孫雪泥等創辦的『蜜蜂畫會』創始會員。

先生居滬上，勤奮好學，得名師點撥，畫藝大進。顧不自足，立志以造化爲師，一寫山靈真面。一九三一年步行富春江、天目山寫生，大益其畫，極受師友讚譽。其以『大走』精神，一生不輟步履名山的藝術道路，實自此始。

一九三二年黃賓虹先生入蜀，攜吳一峯同行。因慕蜀中山水之壯美，不戀海上繁華，遂留寓蜀中。數年之中，探幽索險，遍遊蜀中山水，雄、奇、險、秀無不收入畫圖。一九三七年『吳一峯蜀遊畫展』舉行於滬上，鄭午昌親筆爲畫展作序，張大千等爲其畫作題辭，讚爲『山靈知己』。中國畫會更爲此次展覽編輯《吳一峯蜀遊畫集》行世（珂羅版）。堪稱爲蜀山寫照第一人。

一九三九年，先生以歷年所積書畫潤資，於成都西郊築『一峯草堂』。於此作畫、治印、賦詩、會友。自『草堂』落成，便爲蜀中名士雅集之處。抗戰期間，書畫名家薈萃蜀中，常下榻或過訪『一峯草堂』的略有：陸儼少、趙望雲、黄君璧、郎静山、張大千、吳作人、關山月、趙少昂等。一九四九年後，李可染、錢瘦鐵、朱屺瞻等亦在此留下墨跡。

先生素慕徐霞客之壯遊，早年便立志爲《徐霞客遊記》補圖。故有四十年代裏糧西上，隻身往滇黔道追循徐霞客之遊蹤。覽蒼洱、鷄足之勝景，窮玉龍雪巔之奇觀，泛瀾滄、渡怒江；歷險境、入邊地，深領煙霞之妙、山水之奇、風俗之異。遊蹤所至悉皆記之詩文、繪諸縑素，佳構迭出。五十年代更復有川陝道、嘉陵江之寫生，以鉅製《嘉陵山色》手卷，圖寫嘉陵江一千四百餘里風光。圖卷氣勢宏大，咫尺千里，表現手法豐富多變，皴、擦、點、染各盡其妙，四時四季之景目不暇接。書法家謝无量、書畫家謝稚柳有『今吳生勝古吳生』之譽。

一九五〇年至『文革』結束的近三十年間，先生蒙受不公正待遇，其藝術生命最盛之時遭逢無端扼制。雖經歷種種磨難仍不輟於繪事，一大批優秀作品如《嘉陵山色》手卷等創作於該階段。

一九七六年『文革』結束後，先生復出，藝事頻繁，更步出國門，傳播藝術。以耄耋之年復振昔年壯遊之志，遊歷粤桂、閩浙、齊魯、蘇贛，更西上高原探岷江之源。所至之處，一遇佳勝輒收入畫稿，夕陽之筆更趨樸茂蒼潤。

先生從藝七十餘年，傳統功底深厚，詩、書、畫、篆刻，無不精妙。繪畫尤其重視寫生，上世紀四十年代即被譽爲『國畫山水寫生大師』。其『以傳統筆墨，寫現實山川』的繪畫風格迥異時人，極富時代精神，巍巍自立，卓然一峯。

吳一峯畫像

宋吟可【一】作　沈湇蓀【二】、江梵衆【三】題跋　一九五六年

縱九六厘米　橫五二厘米

浙江省平湖市吳一峯藝術館藏

大走客遊裝像

一九五七年　沈湝莽題

昂然一望，看征鴻飛去。雲程萬里盛時逢，要與他、衝霄並舉。料量遊裝偕伴侶，北望長安路；　昔尋畫稿來邊土，寫出峯無數。點蒼雞足又峨嵋，青鞋踏、遍山深處。壯懷不似閒鷗鷺，快與春風遇。

調寄師師令　奉題

大走客遊裝像　　一九五七年二月　江梵衆

註釋

【一】宋吟可（一九〇二—一九九一），畫家。原名蔭科，江蘇南京人。一九一七年到上海商務印書館學習書籍封面設計及插圖，并自學中國畫傳統技法，得吳昌碩指教。一九四五年定居貴陽。曾任中國美協理事，中國文聯委員，美協貴州分會主席，貴州省國畫院院長。

【二】沈湝莽（一八九三—一九六一），畫家。名懿，號湝莽，亦作省庵，以號行。祖籍浙江紹興，祖輩宦遊入蜀，出生於成都。民國時期四川著名書畫、篆刻家。

【三】江梵衆（一八九四—一九七一），畫家。名少舟，號喜舍庵主人。廣東番禺人，生於成都。幼承家學，喜讀詩書，好丹青。早年畢業於四川法政專門學校。二十世紀三十年代曾任成都賓萌公學校長、成都南虹藝專教授。參與創辦《蜀藝社》，爲四川著名書畫家。著有《清代蜀中畫家傳略》、《喜舍庵詩集》行世。

一峯草堂

吳一峯作　一九四一年

縱一一一厘米　橫四七厘米

一峯草堂

築茆屋數椽於蓉西卧牛臺前，或圖寫山靈，效少文之卧遊。種竹飼魚，聊以自娛。

三十年三月　浙西吳立於一峯草堂

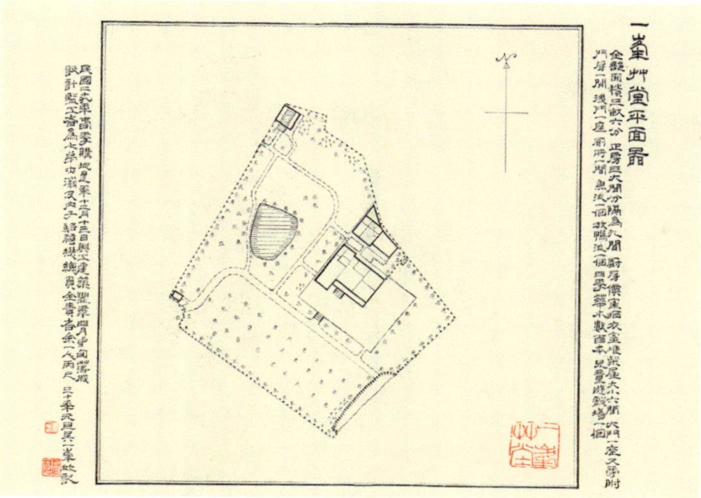

一峯草堂平面圖

一峯草堂柴門

一九四二年攝

一峯草堂平面圖

全部面積三畝六分。正房三大間，分隔爲九間；厨房、僕室、曬衣室、堆柴屋大小六間；大門一座，又旁附門房一間，後門一座；厠所一間，魚池一個，放鴨池一個，四季花木數百本，兒童遊戲場一個。

民國二十九年春季購地，是年十二月十三日興工建築，翌年四月中旬落成。設計監工者爲七弟士湠及内子禧懋。總負全責者余一人而已。

三十年元旦　吳一峯並記

按：

『一峯草堂』爲吳一峯先生自建居所，位於成都西郊卧牛臺附近，佔地三畝六分。一九三九年十二月動工，一九四〇年四月落成。『一峯草堂』園林『文革』期間被侵佔。『一峯草堂』建築亦在上世紀八十年代因城市建設被拆除。

陸儼少爲一峯草堂書聯

一九四二年

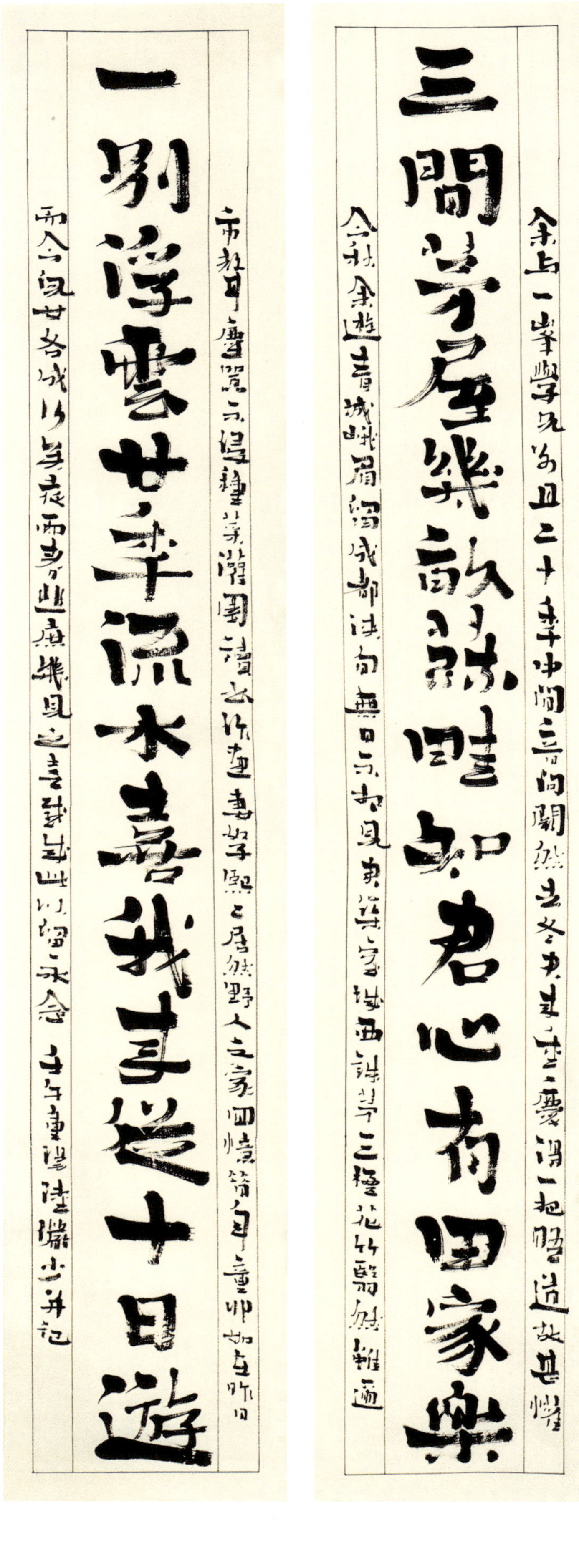

縱一四五厘米　橫二五厘米

浙江省平湖市吳一峯藝術館藏

三間茅屋幾畝蔬畦知君心有田家樂

一别浮雲廿年流水喜我來從十日遊

余與一峯學兄别且二十年，中間音問闕然。去冬君來重慶，得一把晤，道故甚歡。今秋余遊青城、峨嵋，留成都浹旬【一】，無日不相見。君築室城西，誅茅【二】三楹，花竹翳然。雖邇市聲，塵囂不浸，種菜灌園，讀書作畫，妻孥熙熙，居然野人之家。回憶昔年童丱【三】如在昨日，而今兒女各成行矣。夜雨春韭，庶幾見之，喜感成此，以留永念。 壬午重陽 陸儼少並記

註釋

【一】浹旬：十日。古代用天干地支相配以紀日，自甲至癸，十日爲一周匝，稱浹旬。

【二】誅茅：剪茅草爲屋。

【三】童丱：未成年的孩子。

黄賓虹書札

黄賓虹（一八六五—一九五五），書畫家、畫學理論家、金石學家、詩人。初名懋質，改名質，字樸存，亦作樸人，號濱虹，別署予向、虹叟。一九一八年頃改字賓虹，後以字行。祖籍安徽歙縣，生於浙江金華。

吳一峯初識黄賓虹在一九二四年考入上海美術專科學校後，課餘常往黄寓求教，執弟子禮，爲黄賓虹私淑弟子。一九三〇年前後，吳一峯於黄賓虹處問道尤勤。

一九三二年秋，黄賓虹應邀入蜀講學，攜吳一峯同行。旅途中艱險備嘗，至蜀後又經歷川軍巷戰，可謂爲患難師生。一九三三年黄賓虹返滬，吳一峯因慕戀蜀中山水之奇偉，乃留寓蜀中，直至去世。倡導外出寫生，師法自然，是黄賓虹最重要的創作思想，而吳一峯則是這一思想終生不渝的實踐者。一九三一年吳一峯首次赴天目山、富春江寫生，黄賓虹極讚其行，并爲之題辭壯行。入蜀後的『大走』西南以及晚年粵桂、齊魯、閩浙、蘇贛之遊歷，無不模山範水，佳構迭出。可以説，吳一峯以寫生爲特點的繪畫風格，源自黄賓虹的影響。

蜀中無人消息 道途難通 能常賜函俾知尤盼

一峯先生大鑒 蘭陽一別 晌已兩年
頃誦 惠書 碩喜無量
台端英年壯志 萬里從戎 劍門風景
繪之畫圖 廣為留傳 健羨健羨 僕自蜀
中經廣安 重慶 節節受厄 飽嘗逆
旅苦楚 遲遲返滬 已閱數月 回湖人

敝寓遷移新址 上海西門路二二六號黃寓

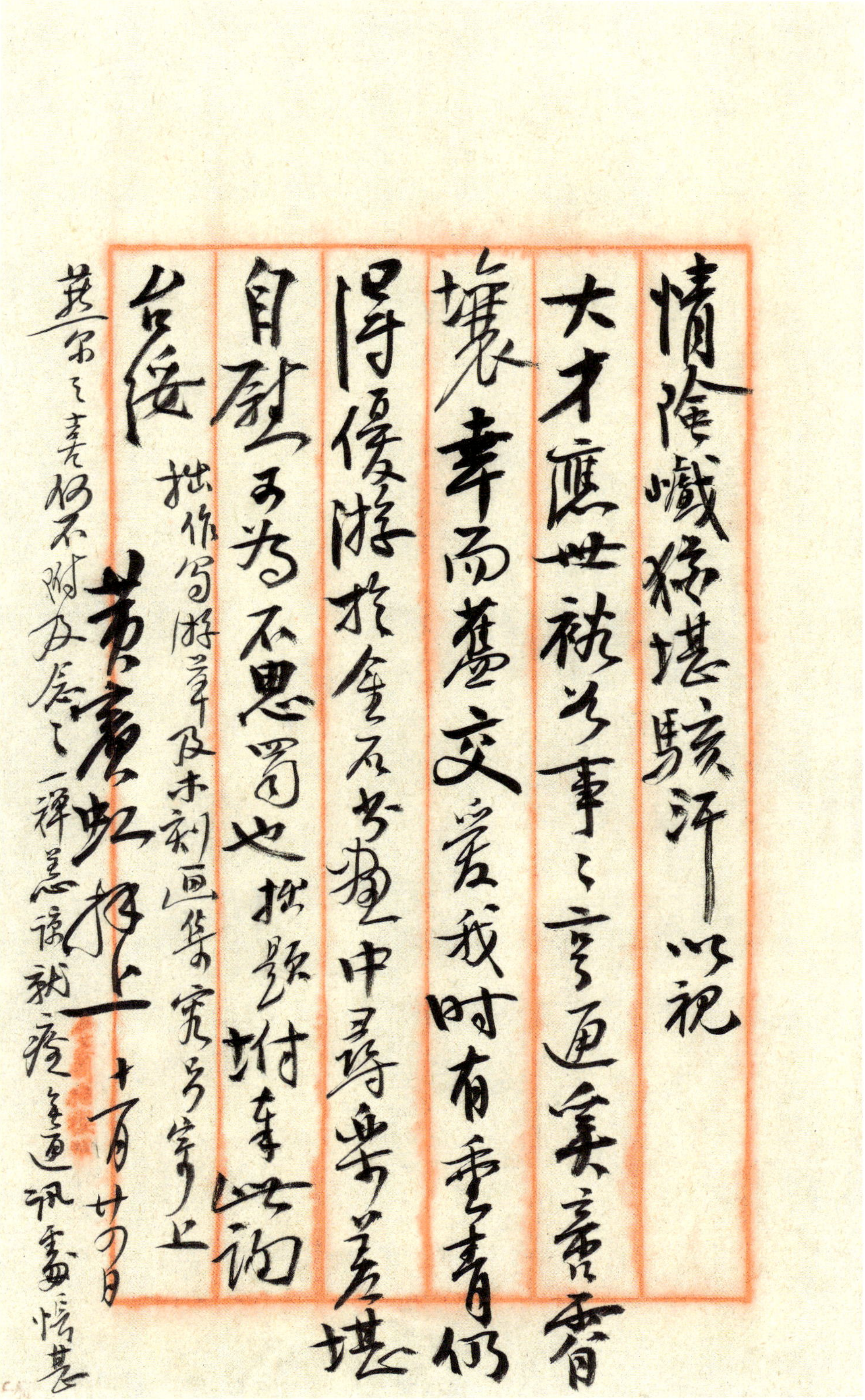
情險巇猶堪駭汗，以祝
大才應世，秘以事之，言通奚齋晉
壤衰，幸而舊交，賞我時有垂青，仍
得優游於金石書畫中，尋樂若堪
自慰，不為不思罰也。拙題增奉，以詢
台從。拙作寫游草及未刻畫集，究可寫上
黃賓虹拜上 十月廿四日
叢刊之書，均不附及，念念。一得愚誠，就發金通訊，靈惜甚。

縱三〇·五厘米 橫一八厘米

一峯先生大鑒：

華陽一别，晌【一】已兩年。頃誦惠書，欣喜無量。台端英年壯志，萬里從戎【二】。劍門風景，繪之畫圖，廣爲留傳，健羨健羨！

僕自蜀中經廣安、重慶，節節受厄，飽嘗逆旅苦楚。遲遲返滬，已閲數月。回溯人情險巇【三】，猶堪駭汗。以視大才應世裕如，事事亨通，奚啻【四】霄壤。幸而舊交愛我，時有垂青。仍得優遊於金石書畫中尋樂，差堪自慰。可爲不思蜀也！拙題附奉。此詢

台綏

黄賓虹拜上　十一月二十四日

拙作《蜀游草》及木刻畫集，容另寄上。燕爾之喜【五】，何不附及？念念。一禪【六】恙諒就愈，無通訊處，悵甚。

蜀中熟人消息，遠道難通，能常賜函俾知尤盼！

敝寓遷移新址：上海西門路二一六號黄寓

註釋

【一】眴：瞬間。

【二】萬里從戎：吴一峯入川後，川軍將領黄隱喜愛書畫，與之有交。一九三三年秋冬之際，黄隱部奉調川北，邀吴同行。委秘書客官閒職，遂随軍同行。於綿陽、江油、劍閣、梓橦、旺蒼、昭化、廣元一带遊歷，寫生作畫，歷時近一年。故有『萬里從戎』之謂。

黄隱（一八九一—一九七六），號逸民，四川簡陽人。時任國民革命軍第二十八軍二師師長，兼任成都市長。

【三】險巇：險阻崎嶇，喻艱難。

【四】奚啻：何止，豈但。

【五】燕爾之喜：吴一峯於一九三四年訂婚，一九三五年春結婚。夫人駱禧懋女士，四川三臺縣人，一九一一年生於教育世家。一九三三年畢業於四川省立第一女子師範學校。喜繪畫，一九五七年參加『成都市三八節婦女畫展』。

【六】一禪：陳澤霈（一八八七—一九五四），字戎生，號一禪，四川安岳人。早年畢業於四川武備學堂，加入同盟會，辛亥革命初任江西都督署參謀長。護國戰爭後，任川軍第四師師長，抗戰前離開軍隊寓居上海，閉門讀書、研究金石書畫。抗戰爆發返回四川。一九五二年受聘四川省文史館研究員。一九三二年黄賓虹、吴一峯入蜀後，下榻陳氏位於成都三道街的公館『一廬』。

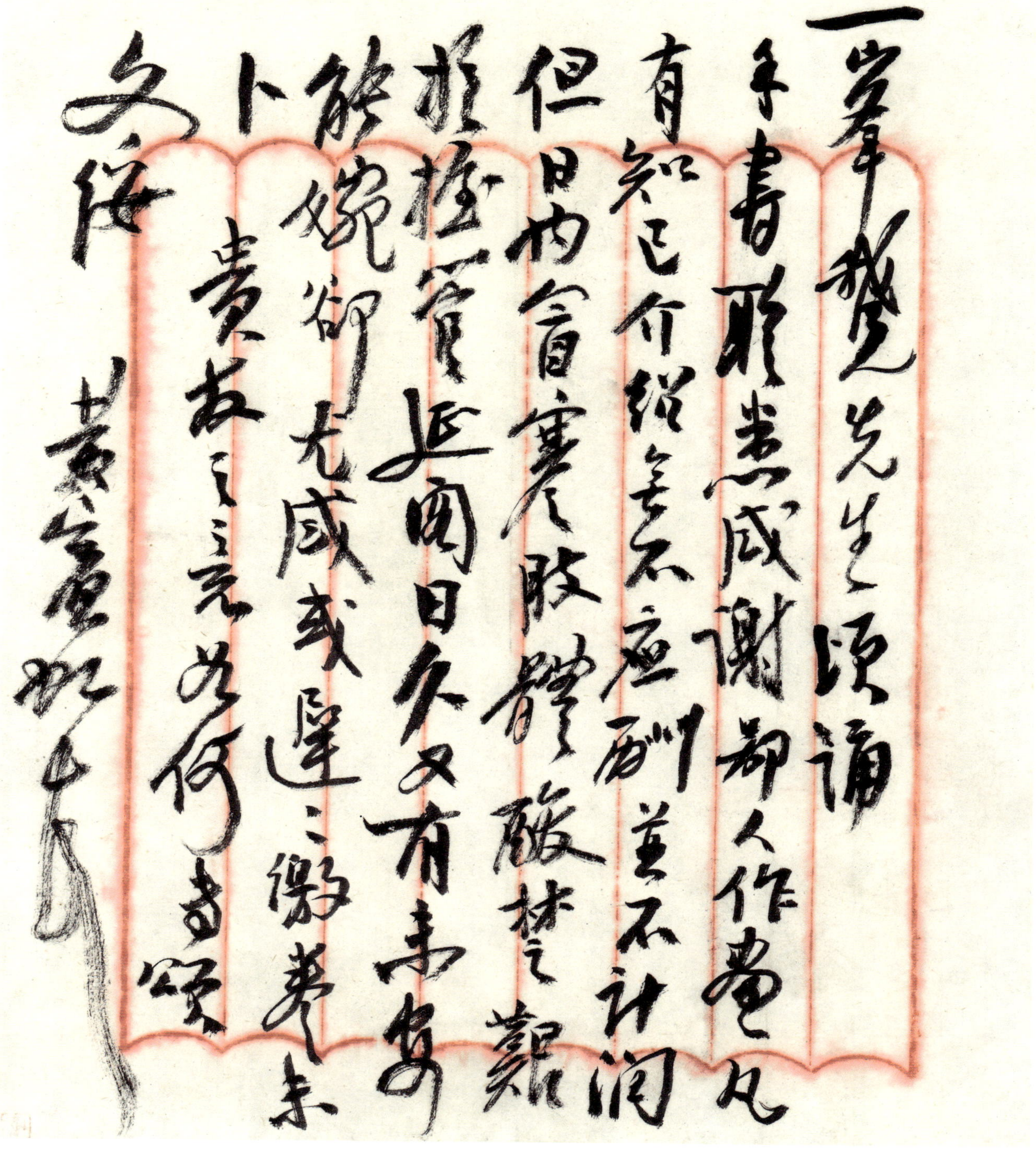

一峯我兄先生 頃誦
手書聆悉感謝鄙人作畫凡
有知己介紹無不應酬並不計潤
但日內會寒肢體酸楚之甚
擬極寶 延閣日久又有事冗
能繳卻 尤感或遲遲繳奉未
卜 貴友之意如何耑頌
文安
黄賓虹拜上

縱三〇・五厘米　橫二三厘米

一峯我兄先生：

頃誦手書聆悉，感謝！鄙人作畫，凡有知己介紹，無不應酬，並不計潤。但日內冒寒，肢體酸楚，艱於握管。延閣日久，又有未安，能婉卻尤感。或遲遲繳卷，未卜貴友之意如何？專頌

文綏

黃賓虹頓首

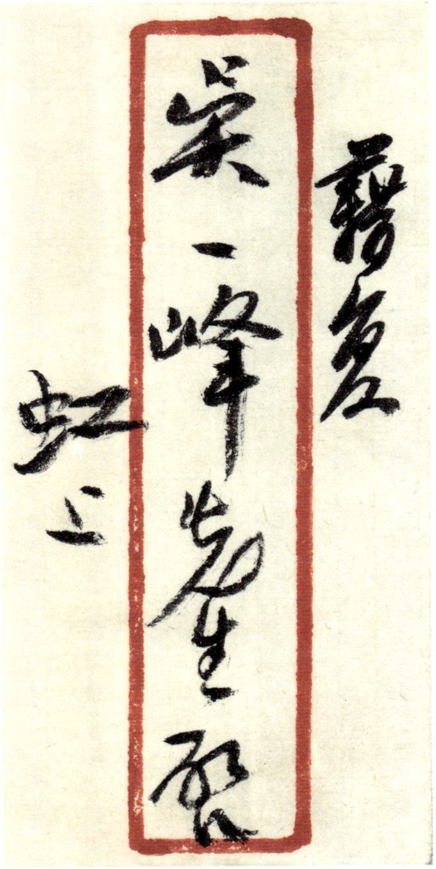

縱一九厘米　橫九·五厘米

黃賓虹致夫人宋若嬰函

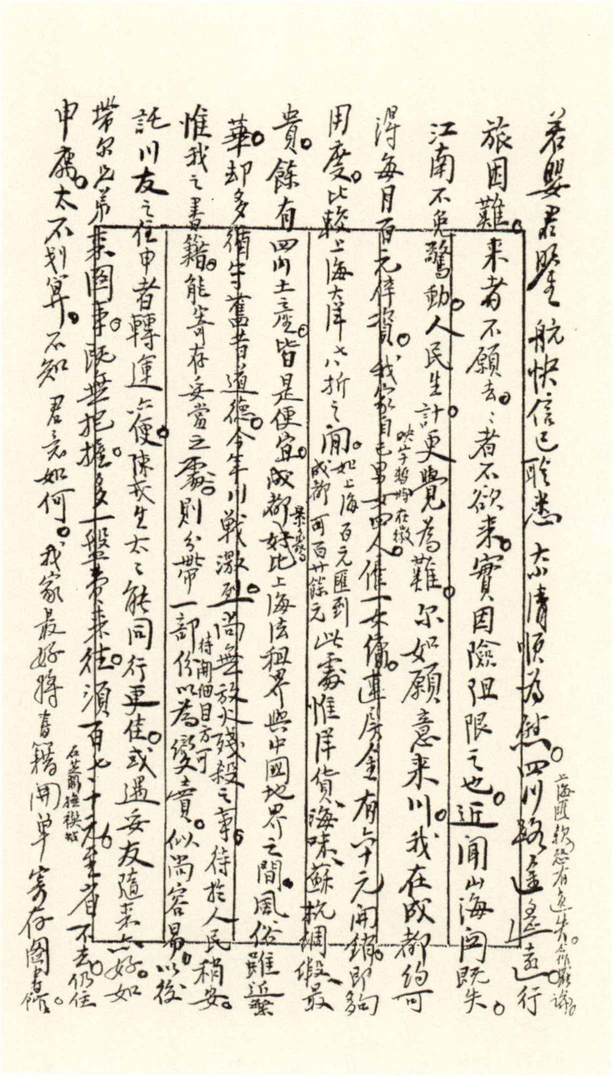

若嬰君賢：航快信已聆悉，亦清順爲慰。四川路途遙遠，行旅困難，來者不願去，去者不欲來，實因險阻限之也。近聞山海關既失，江南不免驚動，人民生計更覺爲難。爾如願意來川，我在成都約可得每月百元俸貲，我家自己用[illegible]，房金每月十元開銷，即夠用度。比較上海大洋六八折之間。如上海百元匯到成都可有百廿餘元。此處惟洋貨海味蘇杭綢緞最貴，餘有四川土產，皆是便宜。成都景象好比上海法租界與中國地界之間，風俗雖近繁華，卻多循守舊者道德。今年川戰激烈，尚無放火殘殺之事，待於人民稍安。惟我之書籍能寄存妥當之處，則分帶一部份，待開細目方可，以爲變賣，似尚容易。以後託川友之往申者轉運，亦便。陳玄先生之能同行更佳，或遇妥友隨來亦好。如帶爾兒弟來，因事既無把握，又一路舟車來往，須百七十元之譜者，不去仍住申寓，太不划算。不知君意如何。我家最好將書籍開單寄存圖書館。

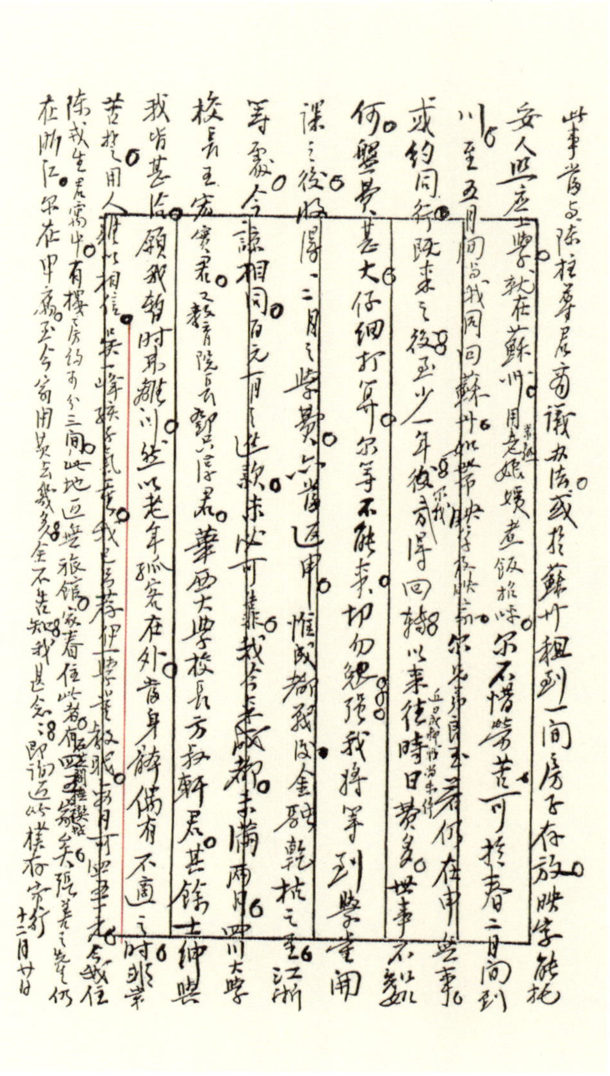

此事當與陳柱尊君商議，或於蘇州租到一間房子存放，映字能托安人照應上學，就在蘇州用老娘姨煮飯招呼。爾不惜勞苦，可於春二月間到川，至五月間，當我同回蘇州。[illegible]爾兄弟何在申無事，或約同行。既來之後，至少一年後方得回籍，以來往時日費多。世事不料何。盤費甚大，仔細打算，爾等不能來，切勿勉強，我將等到學堂開課之後，將得二三月之學費，亦當匯申。惟成都銀錢金融乾枯之至，江浙等處，今諒相同。百元一月之此款，未必可靠。我今年來成都，未滿兩月，四川大學校長王宏實君，又教育院長鄧只淳君，華西大學校長方叔軒君，其餘士紳與我皆甚洽，願我暫時不離川，然以老年孤客在外，當身[illegible]備有不適之時，非常苦於用人。推之相信吳一峰孩子氣重，我已另薦伊一學堂教職，每月可四五十元。今我住陳玄先生寓中，有樓二房，約可分三間，此地並無旅館，凡客住此者有[illegible]矣。陳玄先生仍在浙江，爾在申寓，至今家用是否數多，全不告知，我甚念。即詢近好。樸存字行　十二月廿日

此函爲一九三二年十二月二十日黃賓虹入蜀後致黃夫人宋若嬰的第一封信，其中提及吳一峯云：『吳一峯孩子氣重，我已另薦伊一學堂教職，每月可四五十元。』

此函載《黃賓虹書信集》，上海古籍出版社一九九九年版，第一六九—一七〇頁。時黃賓虹六十八歲，吳一峯二十五歲，兩人年齡相差四十三歲，故有『吳一峯孩子氣重』云。所謂『薦伊一學堂教職』，即指推薦吳一峯到東方美專任教。

資料鏈接：

成都《新新新聞》一九三二年十一月十一日載：『又訊：該校（即東方美專）既聘中國文藝泰斗黃賓虹爲校董兼中國畫系主任，復聘隨同黃氏而來之吳一峯擔任教授。吳氏善山水，工篆刻，爲上海美專高才，在京中頗享盛名，現與黃氏同寓本城三道街陳一禪公館中云。』

黃賓虹贈吳一峯畫

（一九九一年吳一峯題詩堂）

縱四一厘米　橫二七厘米

按：

黃賓虹是畫所鈐印章刻於一九三六年，而『矼叟』用於一九四〇至一九五五年。一九五〇年後吳一峯身處困境，與海上師友多失聯繫。據此推之，此畫應作於二十世紀四十年代後期。

黃賓虹題吳一峯《壯遊圖》【二】（辛未卷）

一九三一年

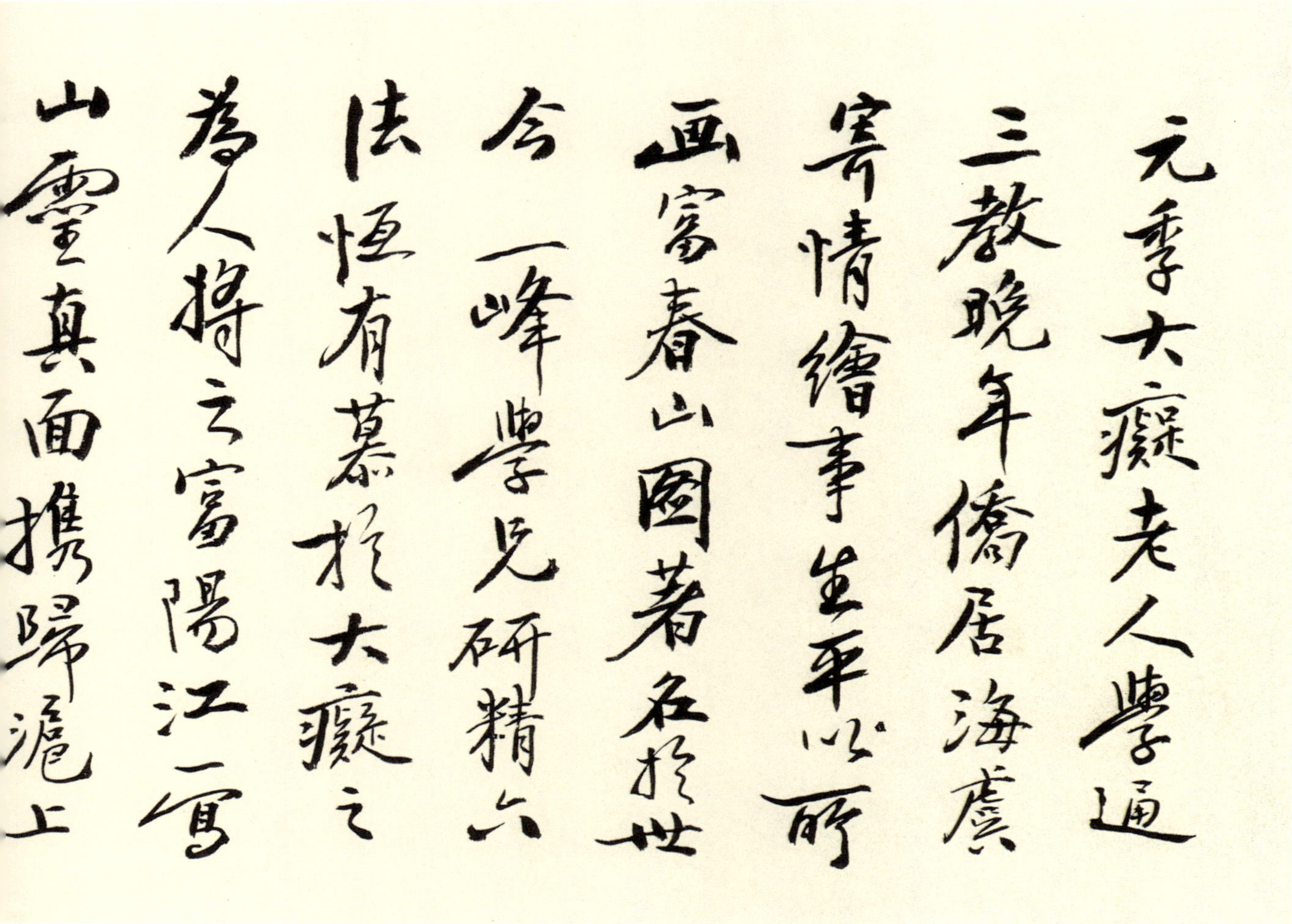
元季大癡老人學通
三教晚年僑居海虞
寄情繪事生平以所
畫富春山圖著名於世
今一峰學兄研精六
法恒有慕於大癡之
為人將之富陽江一寫
山靈真面携歸滬上

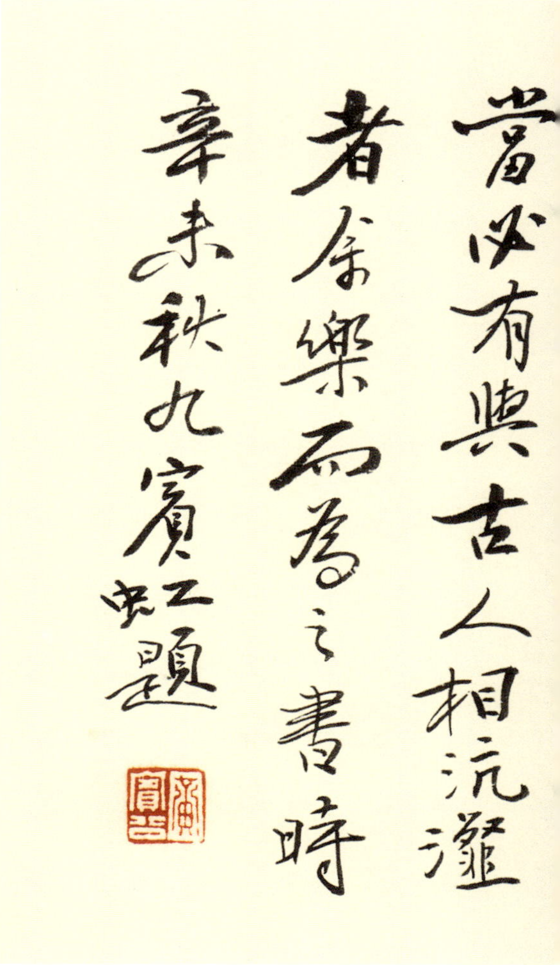
當必有與古人相沆瀣
者余樂而爲之書時
辛未秋九賓虹題

元季大癡老人，學通三教，晚年僑居海虞，寄情繪事。生平以所畫富春山圖著名於世。今一峯學兄研精六法，恒有慕於大癡之爲人，將之富陽江，一寫山靈真面。携歸滬上，當必有與古人相沆瀣【二】者。余樂而爲之書。

時辛未秋九　賓虹題

註釋

【一】《壯遊圖》：均係吴一峯師友爲其出遊題跋之手卷，共有三卷。按製卷時間先後，分别爲：辛未卷、癸酉卷、甲戌卷。

《壯遊圖》辛未卷：一九三一年秋，吴一峯徒步天目山、富春江寫生，行前自製手卷請師友題辭壯遊。爲其題辭的依次爲：朱天梵、鄭午昌、謝公展、黄賓虹、劉海粟、馬企周、黄葆戉，回家鄉平湖有鄉儒張詠清，過杭州有前輩王廷揚爲之題辭；一九三二年入蜀前，又有謝玉岑、陳小蝶（定山）、錢瘦鐵、張大千、經頤淵、俞寄凡、王師子、馬萬里、鄭曼青、賀天健爲其題辭；一九三四年返滬過武漢時有陶北溟爲其題辭，計二十人。

《壯遊圖》癸酉卷：吴一峯入蜀後，遍遊蜀中名勝，與蜀中名士談藝詠詩，亦製《壯遊圖》請題。爲其題跋的計有：林思進、方旭、劉咸滎、向楚等十五人。

《壯遊圖》甲戌卷：該卷已遺佚。據吴一峯自存手抄稿，計有黄稚荃、江梵衆、趙熙、姜丹書、楊滄白、戴傳賢、陳中凡、張一麐等人題辭。

【二】沆瀣：氣味相投。

蓮花峯

吳一峯作　一九三二年

縱一零五·五厘米　橫三九厘米

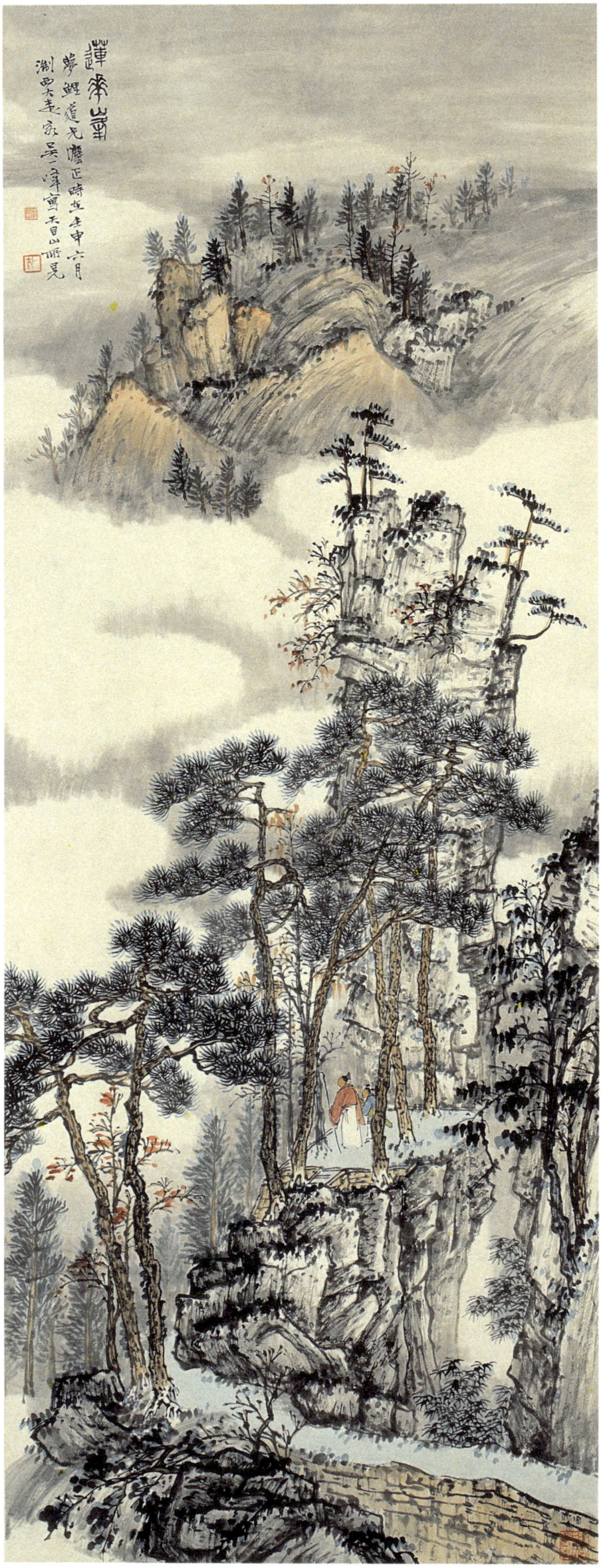

蓮花峯

夢鯉【一】道兄法正　時在壬申六月

浙西大走客吳一峯寫天目山所見

註釋

【一】此畫係吳一峯遊天目山歸來，爲書法家謝夢鯉所繪。謝夢鯉，書法家，名起，浙江鎮海人。一九三二年黃賓虹創辦《畫學月刊》曾參與其事。《黃賓虹年譜》（王中秀編著）第二百八十四頁：『《畫學月刊》主幹者爲謝夢鯉，主編尚有劉海粟、張孟嘉、賀天健、俞寄凡。』

吳一峯攝夔門灩澦堆

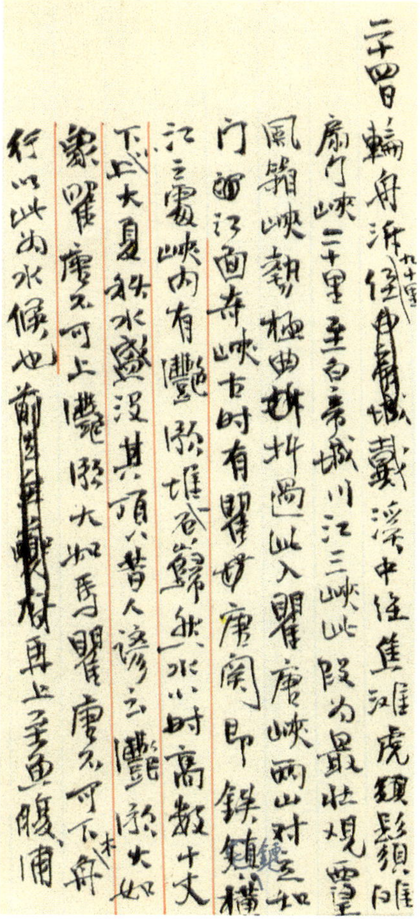

二十四日輪舟泝（九十里）經夔城戴溪中經集灘虎鬚彭須灘
扇門峽二十里至白帝城川江三峽此段爲最壯觀瞿
風箱峽勢極曲折由此入瞿唐峽兩山對立如
門謂江面奔峽古時有瞿唐關即鐵鏈橫
江之處峽內有灩澦堆屹然水小時高數十丈
下尖上大夏秋水盛沒其頂昔人諺云灩澦大如
象瞿唐不可上灩澦大如馬瞿唐不可下舟
行以此爲水候也　再上至魚腹浦

吳一峯《入蜀紀遊》手稿

右圖爲一九三二年吳一峯隨黃賓虹溯江入蜀，過夔門所攝『灩澦堆』照片。吳一峯按云：『灩澦堆。一九三二年隨黃賓虹師自滬入蜀所攝，時在八月廿四日（陰曆）。昔人諺云：灩澦大如象，瞿塘不可上；灩澦大如馬，瞿塘不可下。』與其所著《入蜀紀遊》手稿所記相合。

按：

灩澦堆：亦作『灩澦灘』，俗稱『燕窩石』，爲長江夔門江心突起的鉅石。在重慶市奉節縣東五公里瞿塘峽口，舊時爲長江著名險灘。一九五八年清理長江航道時被炸毀。

成都文藝界歡迎黄賓虹、吳一峯合影

前排
右二：方　旭
右三：林山腴
右四：黄賓虹
右五：吳一峯
右六：林君默
右七：向　楚
中排
右一：段虛谷
右二：劉既明
右三：周　稷
右七：趙完璧
後排
左二：馮建吳

按：

一九三三年立春日，成都耆老文人、書畫名家齊集少城公園通俗教育館，歡迎黄賓虹、吳一峯入蜀講學。參加者有：方旭、林山腴、林君默、向楚、段虛谷、劉既明、周稷、趙完璧、馮建吳、龔熙臺、郭夢芝、沈淯莽、程漫漫等。

嘉陵江

吳一峯作

一九五五年

縱三九厘米　橫五五厘米

吳一峯懷黄賓虹詩

嘉陵江上懷黄賓老　一九五五年五月嘉陵江上

二十年前嘉陵道，詩酒書畫隨賓老。
於今夾册寫嘉陵，夢逐黄鶴迷芳草。
嘉陵山色最宜人，猶是先生畫筆掃。
先生畫筆滿人間，淋漓更比青山好。
憶昔避亂錦官城，席地偃卧書築堡【一】。
小樓夜雨挑燈時，抉奥探微親辭藻。
蜀中軍閥幾鬥訌，飄然引去七尺保。
等身述作魯靈光【二】，歸去西湖登壽考。
欲訪芝顔悵雲萎，撫事懷人問蒼昊。
船頭浪打耿不寐，一輪明月挂枯槁【三】。

註釋

【一】參閲第八〇頁註【一】。

【二】魯靈光，宫殿名，漢景帝子魯恭王所建。故址在今山東省曲阜市。《文選》漢王文考（延壽）『魯靈光殿賦』序：『……初恭王始都下國，好治宫室，遂因魯僖基北而營焉。遭漢中微，盗賊奔突，自西京未央、建章之殿，皆見隳壞，而靈光巋然獨存。』後稱碩果僅存的人或事爲『魯靈光』。

【三】枯槁：槁即篙。枯槁指插在船頭的篙竿

林思進書札

林思進（一八七三—一九五三），善詩詞、工書法。字山腴，號清寂翁，齋名霜柑園，四川華陽人。光緒二十九年（一九〇三）舉人，光緒三十三年（一九〇七）授内閣中書。民國初年任成都府中學堂監督，繼任四川省圖書館館長。一九一七年任華陽中學校長，四川大學、華西大學教授。一九五二年任四川省文史館副館長。

吳一峯一九三二年入蜀後便與林思進相識，翰墨結緣。其後二十年間往來不斷，多有詩文、書畫的交流。

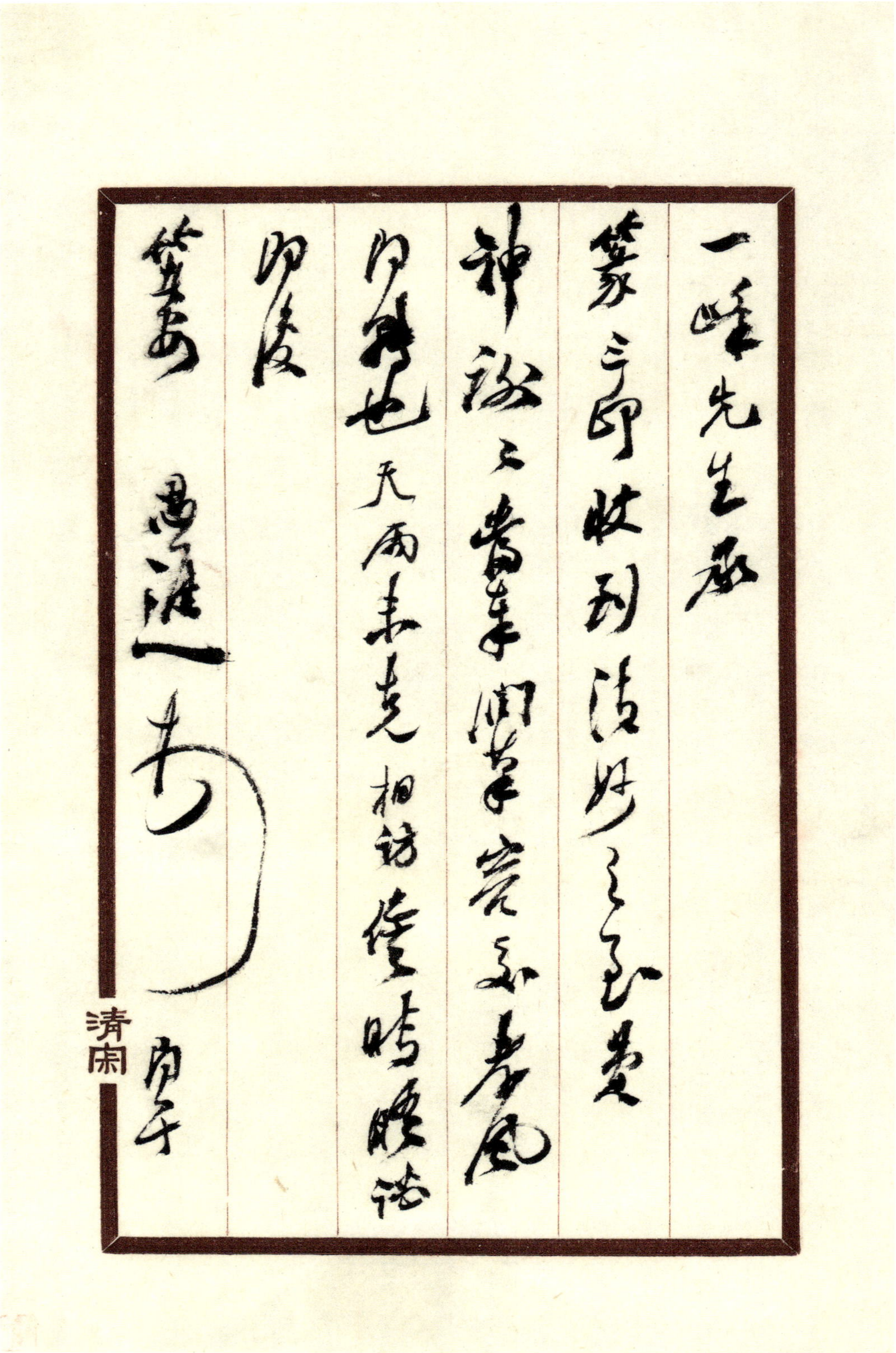

縱二四・五厘米　橫一六厘米

一峯先生：

承篆三印收到，清妙之至。費神，謝謝！當奉潤筆，容交孝風即轉也。天雨未克相訪。俟晴晤談。即復

著安

思進頓首　即予

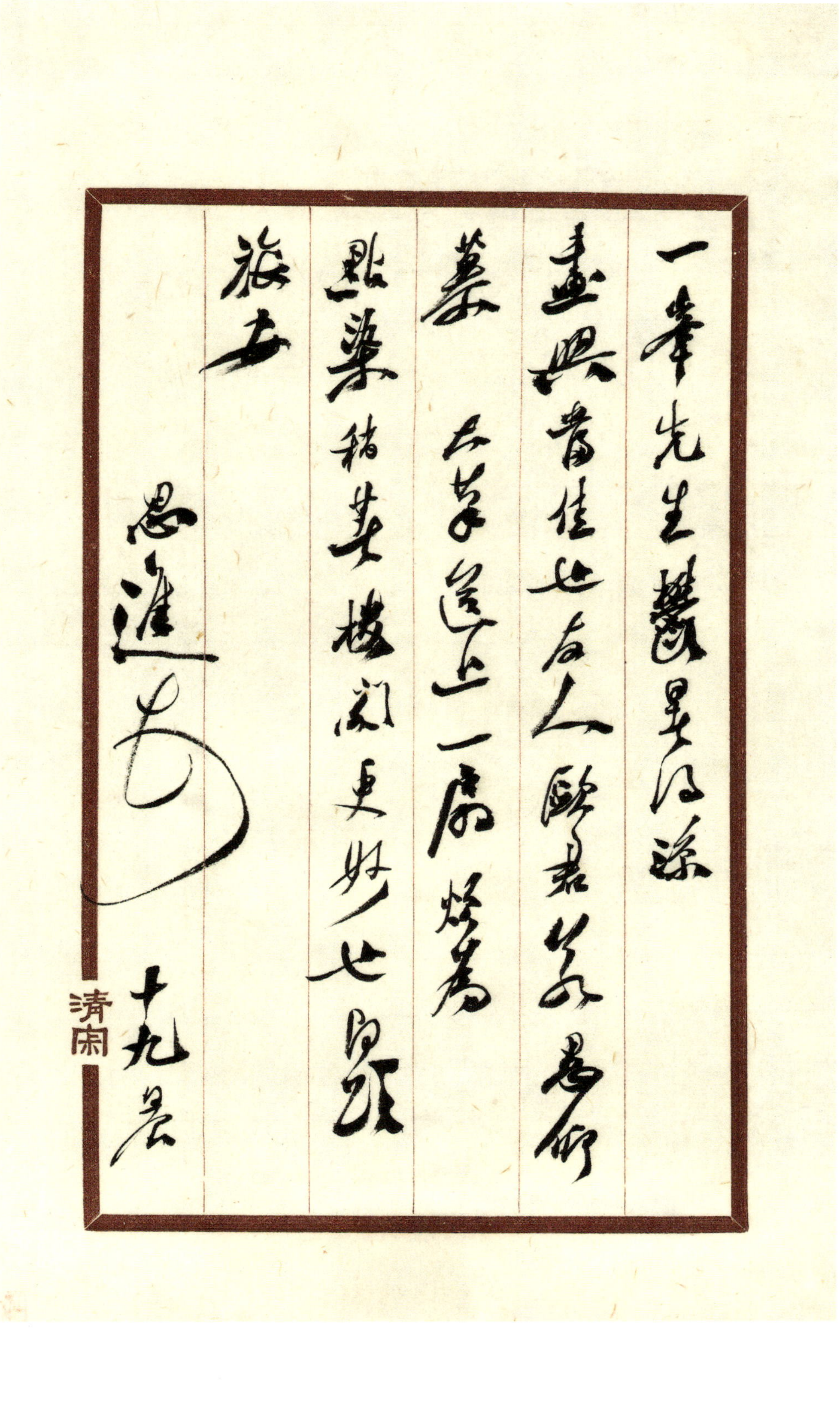

縱二四·五厘米　橫一六厘米

一峯先生：

鬱暑得涼，畫興當佳也。友人歐君若愚仰慕大筆，送上一扇，煩爲點染，稍著樓閣更妙也！即頌

旅安

思進頓首　十九晨

林思進題吳一峯《壯遊圖》（癸酉卷）

一九三三年

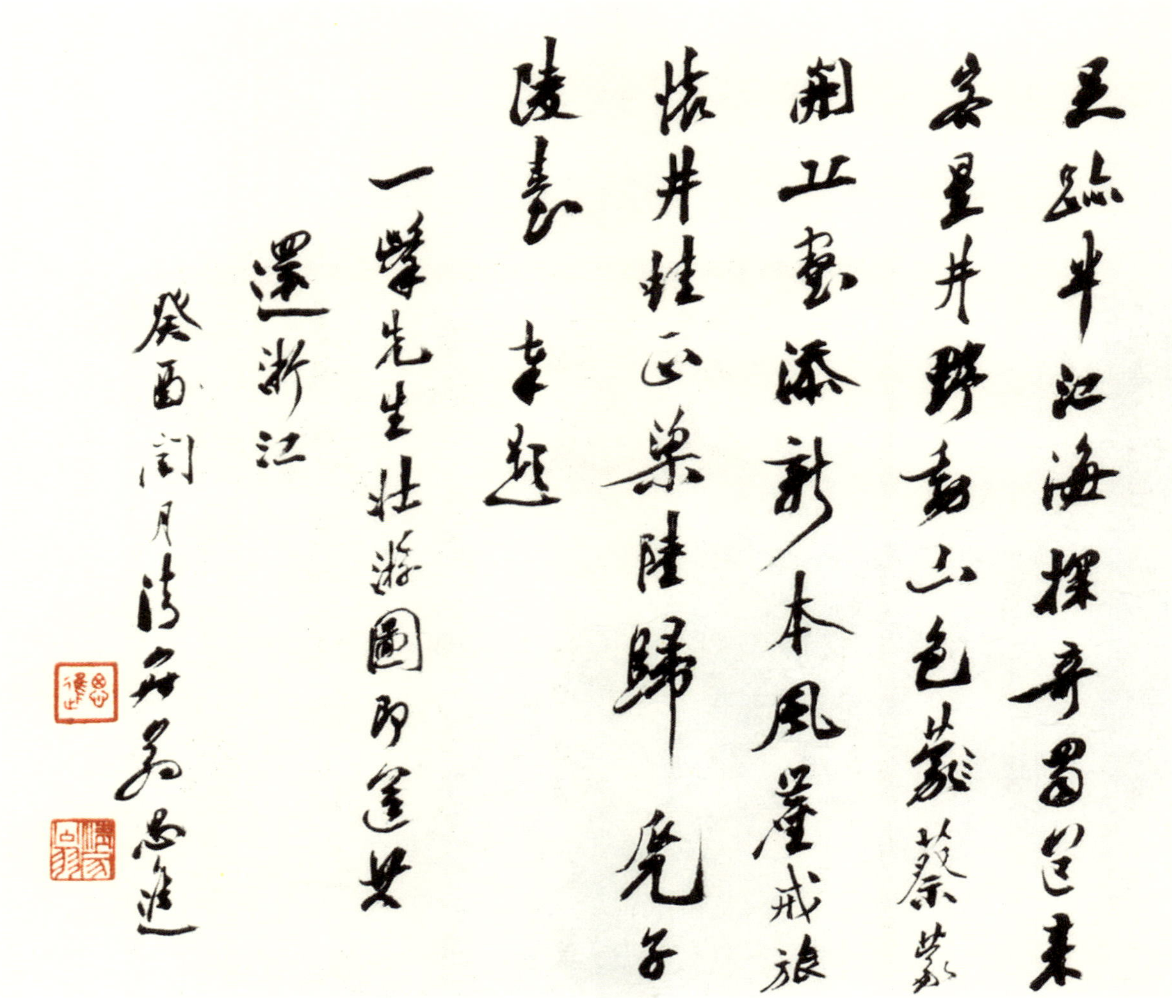

足跡半江海，探奇蜀道來。客星井野動，山色蔡蒙開。
丘壑添新本，風塵戒旅懷。井蛙正梁陸，歸覓子陵臺。
奉題
一峯先生《壯遊圖》，即送其還浙江。
癸酉閏月　清寂翁思進

林思進敬求吳一峯治印

縱一七厘米　橫一三厘米

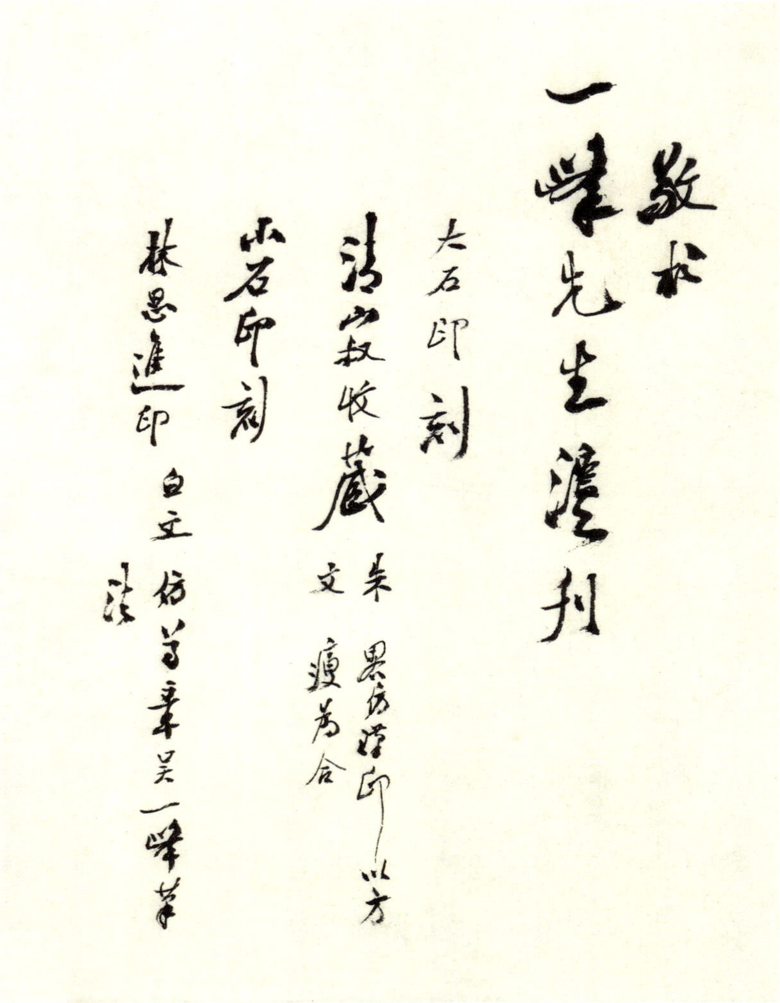

敬求 一峯先生法刊
大石印刻
清寂收藏 朱文 略仿漢印以方瘦爲合
小石印刻
林思进印 白文 仿尊章吳一峯笔法

向楚書札

向楚（一八七六—一九六一），善詩詞、工書法。字先喬，亦作仙樵，號觙公，齋名空石居，四川巴縣人。光緒二十八年（一九〇二）舉人。同盟會會員，嗣加入『中華革命黨』。曾任重慶蜀軍政府秘書院院長，孫中山大元帥府秘書。成都『蓉社』副社長，四川大學文學院院長兼中文系教授。一九五二年，任四川省文史館副館長。

吴一峯一九三二年入蜀後便與向楚相識，翰墨結緣。其後二十餘年間往來不斷，多有詩文、書畫的交流。

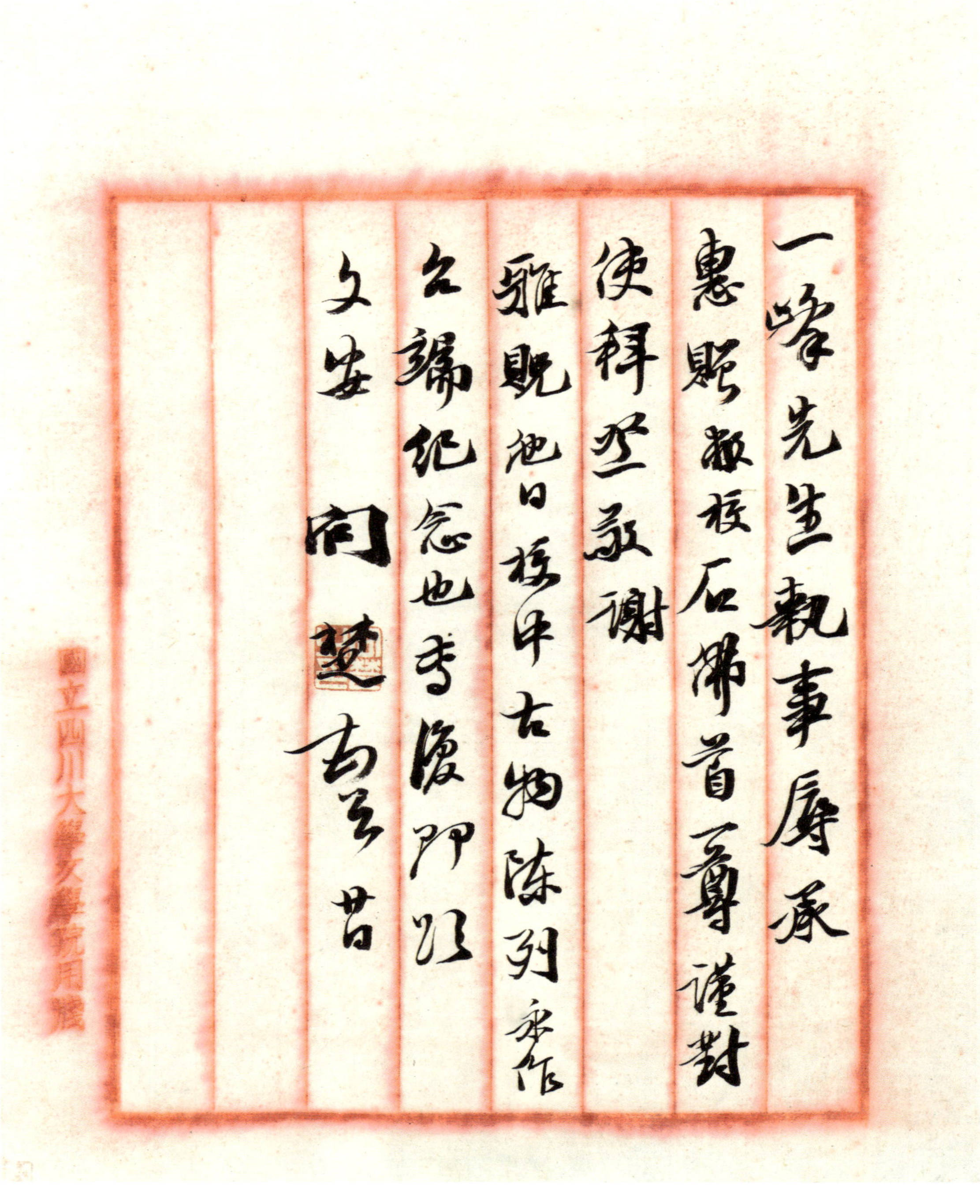

一峰先生執事：屢承
惠貺撥拓石佛首尊，謹對
使拜登，敬謝
雅貺。他日捐平古物陳列所，永作
名編紀念也。專復，即頌
文安
向楚頓首　廿日

國立四川大學文學院用箋

縱二九厘米　橫二三厘米

一峯先生執事：

辱承惠贈敝校石佛首一尊【一】，謹對使□登，敬謝雅貺。他日校中古物陳列，永作台端紀念也。專復。即頌

文安

向楚頓首 廿日

註釋

【一】一九三四年四月吴一峯由川北返成都，經三臺縣靈峯寺前公路邊發現石刻佛首一尊，帶回成都交四川大學博物館收藏。

向楚題吳一峯《壯遊圖》（癸酉卷）

一九三三年

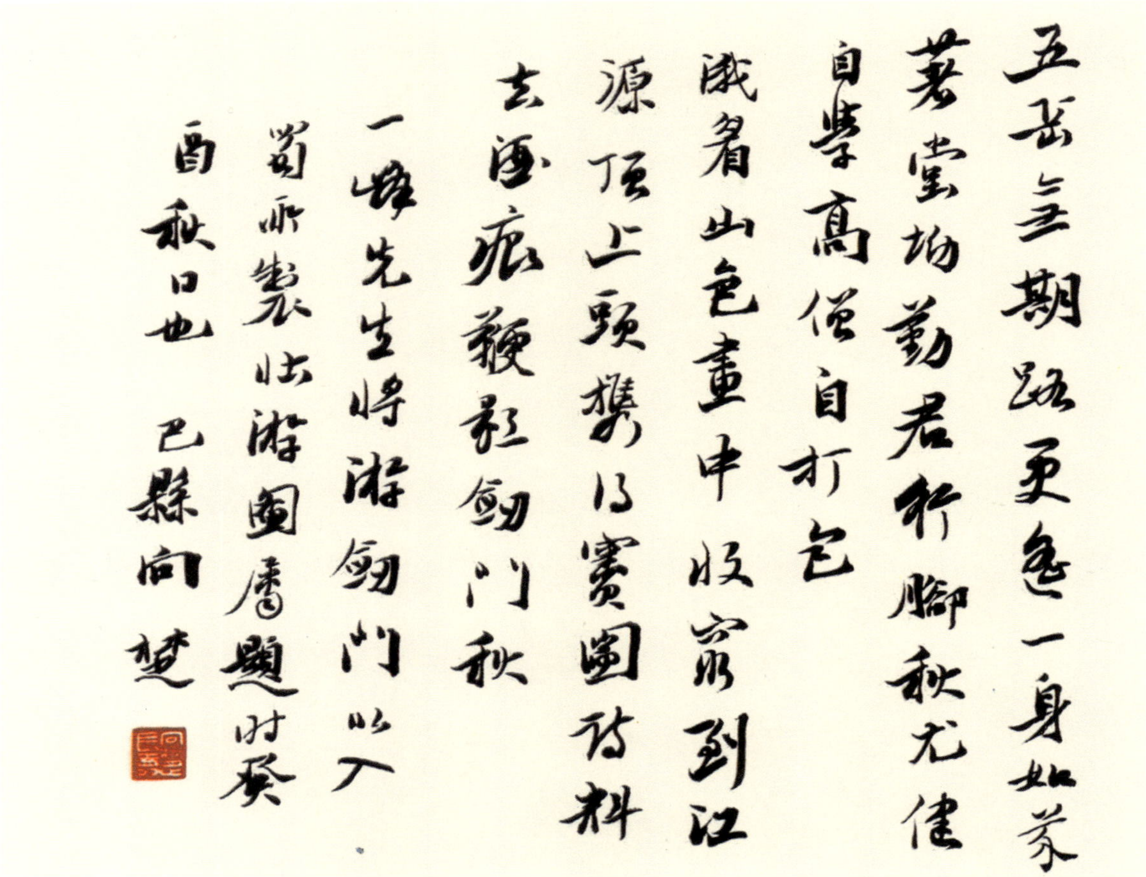

五嶽無期路更遥，一身如芥著堂坳。
勸君行脚秋尤健，自學高僧自打包。
峨嵋山色畫中收，窮到江源頂上頭。
携得竇圖詩料去，酒痕鞭影劍門秋。
一峯先生將遊劍門，以入蜀所製
《壯遊圖》屬題，時癸酉秋日也。
巴縣向楚

劍門細雨

吳一峯作

一九五七年

縱五一厘米 橫三一厘米

按：

吳一峯入蜀後數度赴川北寫生，一九三三—一九三七年間『三經劍門，兩遊嘉陵』。劍門山水爲其數十年所喜繪之題材。

向楚題《渝州山色》詩堂

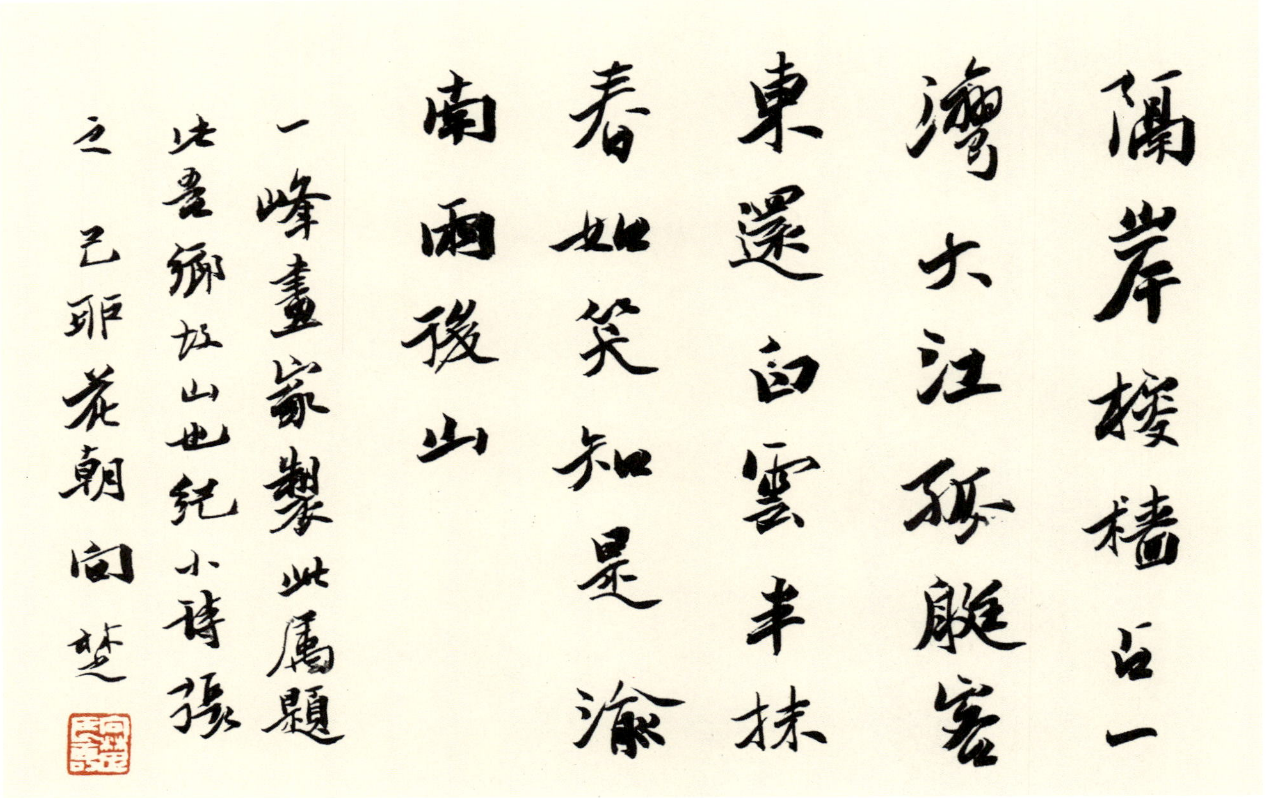

吴一峯畫渝州山色索題　一九三九年

吴一峯平湖人，畢業於上海美術專科學校。來成都美專任教，即家成都。山水書法篆刻皆工。

隔岸帆檣佔一灣，大江孤艇客東還。
白雲半抹春如笑，知是渝南雨後山。

一峯畫家製此屬題，
此吾鄉故山也，紀小詩張之。

已卯花朝　向楚

渝州山色（山城得稿）

吴一峯作

縱五五厘米 橫三八厘米

朱天梵書札

朱天梵（一八八三—一九六六），書畫家、畫學理論家。名光，又名衡，字天梵，别字漢才，以字行。今上海市三林鎮人。

朱天梵先生長期執教於上海美專，爲吴一峯師長。吴一峯在上海美專期間，刻苦用功，其畫繼承傳統又不囿於昔人窠臼，能出新意。朱天梵視爲高才，並對其學業給予了特别關照。吴一峯日後畫藝的成就，不乏朱天梵點化之功。

一九二六年吴一峯畢業後，經朱天梵介紹安排，曾在松江縣泗涇鎮小學教書一年。

一九三二年，吴一峯入蜀，朱天梵甚爲關注，數年之間書信往來不斷。一九三七年『吴一峯蜀遊畫展』在滬舉辦，朱天梵賦詩致賀，並爲『吴一峯蜀遊畫集』作序。

一峰老兄偉鑒前接一信知由滬中匯去百
於昨始得上月十七日函悉已到達成都離蜀
道崎嶇跋涉良苦而青山綠水鳥道天梯所歷
愈險而眼界則愈擴矣峨嵋僅至山麓未獲
造極未免交臂之失顧流沙金塔不出東澗老
人裝點即係徐宏祖奇大之逕人目經亞明總
不能隨及數千里以外也蜀校既屬私立經費自
不能充此行應作旅行想若論及金錢則所
損多矣近來畫學大師畫界怪傑充塞滬
上旬竟會日前所聞不時以桃之因一另不足比

縱一八·五厘米　橫二一·五厘米

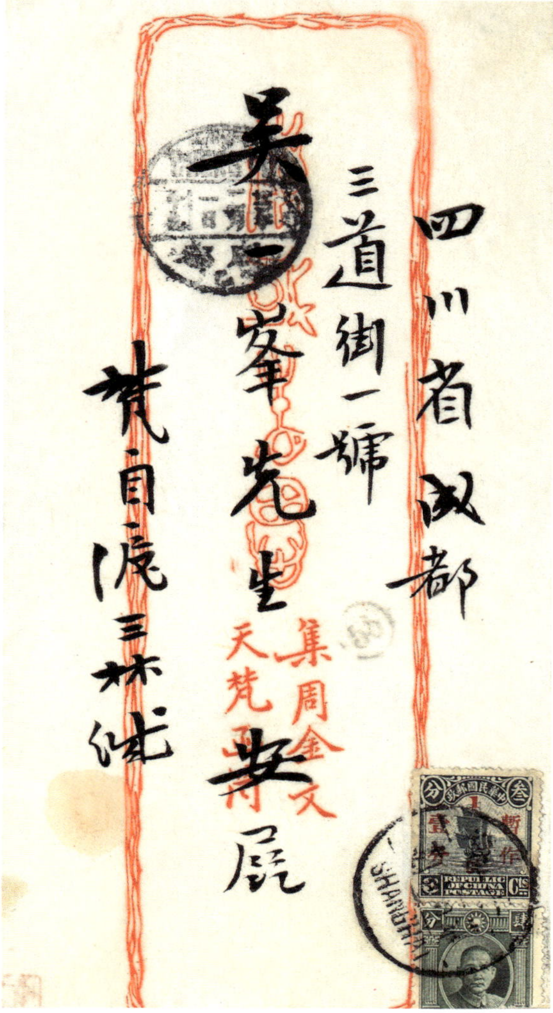

四川省成都
三道街一號
吳一峯先生安啓
梵自滬三林緘
集周金文
天梵手寫

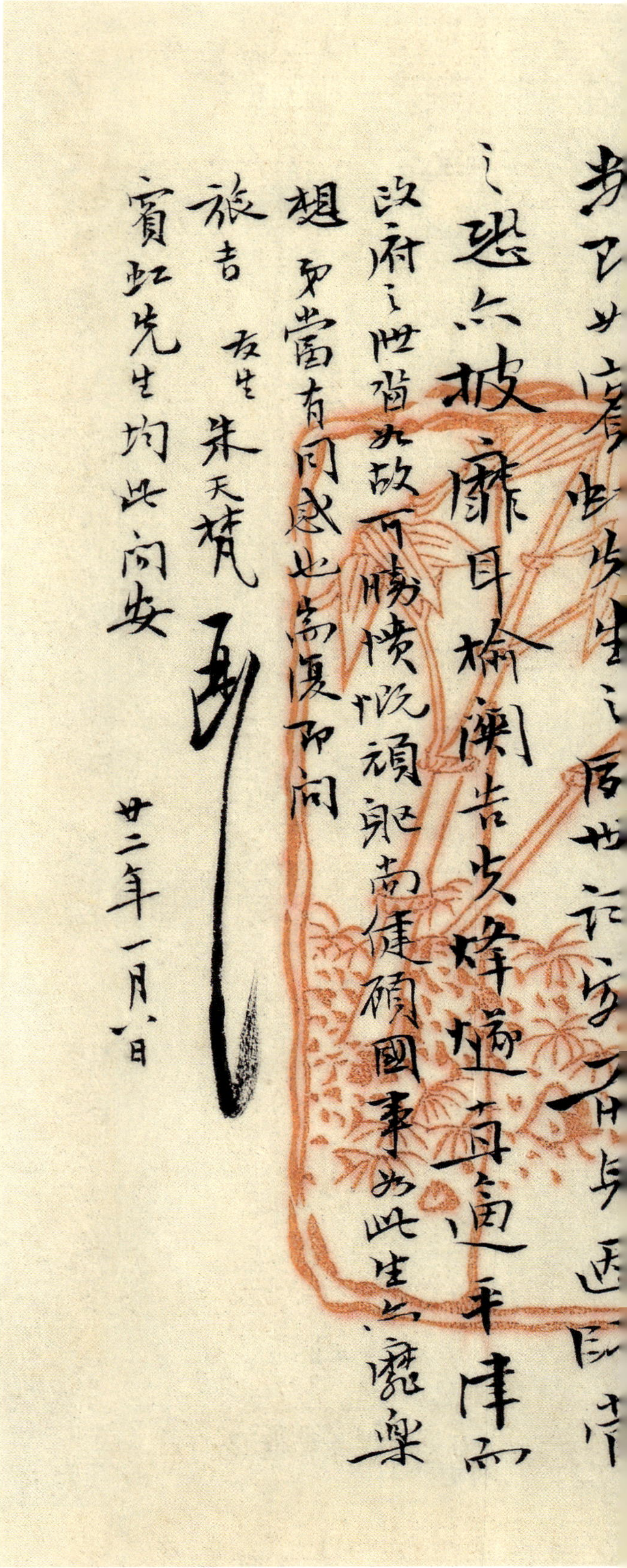

步已出廬此先生之居世記字一日與匹臣肩
之恐亦披靡耳。榆關告失，烽煙再逼平津，而
政府之措置如故，可勝憤慨！頑軀尚健，顧國事如此，生亦靡樂。
想兄當有同感也。嵩復即問
旅吉。友生朱天梵頓首
賓虹先生均此問安。
廿二年一月八日

一峯老弟偉督【一】：

前接一信【二】，知留滯中途，至爲扼腕。頃得上月十七日函，悉已到達成都。雖蜀道崎嶇，跋涉良苦，而奇山怒水，鳥道天梯，所歷愈險而眼界愈擴矣！峨嵋僅至山腰，未獲造極，未免交臂之失。顧流沙金塔，不出東澗老人裝點，即係徐宏祖誇大之語。人目縱至明，總不能矚及數千里以外也！蜀校既屬私立【三】，經費自不能充。此行應作旅行想，若論及金錢則所損多矣。近來畫學大師、畫界怪傑充塞滬上，展覽會日有所聞。不特如梵之陋劣不足比數。即如賓虹先生之夙世詞客，前身畫師當之，恐亦披靡耳。榆關告失【四】，烽燧直逼平津，而政府之泄沓【五】如故，可勝憤慨。頑軀尚健，顧國事如此，生亦靡樂。想弟當有同感也！耑復。即問

旅吉

友生　朱天梵再頓首　廿二年一月八日

賓虹先生均此問安！

註釋

【一】詧：同察。

【二】吳一峯與黃賓虹入蜀目的地爲成都。抵重慶後，因川軍内戰，棄旱路而走水道至宜賓而嘉定（今樂山），於廿一年（一九三二）十月二十一日往遊峨眉，二十三日晚下山宿峨嵋縣。登峨嵋未上金頂，吳一峯引爲憾事。朱天梵謂『前接一信』，當爲《入蜀紀遊》手稿中所記十月二十八日郵寄數函分致海上諸師友。

【三】指黃賓虹先生薦吳一峯受聘『東方美專』教授一職。參見第三二頁。

【四】榆關：即古渝關，今山海關。渝亦作榆。一九三三年一月，日寇侵佔山海關，國民政府請國聯制止。

【五】泄沓：疲緩、拖沓。

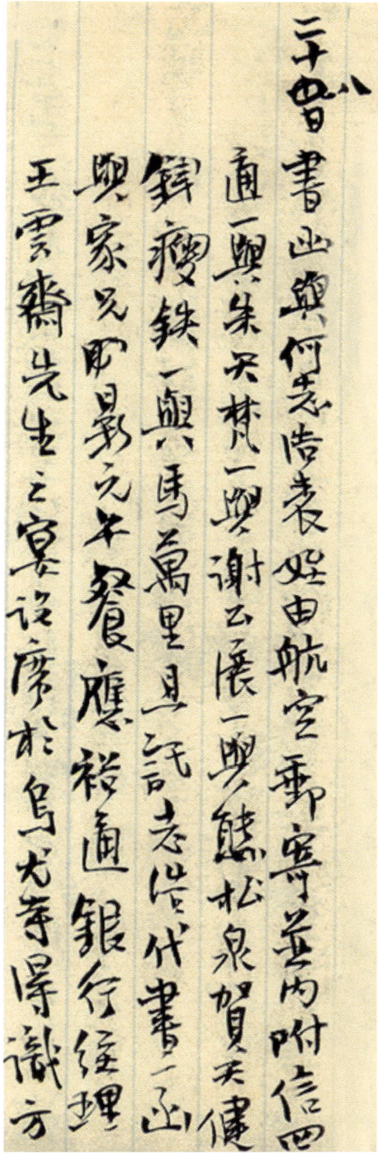
二十八日　書函與何志浩表姪由航空郵寄並內附信四通　一與朱天梵　一與謝玉長　一與熊松泉賀天健錢瘦鐵　一與馬萬里　且託志浩代書一函與家兄即影元　午餐應裕通銀行經理王雲彝先生之宴設席於烏尤寺得識方

吳一峯《入蜀紀遊》手稿

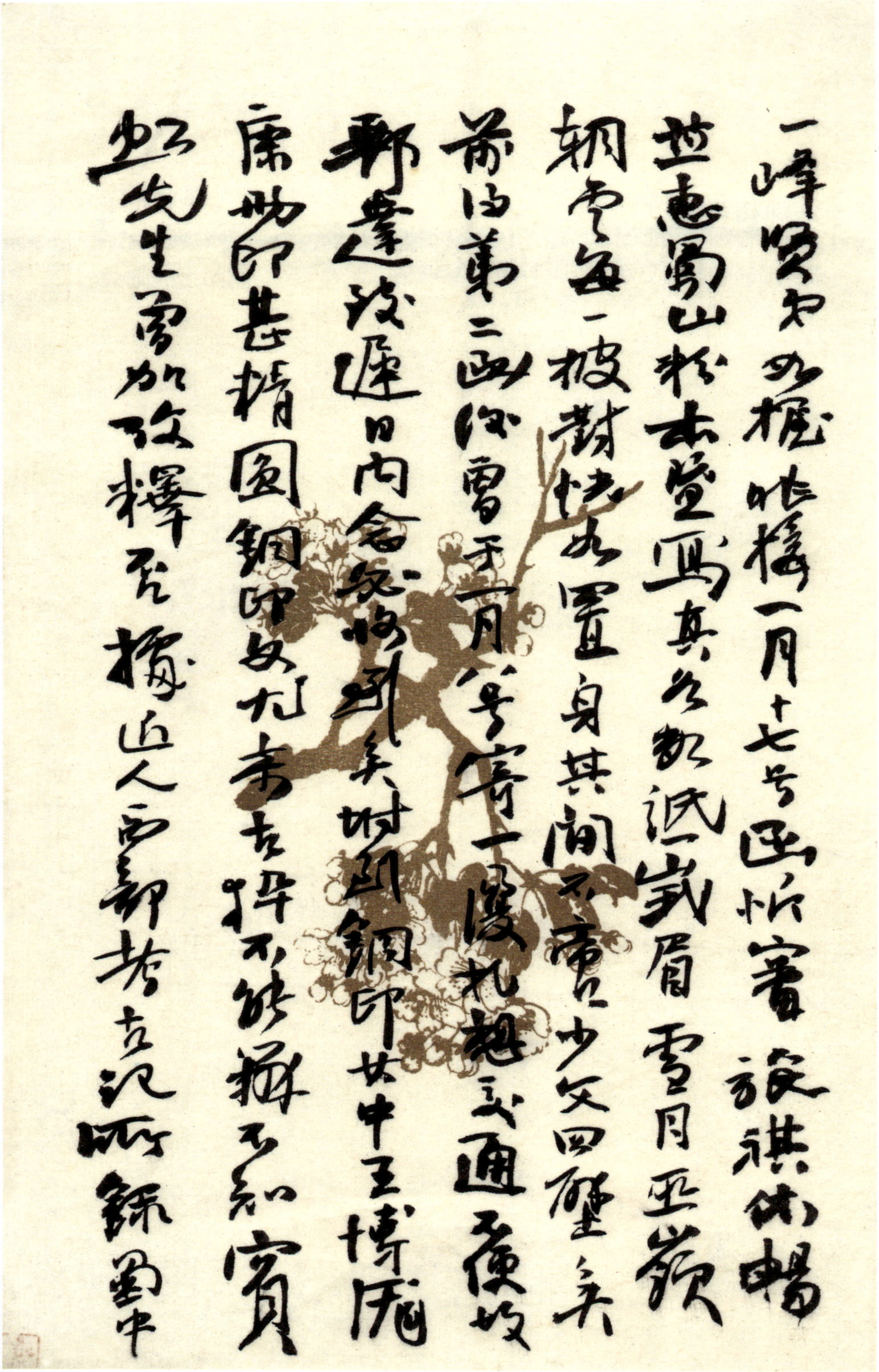

一峰賢兄如握：昨接一月十七号函，忻審旋祺佳暢。並惠蜀山彩去瑩寫真多數紙，峨眉雪月巫嶺朝雲，每一披對，恍如置身其間，不啻少文四壁矣。前得第二函，即曾于一月八号寄一復，乃想或通度坡郵，遂致遲，日內念已收到矣。附到銅印女中王博屍席所印甚精，圖銅印女尤來去，拂不能擬，不知賓虹先生曾加考釋否？擱近人所部者立泥叚錄署中

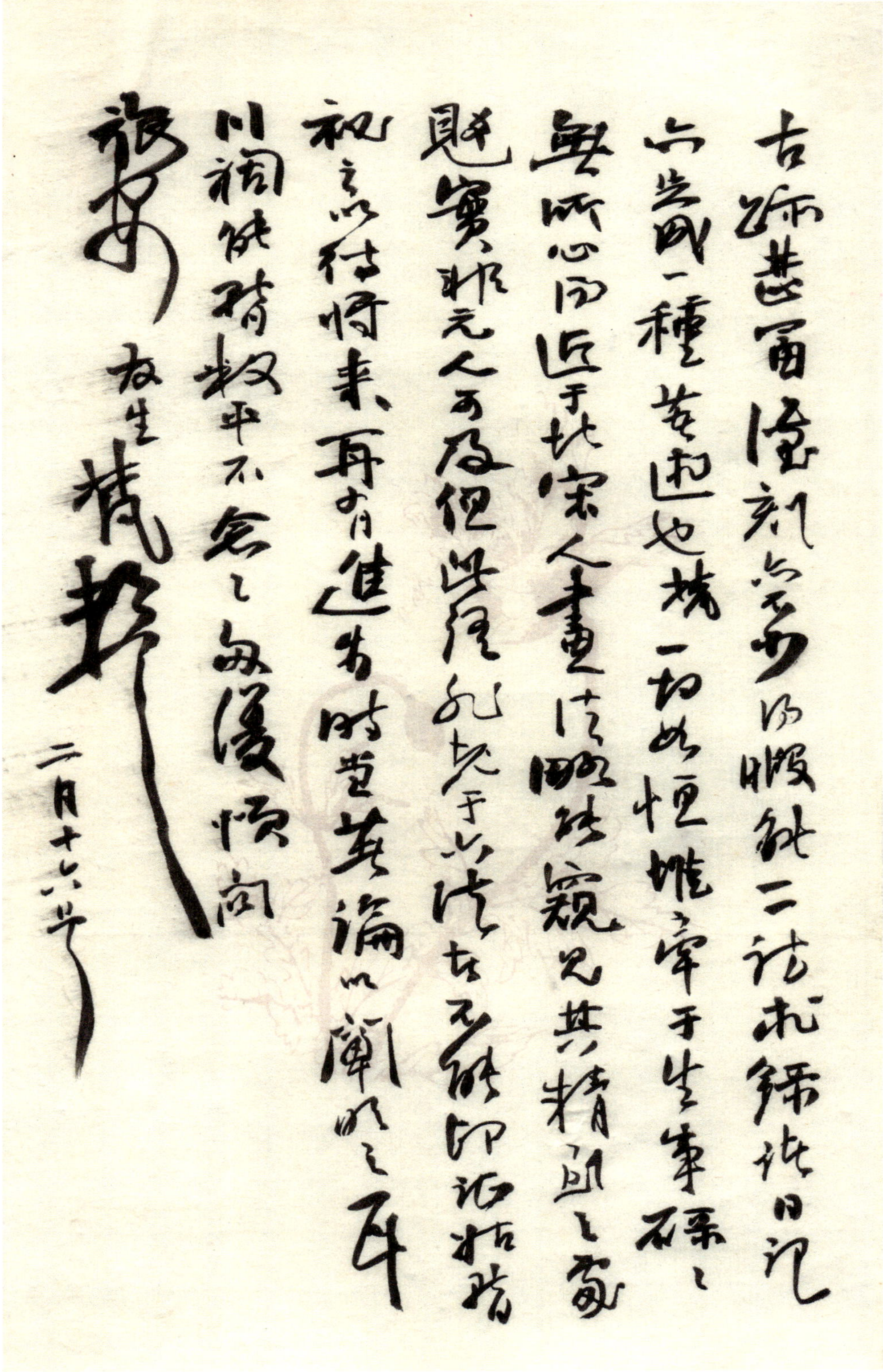
古跡甚富隨處亦當以暇能二訪而歸作日記
亦嘗成一種著述也構一切如恆惟寫字生涯確乙不
無所心得近于北宋人畫法略能窺見其精髓之處
顯實非元人可及但從風氣見于此法在不能即活於諸
視之以待將來再于月進省時當著論以闡明之耳
以祠餘精數年不念念無復煩問
旅安 弟生 梵頓
二月十八日

縱一四·五厘米 橫二四厘米

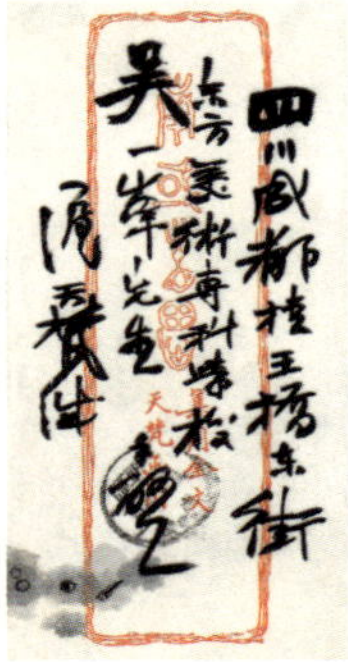

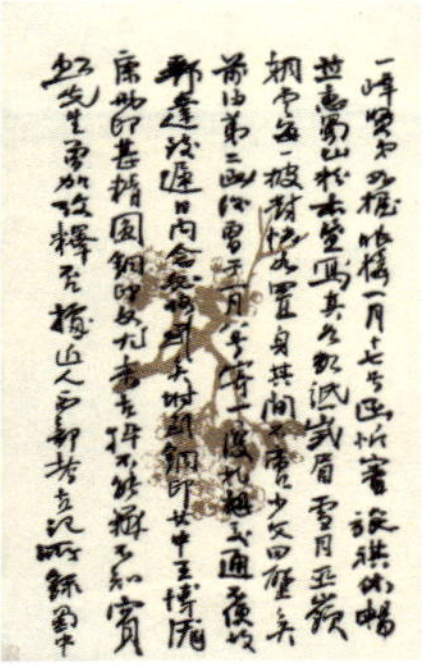

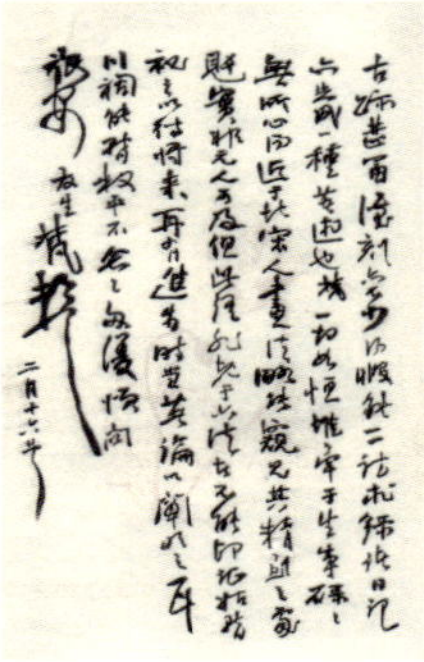

一峯賢弟如握：

昨接一月十七號函，忻審旅祺休暢。并惠《蜀山粉本》【一】暨寫真各數紙。《峨嵋雪月》、《巫嶺朝雲》，每一披對恍如置身其間，不啻少文四壁【二】矣！

前得弟二函後，曾於一月八號寄一復札。想交通不便，故郵達致遲。日内念必收到矣。附到銅印，其中王博、龐康兩印甚精。圓銅印，文尤奇古，猝不能辨【三】。不知賓虹先生曾加考釋否？據近人《西部考古記》所録，蜀中古跡甚富，漢刻亦不少。得暇能一一訪求，録諸日記，亦足成一種著述也。梵一切如恒，惟牽於生事，碌碌無所心得。近於北宋人畫法，略能窺見其精到之處。覺實非元人可及。但此語非忱於六法【四】者不能印證，姑暫秘之。以待將來再有進步時，當著論以闡明之耳！川祠能暫□平不？念念。匆復。順問

旅安

友生 梵頓首 二月十六號【五】

註釋

【一】《蜀山粉本》：粉本即畫稿。此指吳一峯在四川的寫生畫稿。

【二】少文四壁：南朝 宋宗炳（三七五—四四三），字少文，南陽涅陽（今河南鎮平）人，家江陵（今湖北江陵）。精書畫，工彈琴。喜遊歷，朝廷屢召之，俱不就。曰：『吾棲幽飲壑三十年，豈可於王門折腰爲吏邪？』時稱高士。曾漫遊山川，西涉荊巫，南登衡嶽，小住衡山。後因老病還家，恨不能遍觀名山，遂將遊履圖之於壁，歎曰：『惟當澄懷觀道，卧以遊之。』又曰：『撫琴四壁，欲令衆山皆响。』

【三】吳一峯擅治印，胎息秦漢。入蜀後喜收集古印，並擇其佳者搨樣寄朱天梵師。此信所謂『猝不能辨』者，爲未破譯之古老文字，考古界多將此類印文稱爲『巴蜀圖語』，四川省博物馆收藏此類印甚富。參見第八三頁。

【四】六法：南齊謝赫《古畫品録》云：『畫有六法：一、氣韻生動。二、骨法用筆。三、應物象形。四、隨類賦彩。五、經營位置。六、傳移摹寫。』

【五】此函寫於一九三三年。

一峯先生足下：週中自橫濱惠函，許
遼闊拓本莫詩近畫，拼成之橫幅上
藝界近成兩派，一爲劉海粟、[illegible]徐悲
鴻、汪亞塵等是也；一爲保守之輩，偏埶利，
全失藝術之價格，唯以自用言之捷覓
於筆耳。弟李及二西唐國執如麻，爲此已

昨談及我問題德業執道王綱陵夷
儒家旦夕而已實如歸收曾將（作是）感覺于策
盡取境平腐並思傑作也正刪家園
丁濟華昆仲受業于予言及無不畢等
五六條幸識且甚佩予之毅力畢家留賞
頌乾收書畫甚不能出金價且虛上例

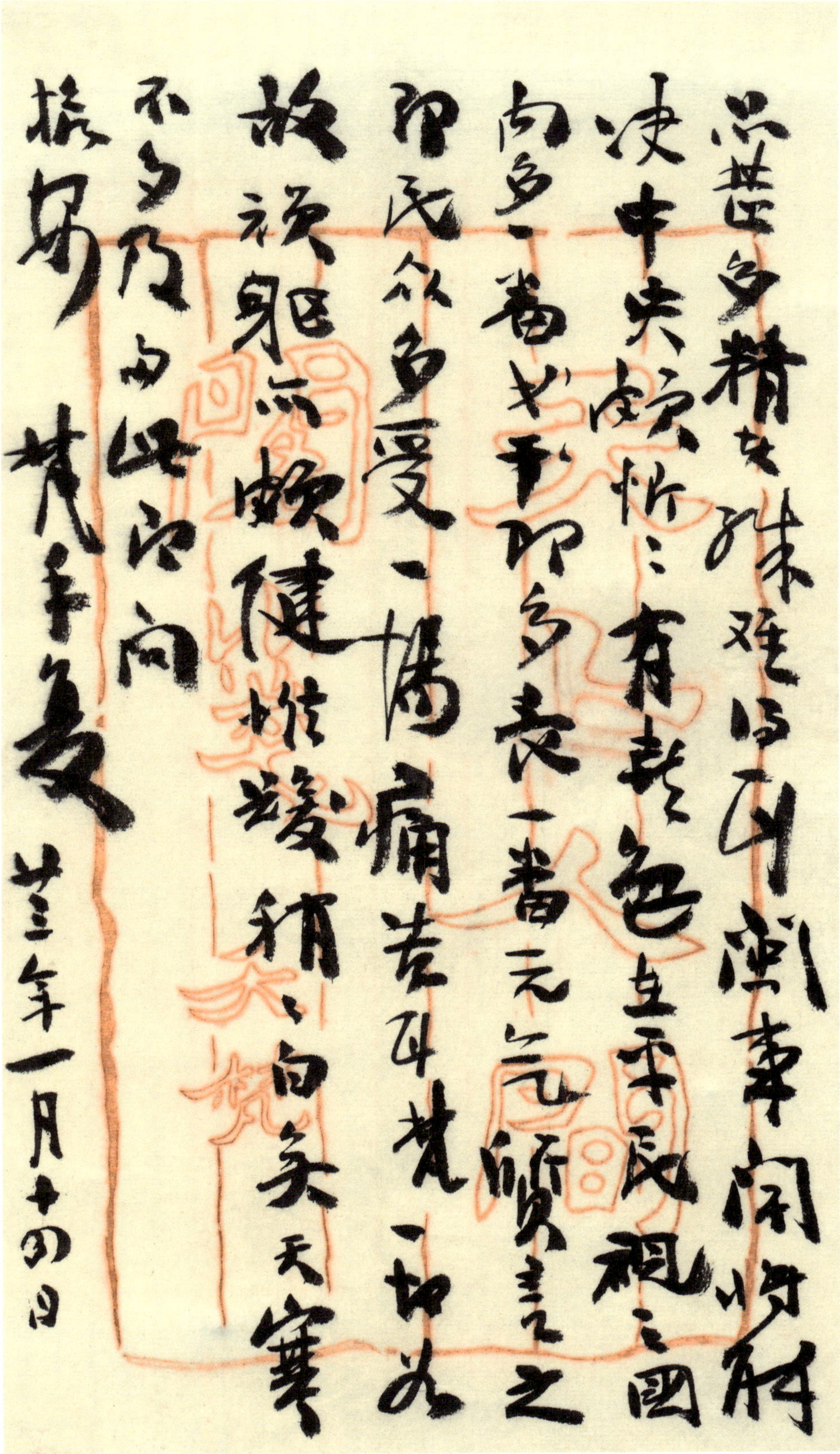
梵手复
卅三年一月十四日

縱二八·五厘米　橫一六厘米

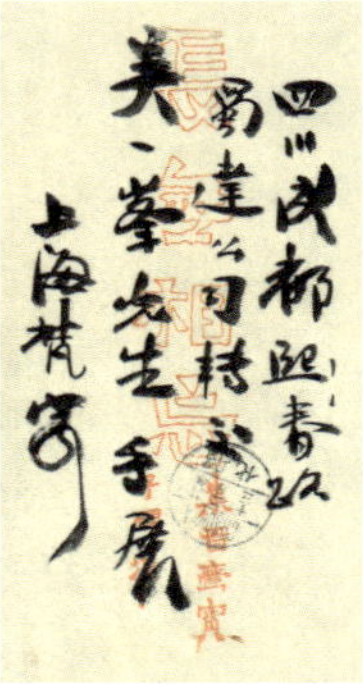
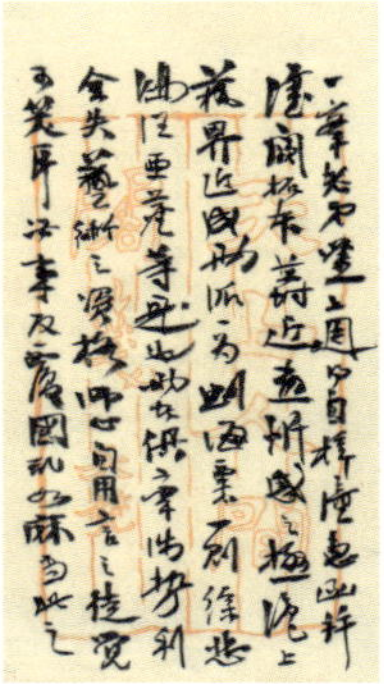
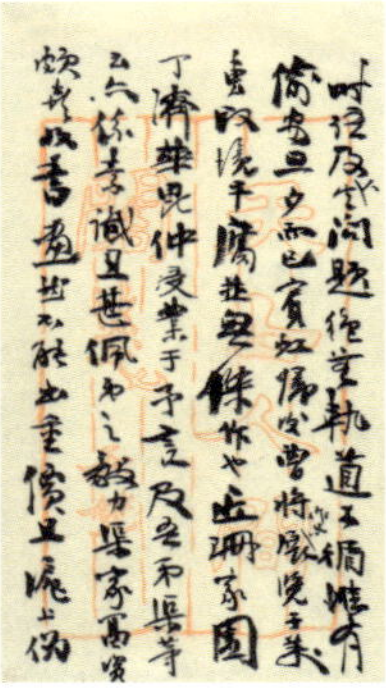
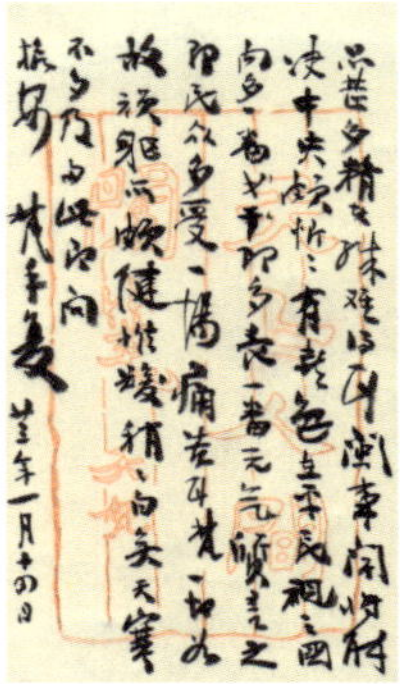

一峯老弟鑒：

上周得自梓潼【一】惠函並漢闕搨本，並附近畫，忻感之極。

滬上藝界近成兩派：一爲劉海粟，一則徐悲鴻、汪亞塵等是也。兩者俱牽涉勢利，全失藝術之資格。師心自用言之，徒覺可笑耳！世事反復，國亂如蔴。當此之時，語及人生問題，絶無軌道可循，惟有偷安且夕而已！

賓虹歸後，曾將作品展覽於美專。取境平腐，並無傑作也。近珊家園丁濟華【二】昆仲受業於予。言及吾弟，渠等云亦係素識，且甚佩弟之毅力。渠家富資，頗喜收書畫，然不能出重價。且滬上僞品甚多，精者殊難得耳。

閩事【三】聞將解決，中央頗忻忻有喜色。在平民視之，國内多一番干戈，即多喪一番元氣。質言之，即民衆多受一場痛苦耳。

梵一切如故，頑軀亦頗健，惟髮稍稍白矣。天寒不多及。匆此即問

旅安

梵　手復　廿三年一月十四日

註釋

【一】梓潼：現四川省綿陽市所轄梓潼縣，漢置。縣東倚梓林，西枕潼水，故得名。

【二】丁濟華：待考。

【三】閩事：一九三三年十一月，陳銘樞、李濟深等於福州成立『福建人民革命政府』，發表反蔣介石宣言，改國號爲『中華共和國』，出師討蔣，旋與中華工農政府簽訂抗日、停戰協議。蔣介石派員與日本接洽協助鎮壓福建事變。十二月日本派四艦入閩江，威脅『人民革命政府』，蔣介石自浙江進攻。一九三四年一月，蔣介石攻佔福州，日本主使臺灣流氓佔厦門，『人民革命政府』失敗。

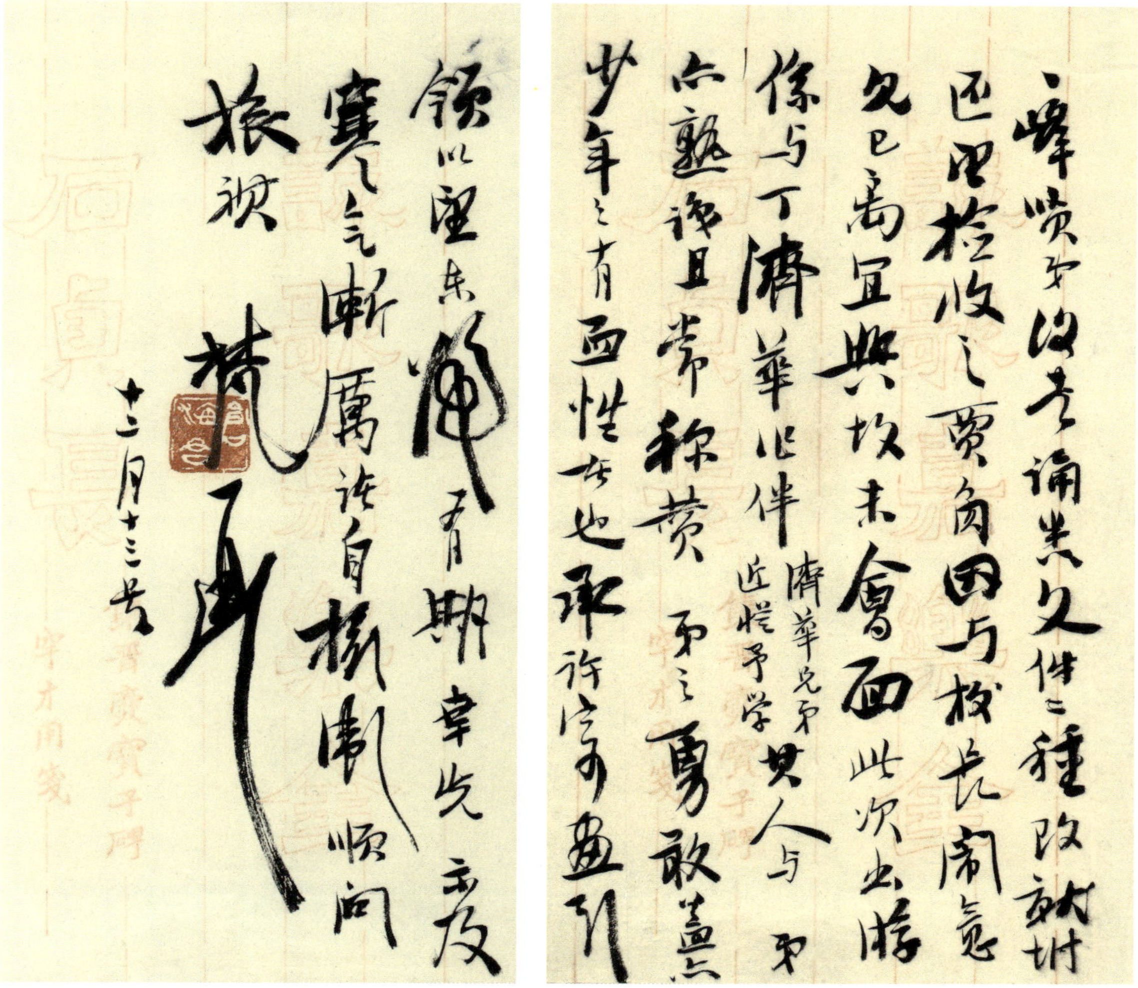

縱二五厘米　橫一五·五厘米

一峯賢弟：

復書誦悉。文件二種改就附還，望檢收之。賈角【一】因與校長鬧意見，已離宜興，故未會面。此次出遊與丁濟華作伴（濟華兄弟近從予學）。其人與弟亦熟識，且常稱讚弟之勇敢，蓋亦少年之有血性者也。承許寄畫，引領以望。東歸有期【二】，幸先示及。寒氣漸厲，諸自攝衛。順問

旅祺

梵再頓首　十二月十三號

註釋

【一】賈角：畫家。字鎮廷。畢業於上海美專。

【二】吴一峯一九三四年底經漢口舉辦畫展後赴南京，然後回浙江平湖省親。據朱天梵此語，東歸前當有函致朱。故朱天梵此函時間應爲一九三四年吴一峯東歸前。

一峯老弟偉鑒：久不通信，近念良殷，時誦弟之佳句，良覿畫稿，宜即印行，惟命名以（蜀游畫集）四字為妥，因寫生二字古人但用於動植，山為無機躰，不同，概以寫生目之也。屬草序文，亦已作就，意有所感，不憚覼縷，滿紙荒唐，既長無暇親繕，並命小兒錄副寄奉，紙面用鉛板排印，不必影原迹也。另題（嘉陵紀游）四字，或可封面即集背，藉留紀念。梵近狀猶昔，差堪告慰，惟下

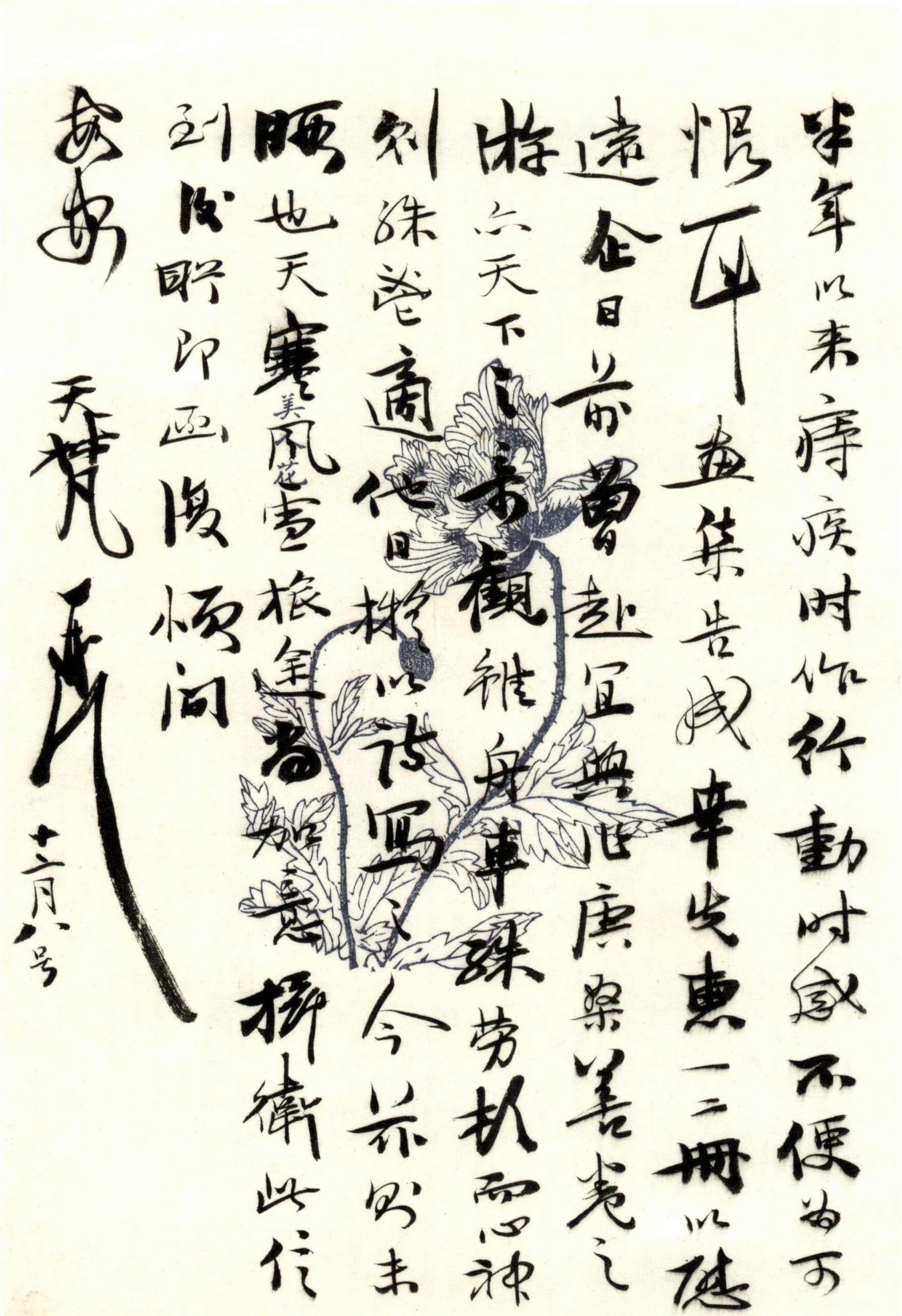

半年以來痔疾時作，行動時感不便，為可恨耳。畫集告成，幸先惠一二冊以慰遠企。日前曾赴宜興庚(?)桑、善卷之勝，亦(?)天下之奇觀，雖舟車殊(?)勞，然(?)而心神則(?)殊爽(?)適。他日擬以詩寫之，今亦(?)以未暇也。天寒風雪，旅途當加意攝衛，此行到後盼即函復。順問旅安。天梵手上 十二月八号

縱二六·五厘米 橫一七厘米

一峯老弟偉督：

久不得信，企念良殷。昨誦手書，快同良覿。畫稿宜即印行，惟命名以『蜀遊畫集』【一】四字爲妥。因寫生二字古人但用於運【二】植，山爲無機體，不得概以寫生目之也。屬草序文【三】，茲已作就。意有所感，不覐【四】覼縷【五】滿紙。篇幅既長，無暇親繕。茲命小兒録副寄往。可用鉛板排印，不必影原跡也。另題『嘉陵粉本』【六】四字或可坿印集首，藉留紀念。梵近狀猶昔，差堪告慰。惟下半年以來，痔疾時作，行動時感不便，爲可恨耳。畫集告成，幸先惠一二册以慰遠企。日前曾赴宜興作庚桑【七】善卷【八】之遊，亦天下之奇觀。雖舟車殊勞頓，而心神則殊愜適。他日擬以詩寫之，今茲則未暇也。天寒風雪，旅途尚加意攝衛。此信到後盼即函復。順問

安安

天梵再頓首　十二月八號

註釋

【一】吳一峯一九三二年隨黃賓虹入蜀後，慕蜀中山水奇偉，留寓蜀中，遍遊古迹名勝，寫生作畫。原擬一九三四年回浙省親時出版畫集，請業師朱天梵著序，序成而出版未果。直至一九三七年於上海舉辦『吳一峯蜀遊畫展』時，始由中國畫會編輯珂羅版《吳一峯蜀遊畫集》行世。

【二】運：通『動』字。

【三】序文：即載於一九三七年版《吳一峯蜀遊畫集》朱天梵序，撰於一九三四年。文見第七六—七九頁。

【四】覐：通『覺』字。

【五】覼縷：繁、瑣細。

【六】嘉陵粉本：參見第七五頁。

【七】庚桑：即庚桑洞，又名張公洞。江蘇宜興名勝古蹟，位於太湖西岸宜興丁蜀鎮東南的盂峯山，與善卷洞一東一西，稱姐妹洞。相傳兩千多年前，有位叫庚桑楚的隱士居此讀書修煉，故名。又傳爲唐之張果老隱居之地。

【八】善卷：即善卷洞。江蘇宜興名勝古蹟，在太湖西岸與螺巖山中，因山洞巖穴卷曲而得名。又傳爲唐堯時善卷子避舜禪讓隱居之地。

【九】此函寫於一九三四年。

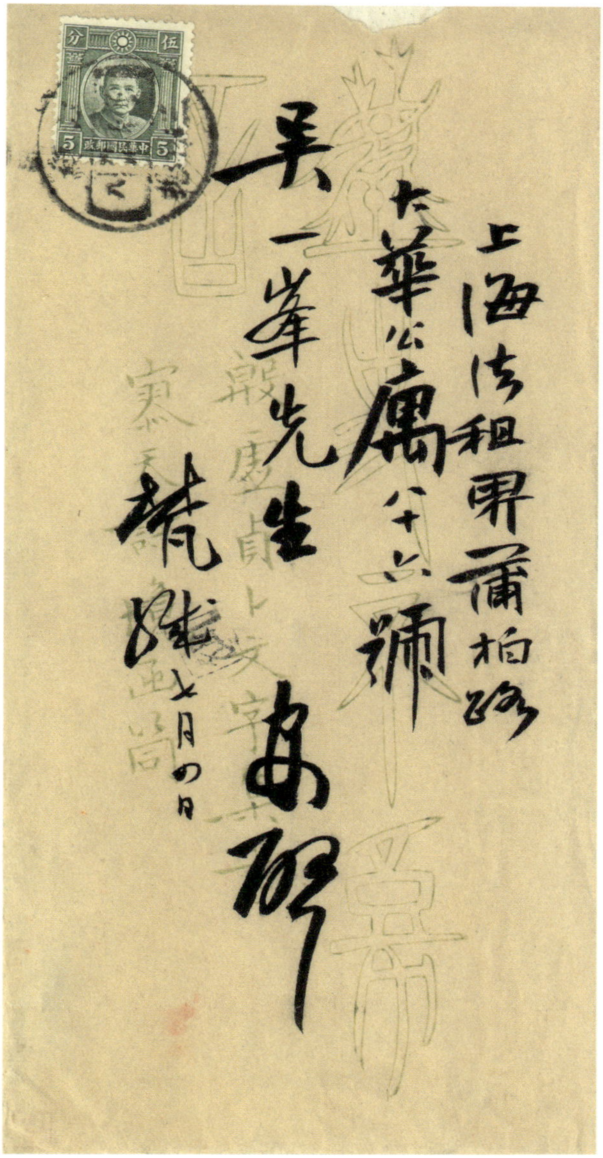
上海法租界蒲柏路
大華公寓八十六號
吳一峯先生 安啟
梵緘 七月四日

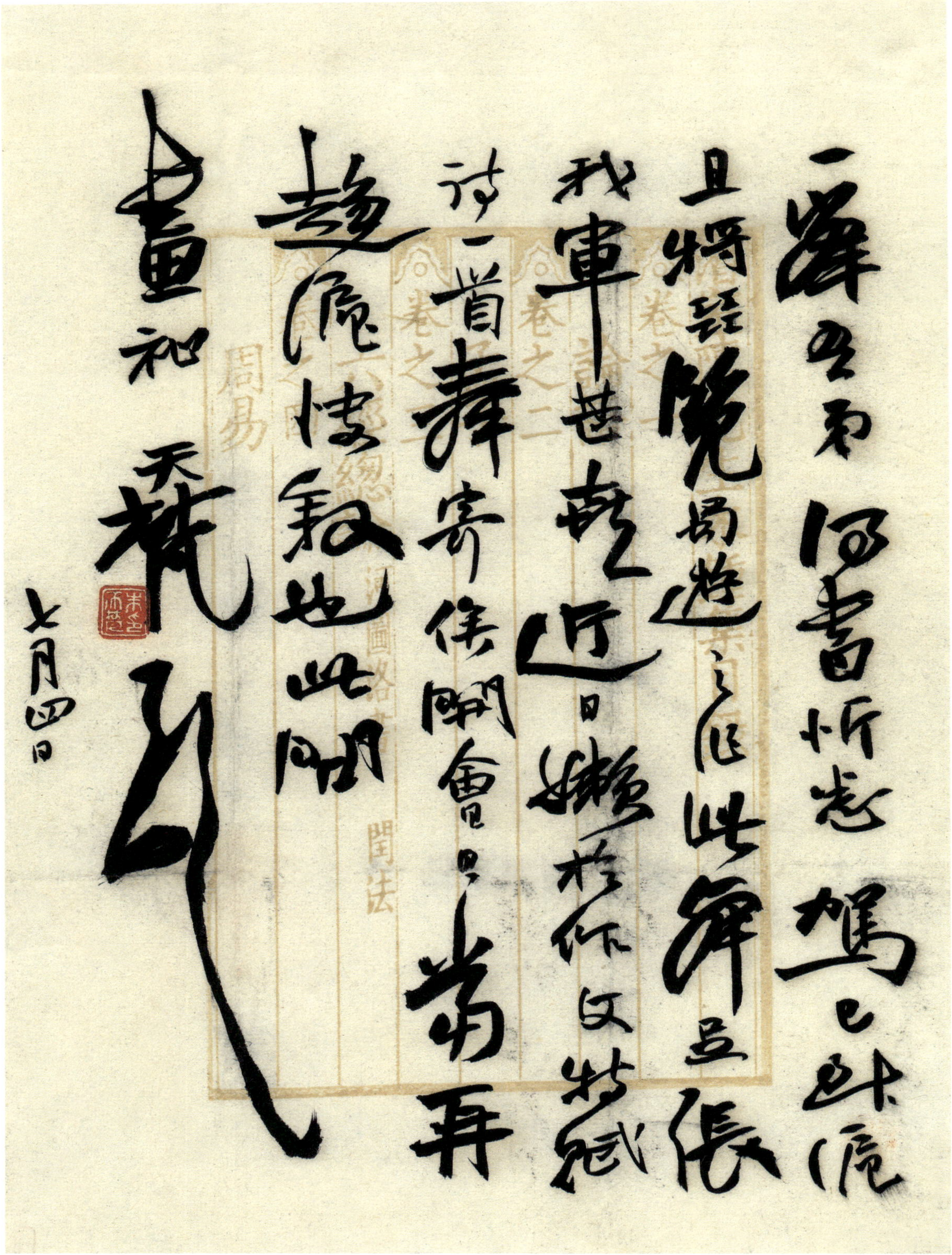

一峯吾兄：得書忻悉。嫣已臥病
且將[illegible]，暑期遊之後，此[illegible]且張
我軍甚乾。近日懶於作文，[illegible]
詩一首，壽[illegible]候開會日之前，再
趁[illegible]請教也。此問
畫祉。　天[illegible]
七月四日

一峯老人書來將以蜀道紀遊之作屬覽于滬上賦詩寄之

杜公蜀道詩偏壯吳子巴遊畫愈奇一樣心光追造化偶從筆底寫嶔嵜梯經四壁山皆響排闥羣峯楚履馳千載道玄折有繼嘉陵重見墨淋漓

曾惠紀遊一幀懸諸座右恍入蠶叢古國也

朱天梵未定草

天梵

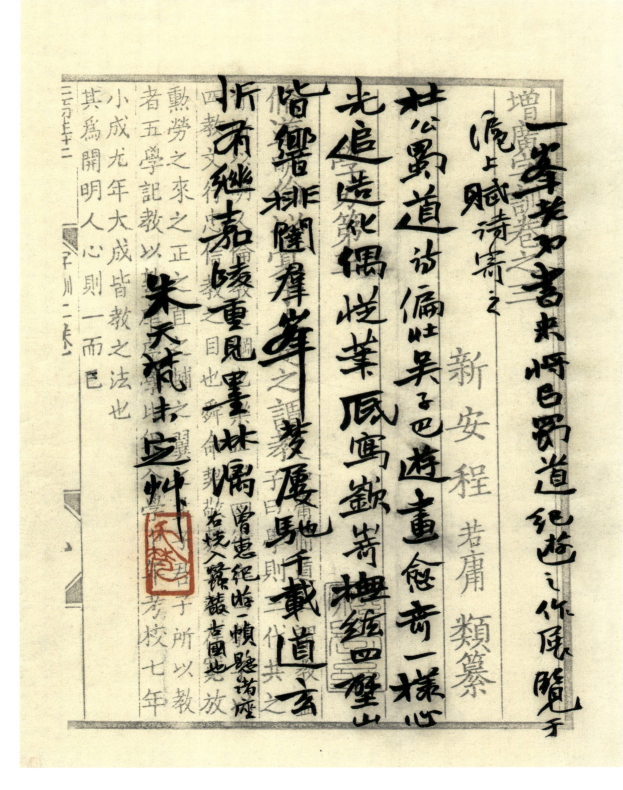

縱二六·五厘米 橫一九·五厘米

一峯吾弟：

得書忻悉。駕已到滬，且將展覽蜀遊之作，此舉足張我軍。甚喜！近日懶於作文，特賦詩一首奉寄。俟開會日當再趨滬快叙也。此問

畫祉

天梵頓首　七月四日【一】

一峯老弟書来，将以蜀道纪遊之作展览於沪上，赋诗寄之

杜公蜀道詩偏壯，吴子巴遊畫愈奇。
一樣心光追造化，偶從筆底寫嶔嵜。
撫弦四壁山皆響【二】，排闥群峯夢屢馳。
千載道玄忻有繼，嘉陵重見墨淋漓。

曾惠紀遊一幀，懸諸座右，恍入蠶叢【三】古國也。

朱天梵未定草

註釋

【一】此函爲一九三七年『吴一峯蜀遊畫展』時寄發。

【二】參見第六二頁註【二】『少文四壁』條。

【三】蠶叢：相傳爲蜀王之先祖，教人蠶桑。喻指蜀地。李白《送友人入蜀》：『且説蠶叢路，崎嶇不易行。』

朱天梵爲《吳一峯蜀遊畫集》題字

縱二六厘米　橫一五厘米

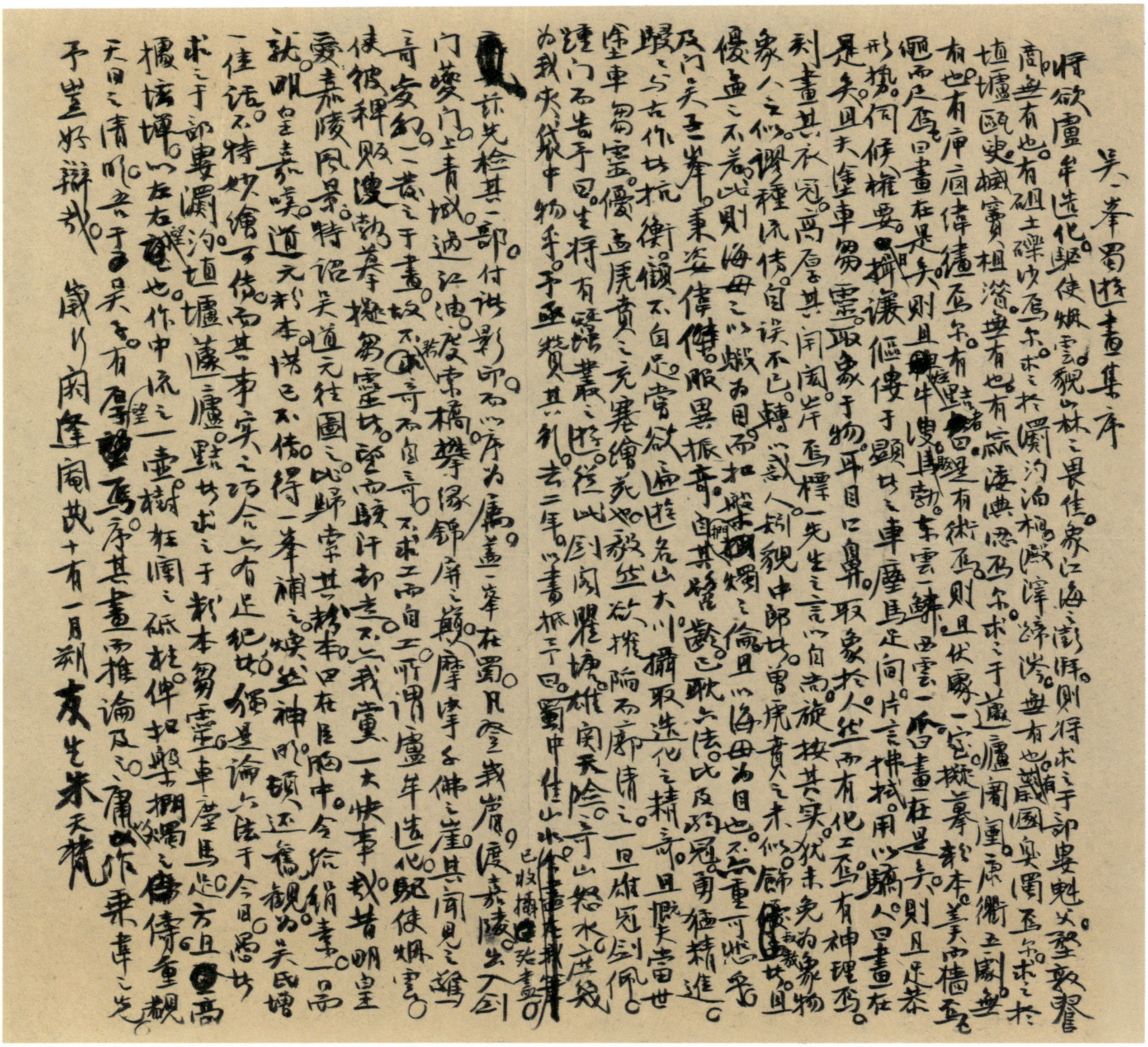
吳一峯蜀遊畫集序

歲次閼逢閹茂十有一月朔　友生朱天梵

朱天梵《吳一峯蜀遊畫集序》手稿

縱二三厘米　橫二七厘米

吳一峯蜀遊畫集序【一】

將欲盧牟【二】造化、驅使煙雲，貌山林之畏佳，象江海之澎湃，則將求之於部婁【三】魁父【四】、埊敦【五】□商，無有也。有砠土【六】礫沙焉爾。求之於瀯汋【七】泊柏【八】、瀫淬【九】蹄涔【一〇】，無有也。有葳㴎【一一】臬濁焉爾。求之於埴壚【一二】甌臾【一三】、椷竇（窬）【一四】相浩【一五】，無有也。有窳淩【一六】洪溛【一七】焉爾；求之於蘧廬【一八】闍闉【一九】、康衢【二〇】五劇，無有也。有庳庡【二一】緯繣【二二】焉爾。有黠【二三】者曰：是有術焉。則且伏處一室，擬摹粉本，羹而牆焉，緪而尺焉，曰畫在是矣；則且炫牛溲【二四】、販馬勃【二五】，東雲（云）一鱗、西雲（云）一爪，曰畫在是矣；則且足恭形勢、伺候權要，日揖讓傴僂【二六】於顯者之車塵馬足間。片言拂拭，用以驕人，曰畫在是矣。且夫塗車芻靈【二七】，取象於物；耳目口鼻，取象於人。然而有化工焉、有神理焉。刻畫其衣冠，高厚其閈閎【二八】岸焉。標一先生之言以自尚。旋按其實，猶未免爲象物象人之似。謬種流傳，自誤不已，轉以惑人。矧【二九】貌中郎者，曾虎賁之未似；飾叔敖【三〇】者，且優孟之不若。此則海母之以蝦爲目。而扣盤捫燭【三一】之倫，且以海母爲目也。不亦重可悲乎！

及門吳子一峯，秉姿偉傑，服異振奇。自其髫齡，已耽六法【三二】。比及弱冠，勇猛精進，驂驂【三三】與古作者抗衡。顧不自足，嘗欲遍游名山大川，攝取造化之精奇。且慨夫當世塗車芻靈、優孟虎賁之充塞繪苑也。毅然欲摧陷而廓清之。一旦雄冠劍佩，踵門而告予曰：『生將有蠶叢【三四】之遊。』從此，劍閣瞿塘，雄關天險，奇山怒水，庶幾爲我夾袋中物乎。予亟贊其行。去二年，以書抵予曰：『蜀中佳山水，已收攝殆盡。茲先撿其一部，付諸影印。』而以序爲屬。蓋一峯在蜀，凡登峨嵋、渡嘉陵、出入劍門夔門、上青城、過江油、度索橋、攀緣錦屏之巔、摩挲千佛之崖，其聞見之驚奇變幻，一一發之於畫。故不矜奇而自奇，不求工而自工。所謂盧牟造化、驅使煙雲，使彼稗販溲勃、摹擬芻靈者，望而駭汗卻走，不亦我黨一大快事哉！

昔明皇愛嘉陵風景，特詔吳道元【三五】往圖之。比歸，索其粉本。曰：『在臣胸中。』令給絹素，一日而就。明皇嘉歎！道元粉本惜已不傳，得一峯補之，煥然神明，頓還舊觀。爲吳氏增一佳話，不特妙繪可傳，而其事實之巧合亦有足紀者。獨是論六法於今日，愚者求之於部婁瀯汋、埴壚蘧廬；黠者求之於粉本芻靈、車塵馬足，方且高據㧾壇【三六】，以左右望也。作中流之一壺、樹狂瀾之砥柱，俾扣盤捫燭之儔，重睹天日之清明。吾於吳子，有厚望焉。序其畫而推論及之，庸以作乘韋【三七】之先。予豈好辯哉！

歲次閼逢【三八】閹茂【三九】十有一月朔

友生　朱天梵

註釋

【一】此序作於一九三四年（甲戌），載於一九三七年版《吴一峯蜀遊画集》。

【二】盧牟：猶言規模。《淮南子·要略》：『原道者，盧牟六合，混沌萬物。』

【三】部婁：小土丘。《左傳·襄二十四年》：『部婁無松柏。』

【四】魁父：小山名。位於今河南開封市。《列子·湯問》：『以君之力，曾不能損魁父之丘，如泰山王屋何？』

【五】埶敦：小丘。《文選·漢班固答賓戲》：『欲從埶敦而度高乎泰山。』

【六】砠土：石山戴土曰砠。《詩·周南卷耳》：『陟彼砠矣，我馬瘏矣。』

【七】瀱汋：井水時盈時竭。《爾雅·釋水》：『井一有水一無水爲瀱汋。』

【八】泊柏：浪花，小波也。《文選·晋木玄虚》：『澗泊柏而迆颺，磊匒匌而敐。』

【九】溵滓：河底沉積的淤泥。

【一〇】蹄涔：牛馬路上所留足跡中的積水，喻容量微小。《淮南子·氾論》：『夫牛蹄之涔，不能生鱣鮪。』

【一一】薉溷：薉通穢。溷、濁也。《漢書·諸葛豐傳》：『邪穢濁溷之氣上感於天，是以災變數見，百姓困乏。』

【一二】埴壚：疏鬆的黄黏土。

【一三】甌臾：瓦器。

【一四】械竇：竇通窬。便桶。褻器也。

【一五】柤㴙：陳列祭神牲畜的器具。柤通俎。

【一六】窳溇：窳、粗劣。溇、污濁。污穢也。

【一七】澒涊：垢濁。《楚辭·漢劉向九歎昔賢》：『撥諂諛而匡邪兮，切澒涊之流俗。』

【一八】蘧廬：旅舍。《莊子·天運》：『仁義，先王之蘧廬也，止可以一宿，而不可久處。』

【一九】闉闍：即闉闍，曲城。城門加築的樓臺，泛指城門。《詩·鄭風·出其東門》：『出其闉闍，有女如荼。』

【二〇】康衢：四通八達的道路。《爾雅·釋宫》：『四達謂之衢，五達謂之康。』

【二一】庳廄：庳，壞室。廄，隘。指小而不好的房子。

【二二】緯繣：乖戾，固執。《楚辭·屈原離騷》：『紛總總其離合兮，忽緯繣其難遷。』

【二三】黠：聰慧，機敏。

【二四】牛溲：車前草的别名。

【二五】馬勃：生在濕地或腐木上的菌類植物。牛溲馬勃均可入藥，喻至賤之物。《韓愈·進學解》：『玉札丹砂，赤箭青芝，牛溲馬勃，敗鼓之皮，俱收并蓄，待用無遺，醫師之良也。』

【二六】傴僂：脊梁彎曲之病。即駝背。

【二七】塗車芻靈：塗車，泥車。古時送葬用的明器。芻靈，茅草紮成的人馬。古代殉葬用品。《禮記·檀弓下》：『塗車芻靈，自古有之。』

【二八】閈閎：均爲門。《左傳·襄三十一年》：『高其閈閎，厚其墻垣，以無憂客使。』

【二九】矧：况且。

【三〇】叔敖：孫叔敖，楚相。孫叔敖死後，其子貧困無依，優孟（楚國藝人）穿叔敖衣冠舞於楚王前，叔敖子得封。

【三一】扣盤捫燭：《蘇軾經進東坡文集事略》：『生而眇者不識日，問之有目者。或告之曰：「日之狀如銅盤」。扣盤而得其聲。他日聞鐘，以爲日也。或告之曰：「日之光如燭」。捫燭而得其形。他日揣籥，以爲日也。』後因以『扣盤捫燭』喻不經實踐，不能得真知。

【三二】六法：南齊謝赫《古畫品録》：『畫有六法：一、氣韻生動。二、骨法用筆。三、應物象形。四、隨類賦彩。五、經營位置。六、傳移摹寫。』

【三三】駸駸：馬疾行。《詩·小雅》：『駕彼四駱，載驟駸駸。』《南齊書·王僧虔論書》：『亡從祖中書令書，子敬云：弟書如騎騾，駸駸恒欲度驊騮前。』

【三四】蠶叢：參見第七四頁註【三】。

【三五】吴道元：即吴道子（約六八五—七五八，一作卒年爲七九二年），唐代畫家。陽翟（今河南禹縣）人。玄宗時任内教博士。改名道玄，亦作道元。

【三六】坛墠：墠同壇。墠，經過除草的野地。《禮記·祭法》：『是故王立七廟，一壇一墠。』鄭玄註：『封王爲壇，除地曰墠。』

【三七】乘韋：四張熟牛皮。乘，四也；韋，熟牛皮。《左傳·僖三十三年》：『（秦師）及滑，鄭商人弦高將市於周，遇之，以乘韋先，牛十二，犒之』。

【三八】閼逢：天干中甲的別稱，用以紀年。

【三九】閹茂：地支中戌的別稱，用以紀年。

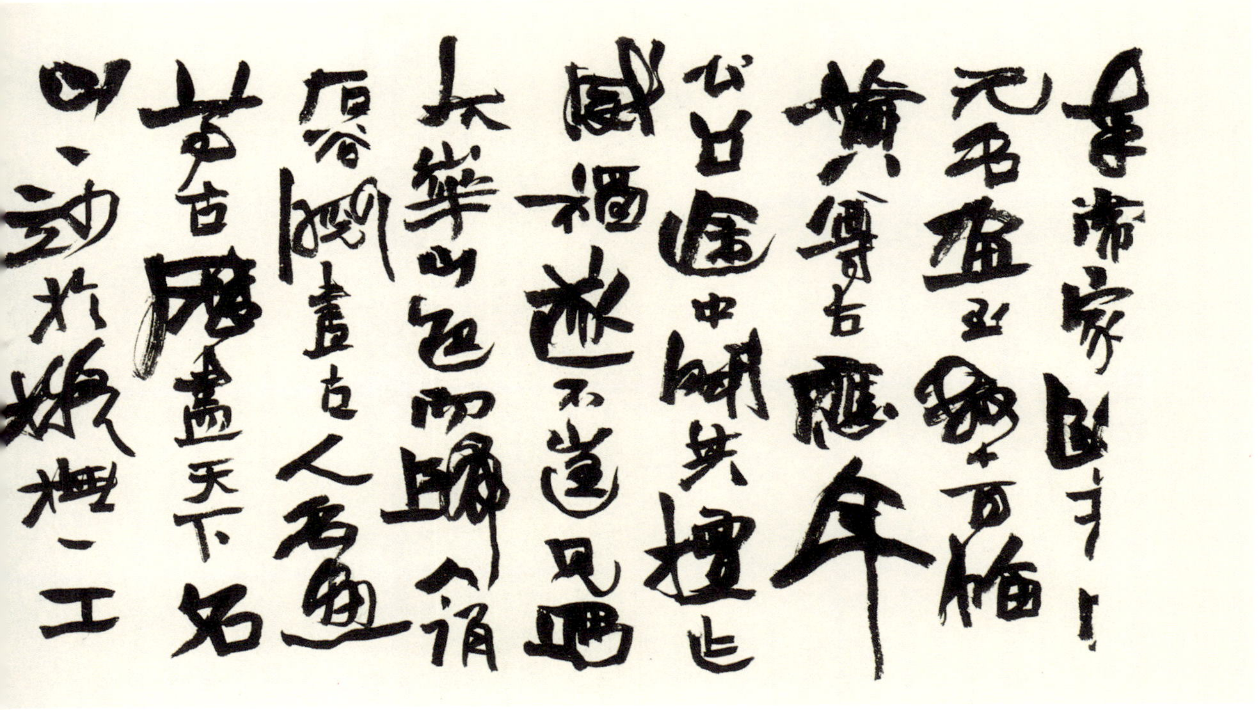

朱天梵題吳一峯《壯遊圖》（辛未卷）

一九三一年 【一】

清暉閣主【二】嘗在王奉常家臨摹宋元名畫至數十百幅；黃尊古【三】應年公召，途中聞其擅作威福，遂不往見，寫太華山色而歸。人謂石谷閱盡古人名畫，尊古歷盡天下名山。一妙於擬橅，一工於寫實，遂各有千古。今一峯既妙於丹青，而又有遍歷名山之志。再十年，必將取兩公之所長而兼有之乎？於其遠遊之始，特書此以壯其行。

辛未重九前七日　友生　朱天梵題

註釋

【一】一九三一年秋，吳一峯將徒步天目山、富春江寫生，於十月十四日（陰曆重九前七日）持《壯遊圖》卷於業師朱天梵處請題。朱天梵亦爲該卷題辭的第一人。

一九三二年秋，吳一峯隨黃賓虹溯江入蜀，此卷隨身携之，至成都下榻於三道街『一廬』（陳一禪公館）。適逢川軍巷戰，此卷及部分書畫、書籍爲流彈所中，損卷首及朱天梵題辭十三字。所損部分由吳一峯自存手抄本《師友贈詩文》中補全。

【二】清暉閣主：王翬（一六三二—一七一七），字石谷，號耕煙散人，烏目山人，清暉主人，劍門樵客，江蘇常熟人。王鑒弟子，後轉師王時敏，悉心臨摹歷代名作，遂熟諳諸家技法。與王時敏、王鑒、王原祁合稱『四王』，加吳歷、惲壽平，又稱『清六家』，在清初畫壇上居主流地位。

【三】黃尊古：黃鼎（一六六〇—一七三〇），字尊古，號曠亭、獨往客，江蘇常熟人。山水受業於王原祁，兼師王翬。遍遊名山，杖履所至，凡遇詭奇殊絶之景，一一寄之於畫，爲前人粉本中所未有。

火然之貴遊名者

古人下□涉物

于丹青乃不□有

遍屏障之古

再年乃将即郎

乞所長而畫兮

於其遠遊

始物書遊以壯

無□

辛未重九番七月
盈室朱天梵

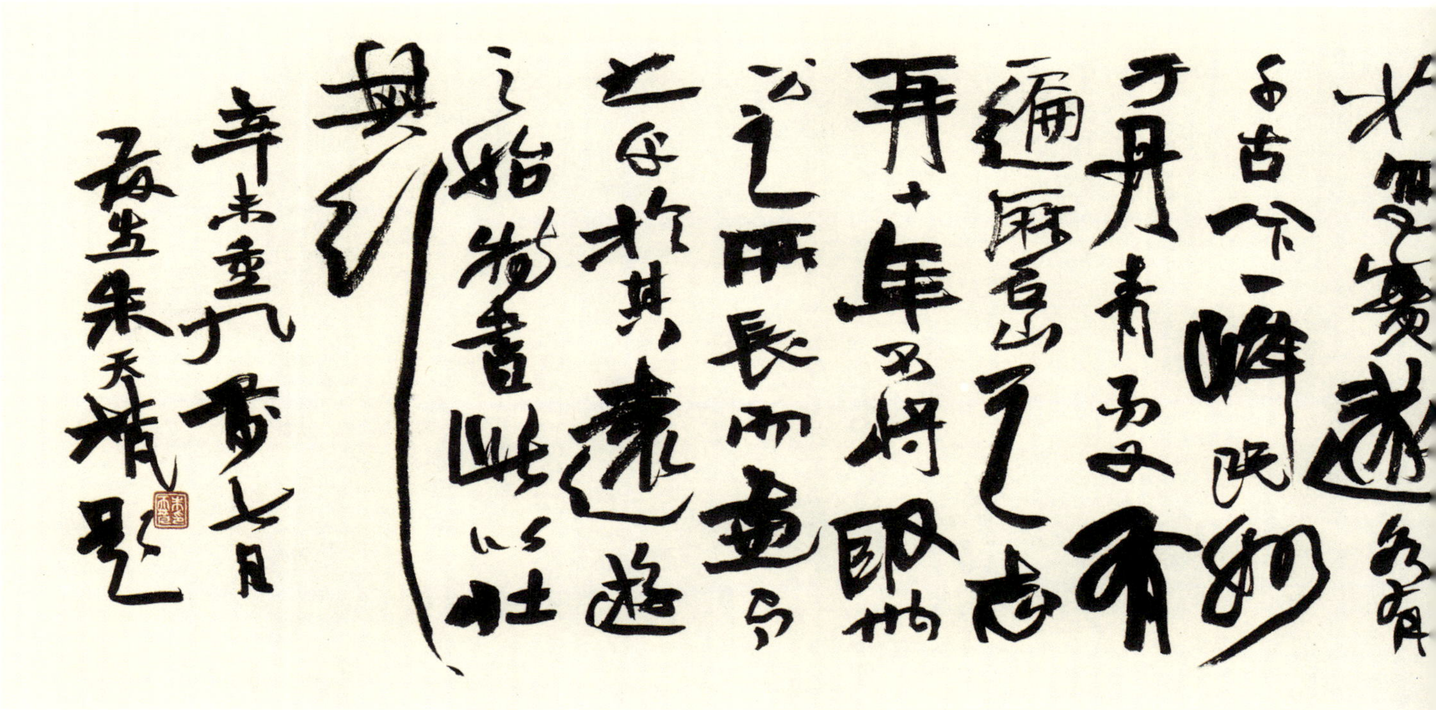

朱天梵子朱廣輪致吳一峯函

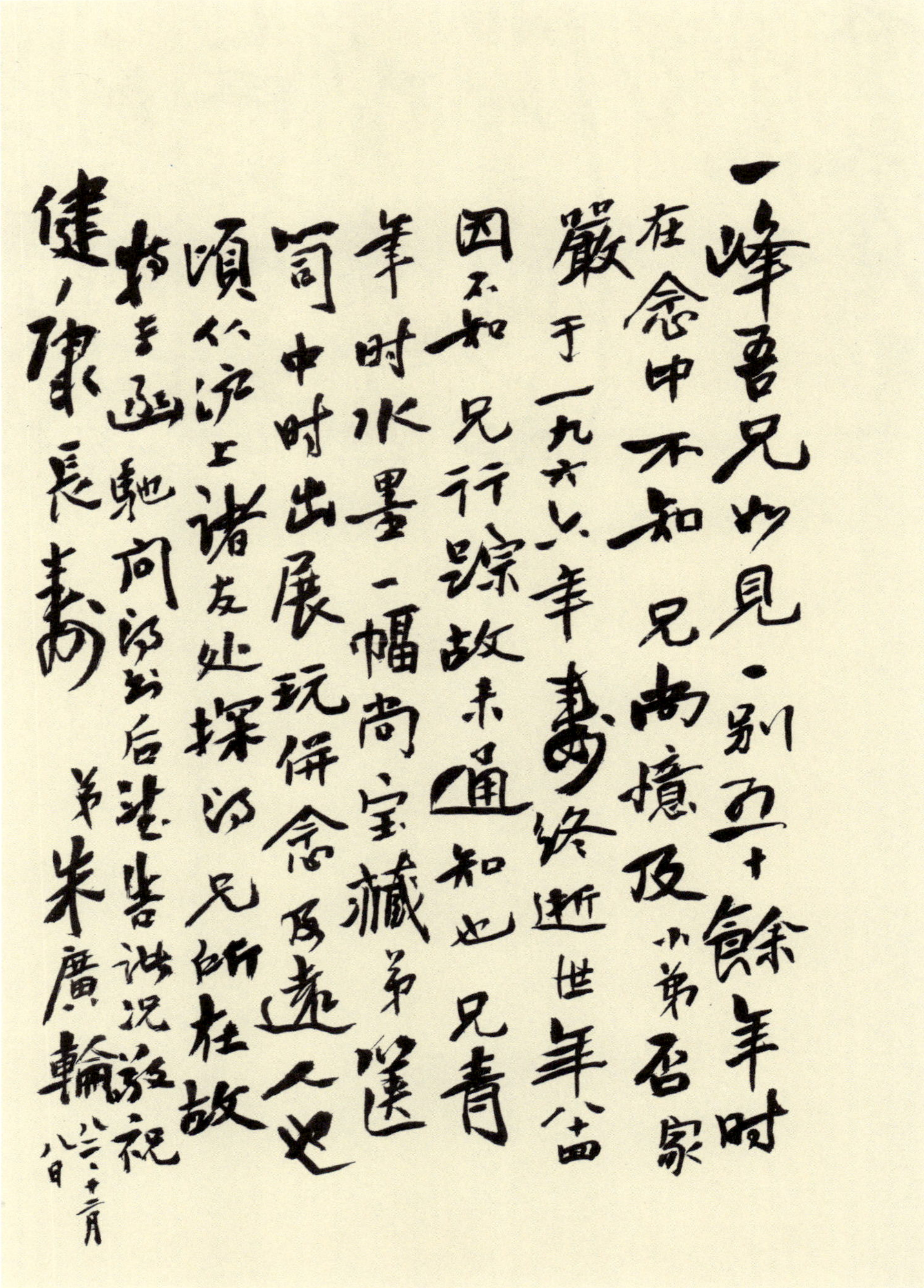
一峰吾兄如見：一別五十餘年，时在念中。不知兄尚憶及小弟否？家嚴于一九六六年壽終逝世，年八十四。因不知兄行踪，故未通知也。兄青年时水墨一幅，尚宝藏弟篋笥中，时出展玩，併念及遠人也。頃从沪上诸友处探得兄所在，故特专函馳问，得后望告诸况。敬祝健康長壽 弟朱廣輪 八二、十二月八日

縱二五·五厘米　橫一八厘米

一峯吾兄如見：

一别五十餘年，時在念中。不知兄尚憶及小弟否？

家嚴於一九六六年壽終逝世，年八十四。因不知兄行蹤，故未通知也。兄青年時水墨一幅，尚寶藏弟篋笥中，時出展玩，併念及遠人也。頃從滬上諸友處探得兄所在，故特專函馳問。得書後望告諸況。

敬祝

健康長壽

弟　朱廣輪　八二　十二月八日

吳一峯所藏古銅印

吳一峯寄贈朱天梵古銅印搨樣

謝无量書札

謝无量（一八八四—一九六四），書法家、詩人。名大澄，字仲清。一作仲青，號希範，又名蒙，號嗇庵，以字行。室名三見樓，印名无量壽。四川梓潼人（生於樂至，亦作樂至人）。

吳一峯與謝无量訂交於上世紀四十年代，且過從甚爲密切。謝賞吳之畫藝，吳仰謝之才名。二人常有書畫詩文的交流。吳一峯代表畫作《嘉陵山色》長卷、《岷江勝概》長卷，均由謝无量題端。

五十年代成都書畫界人士常在少城公園雅集，二人均爲積極參與者。

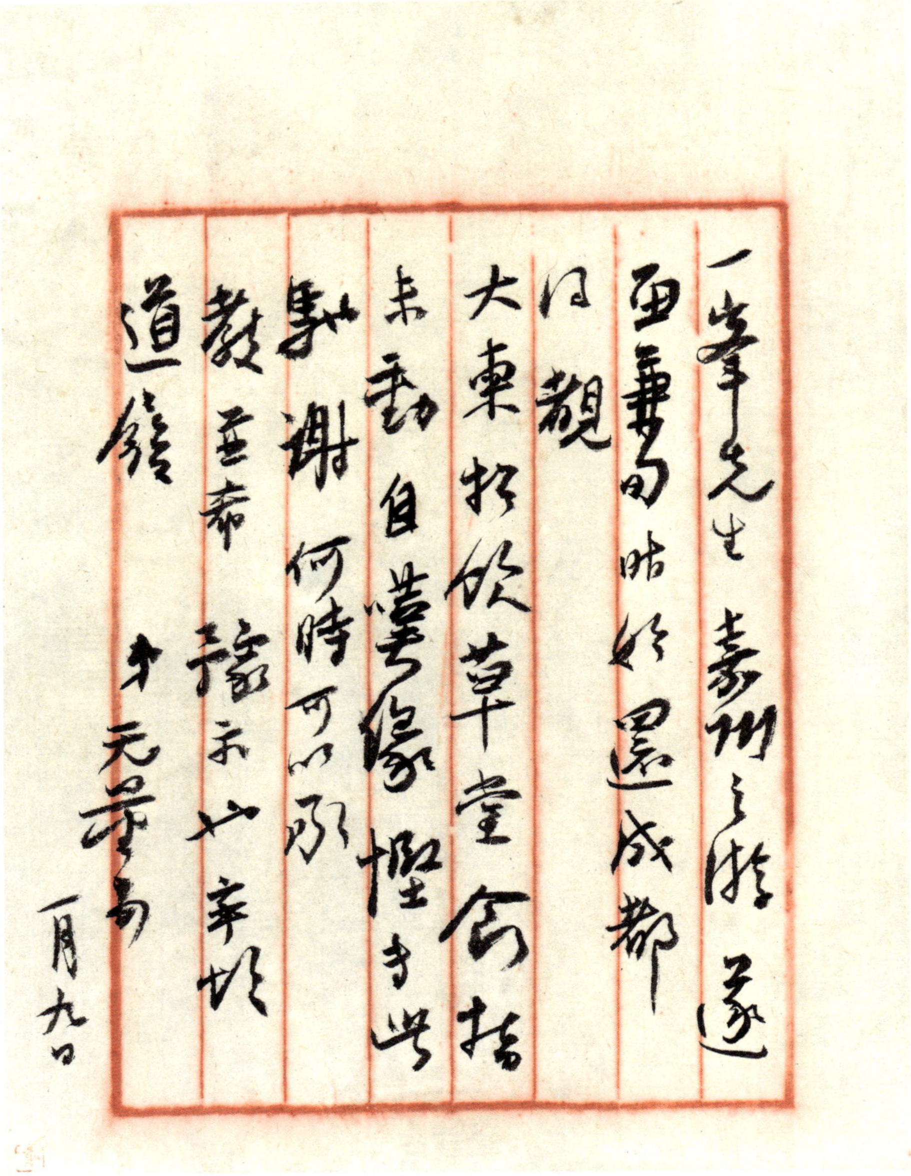

縱二八厘米　橫二〇・五厘米

一峯先生：

嘉州之遊，遂留兼旬。昨始還成都，得覩大東。招飲草堂【一】，食指未動，自嘆緣慳。專此馳謝！何時可以承教，並希豫示也！率頌道履

弟　无量頓首　一月九日

註釋

【一】草堂：指『一峯草堂』。

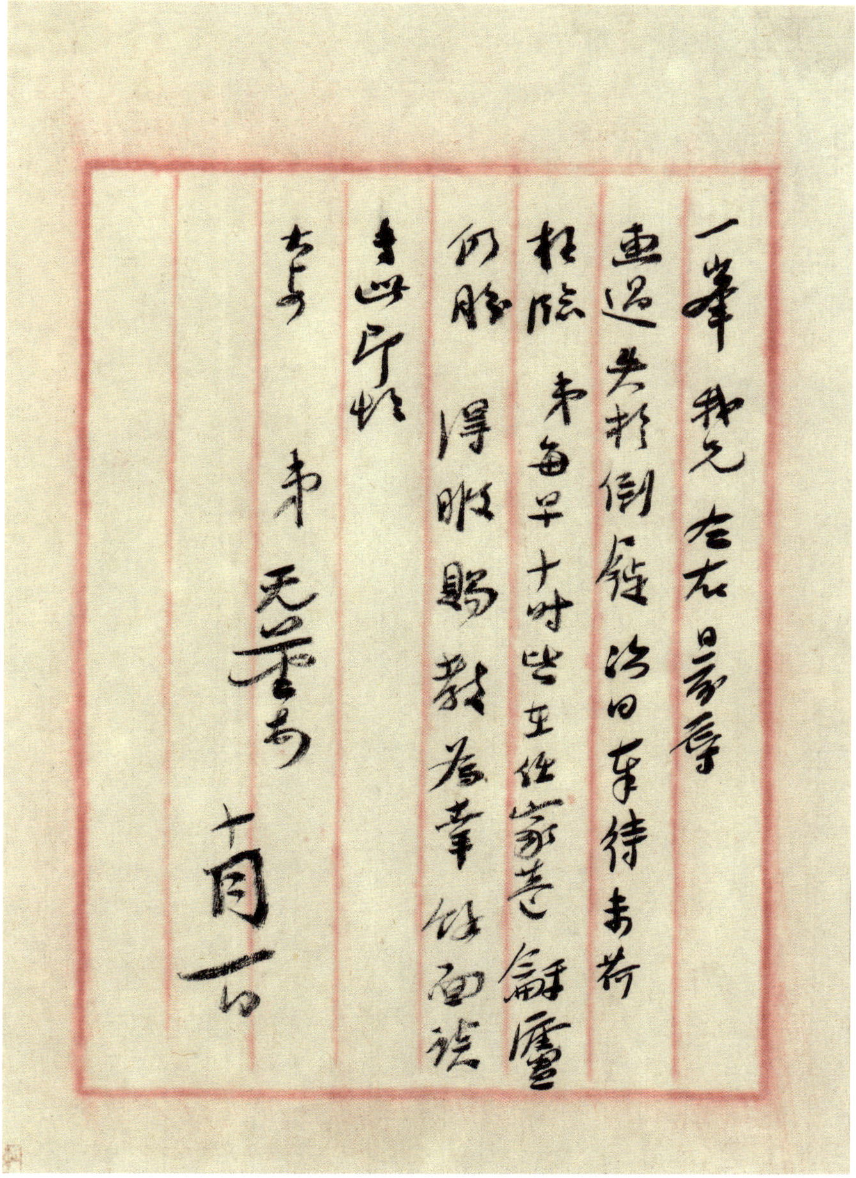

縱二八厘米 橫一九·五厘米

一峯我兄左右：

日前辱惠過，失於倒屣。次日奉待，未荷枉臨。弟每早十時皆在任家巷龢盧【一】。仍盼得暇賜教爲幸，餘面談。專此即頌

大安

弟 无量頓首 十月一日

註釋

【一】龢盧：無考。似爲一茶舍之名。

謝无量題《岷江勝概》手卷引首

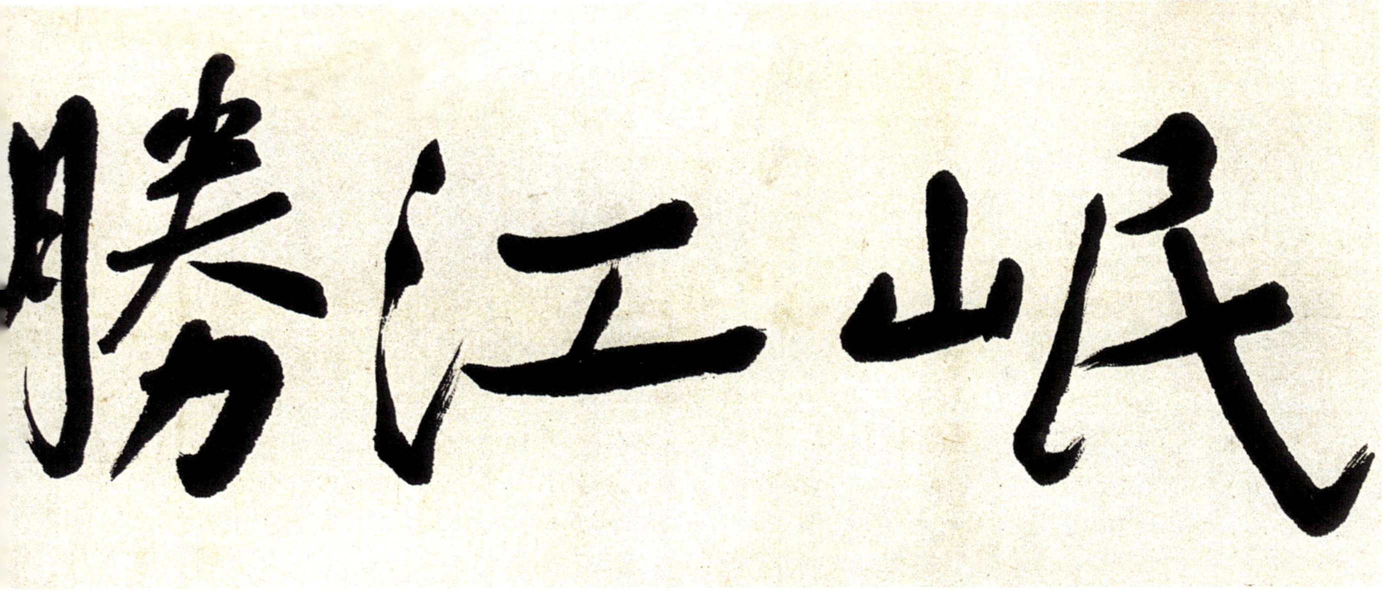

岷江勝概

江源萬里越千山，城郭風煙指顧間。
此日黎民能作主，四時開物不容閑。

一九五四年六月

謝无量題

按：

《岷江勝概》手卷寬十七厘米，長一千九百厘米。創作於一九五四年，謝无量題引首。該手卷曾參加一九五五年第二屆全國美展。引首上的污漬爲『文革』期間抄家時被踐踏之痕跡。

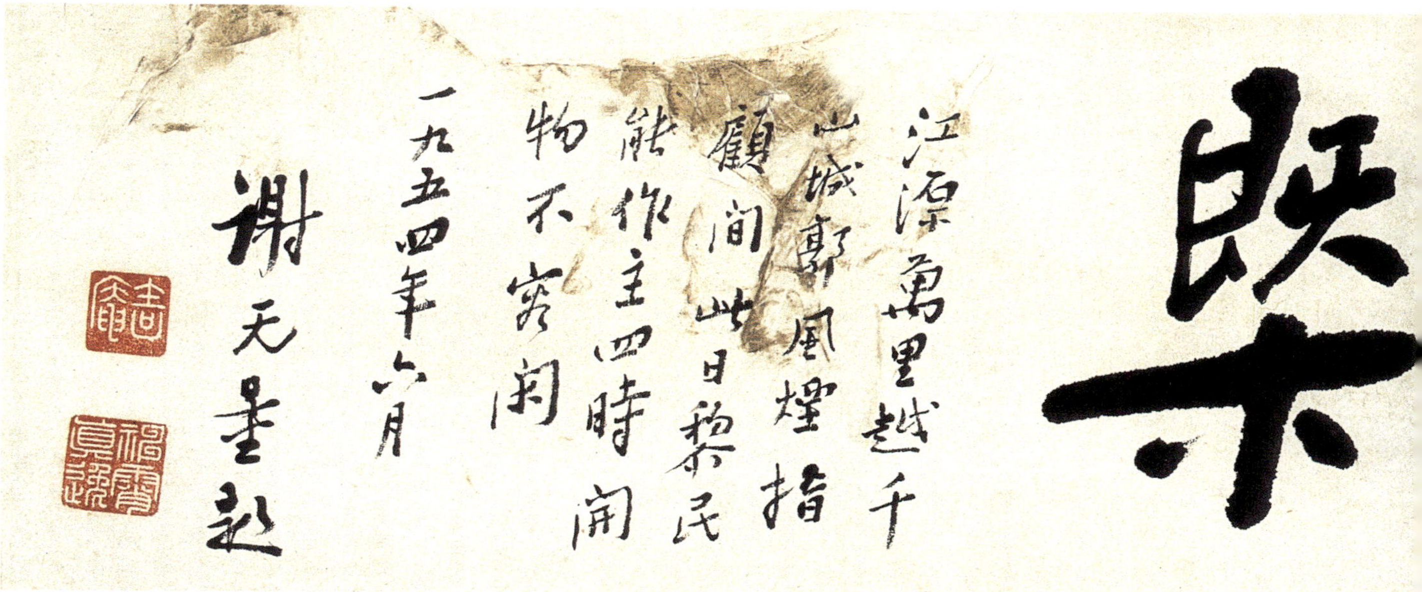
江源萬里越千
山城郭風煙指
顧間此日黎民
能作主四時開
物不容閑
一九五四年六月
謝无量題

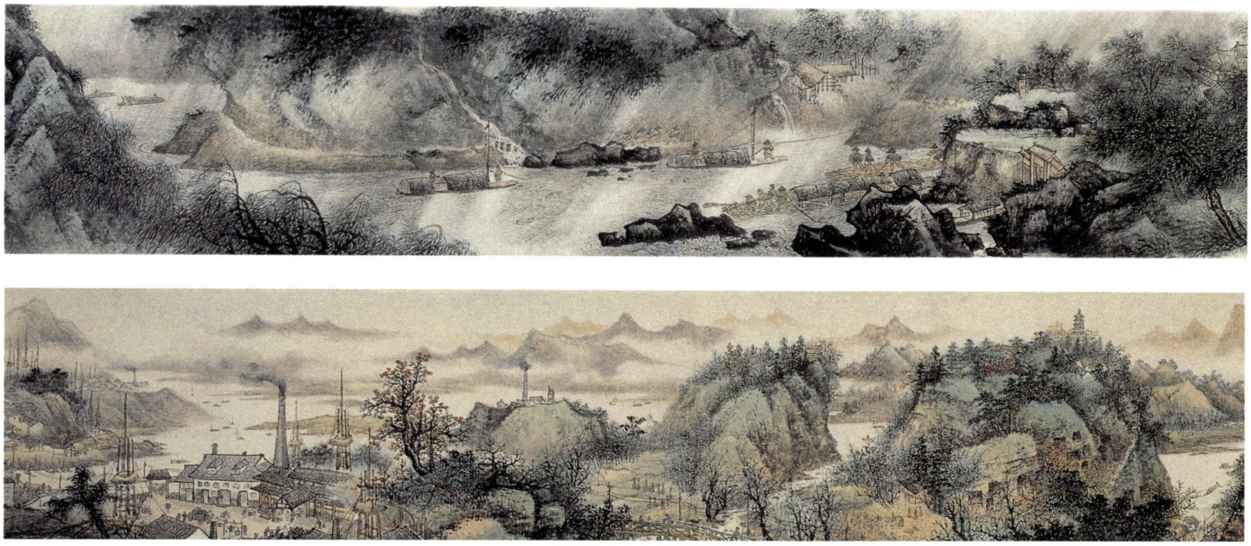

岷江勝概（局部）

吴一峯作

謝无量題《嘉陵山色》手卷引首

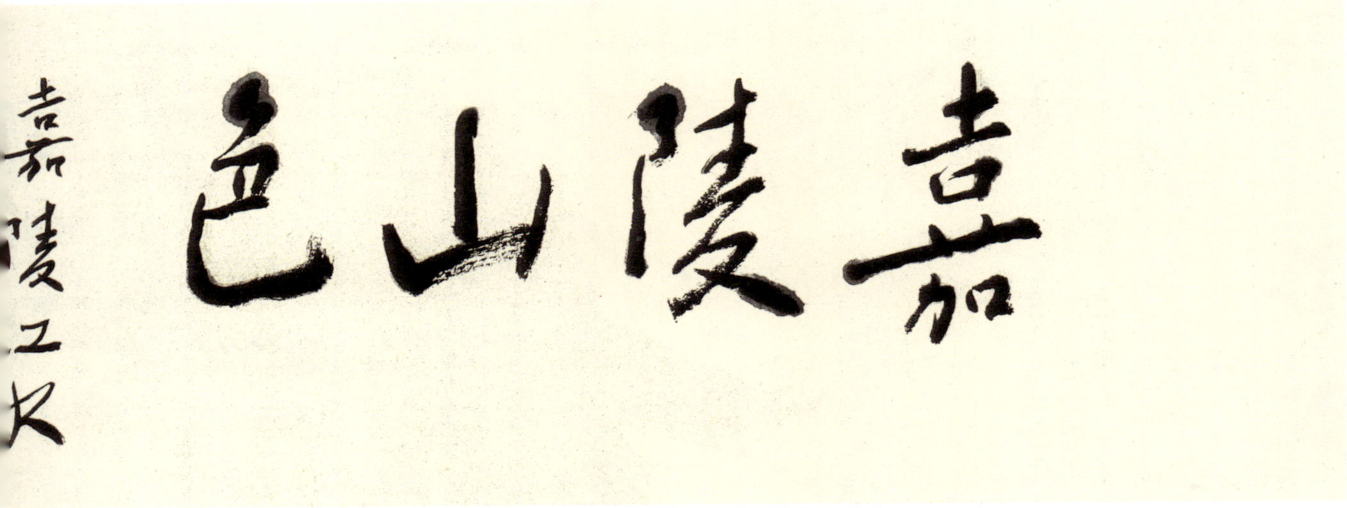

嘉陵山色

嘉陵江水下渝城，秦嶺千盤接上京。
畫出百工開物手，今吳生勝古吳生。

一九五六年九月
謝无量題

按：

《嘉陵山色》手卷創作於一九五五年，經數年修改，於一九六二年最後完成。一九五六年謝无量爲該卷題引首，一九八二年陸儼少、謝稚柳爲該卷題跋，陸儼少並爲題簽『秦棧蜀水圖』。

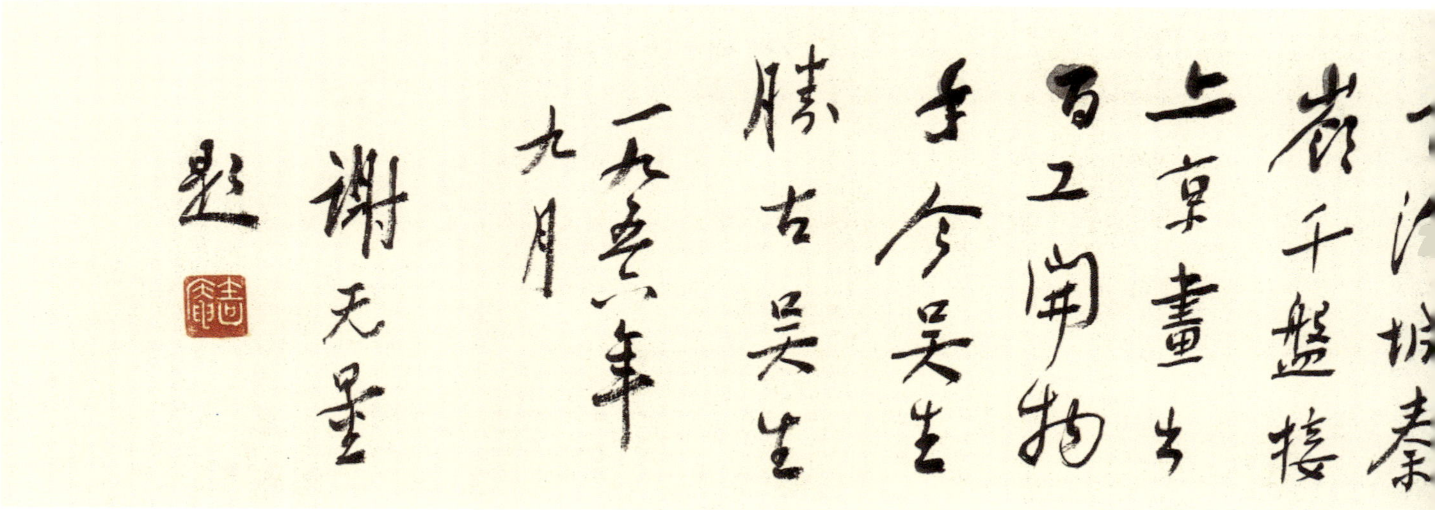

嘉陵山色（局部）

吴一峯作

謝无量遊賨圖詩

謝无量『柴棘餘音』詩卷手稿

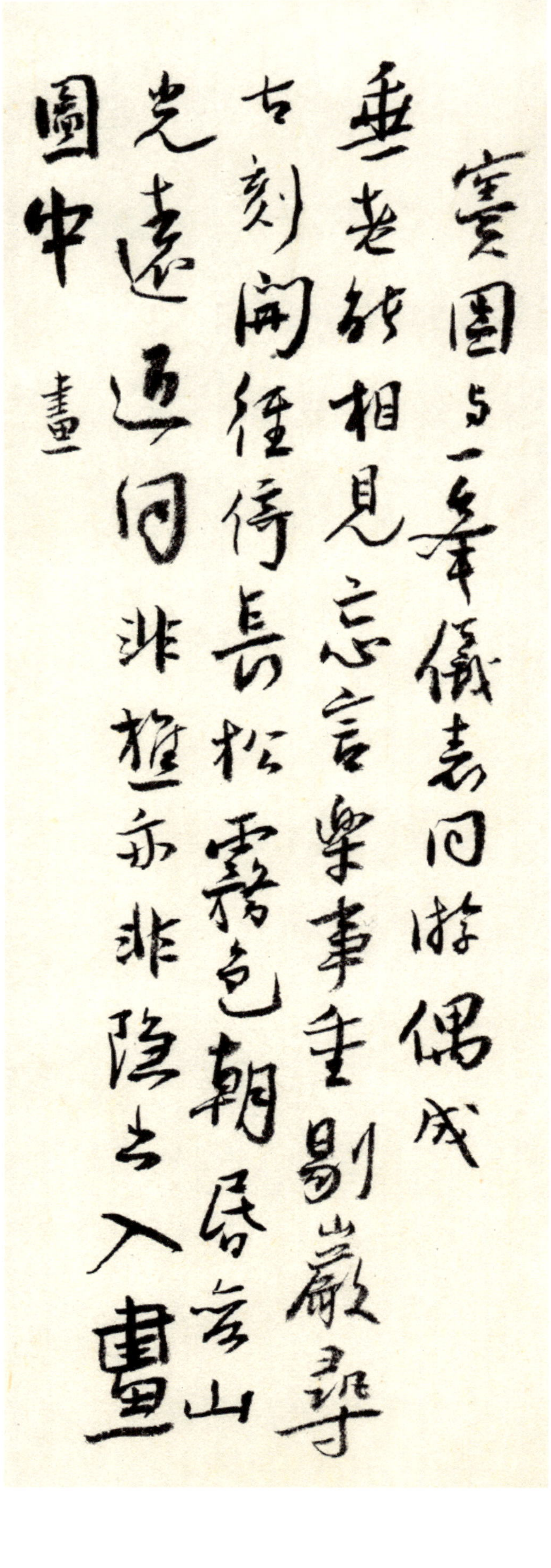
賨圖與一峯儀表同游偶成
垂老能相見忘言樂事重剔巖尋
古刻開徑倚長松霧色朝昏變山
光遠近同非樵亦非隱出入畫
圖中
畫

賨圖與一峯儀表同遊偶成

垂老能相見，忘言樂事重。剔巖尋古刻，開徑倚長松。
霧色朝昏變，山光遠近同。非樵亦非隱，出入畫圖中。

竇圖紀遊

吳一峯作

一九三七年

『吳一峯蜀遊畫展』展出作品，載於一九三七年版《吳一峯蜀遊畫集》

郭沫若書札

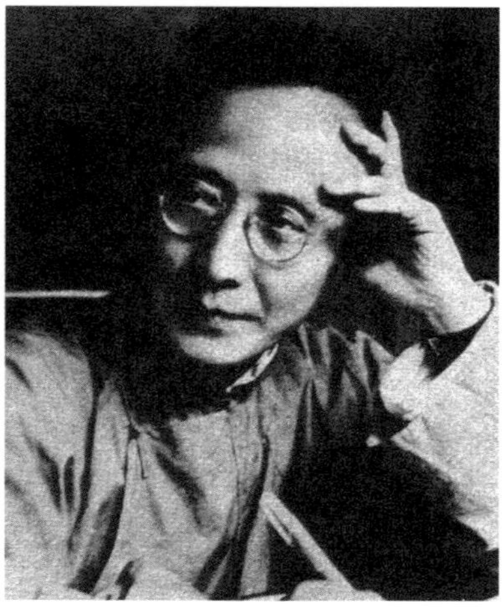

郭沫若（一八九二—一九七八），詩人、考古學家、書法家，中國新文化運動領袖。名文豹，學名開貞，自改沫若，號尚斌，別號鼎堂。四川樂山人。

一九四二年一月四日—十四日『吳一峯四川名勝寫生展覽』在陪都重慶夫子池新運服務大廳舉行，經吳一峯老友時任郭沫若秘書的任秋石先生推介，郭沫若先生到場祝賀，并由任秋石介紹與吳一峯認識。郭沫若時任國民政府軍事委員會第三廳廳長和文化工作委員會主任委員。展覽會後，任秋石先生陪同吳一峯到天官府七號拜會郭沫若（時李可染先生在座，吳、李相交亦自此始），並留下工筆重彩《劍門行旅》圖軸請題。吳一峯治『郭沫若』白文印一枚相贈，郭氏激賞，日後出版的多種歷史著作封面皆鈐此印。

嗣後吳一峯兩訪不遇。郭沫若在收到所贈印章並題就畫軸後，遣任秋石先生轉交。此函即記其事也！

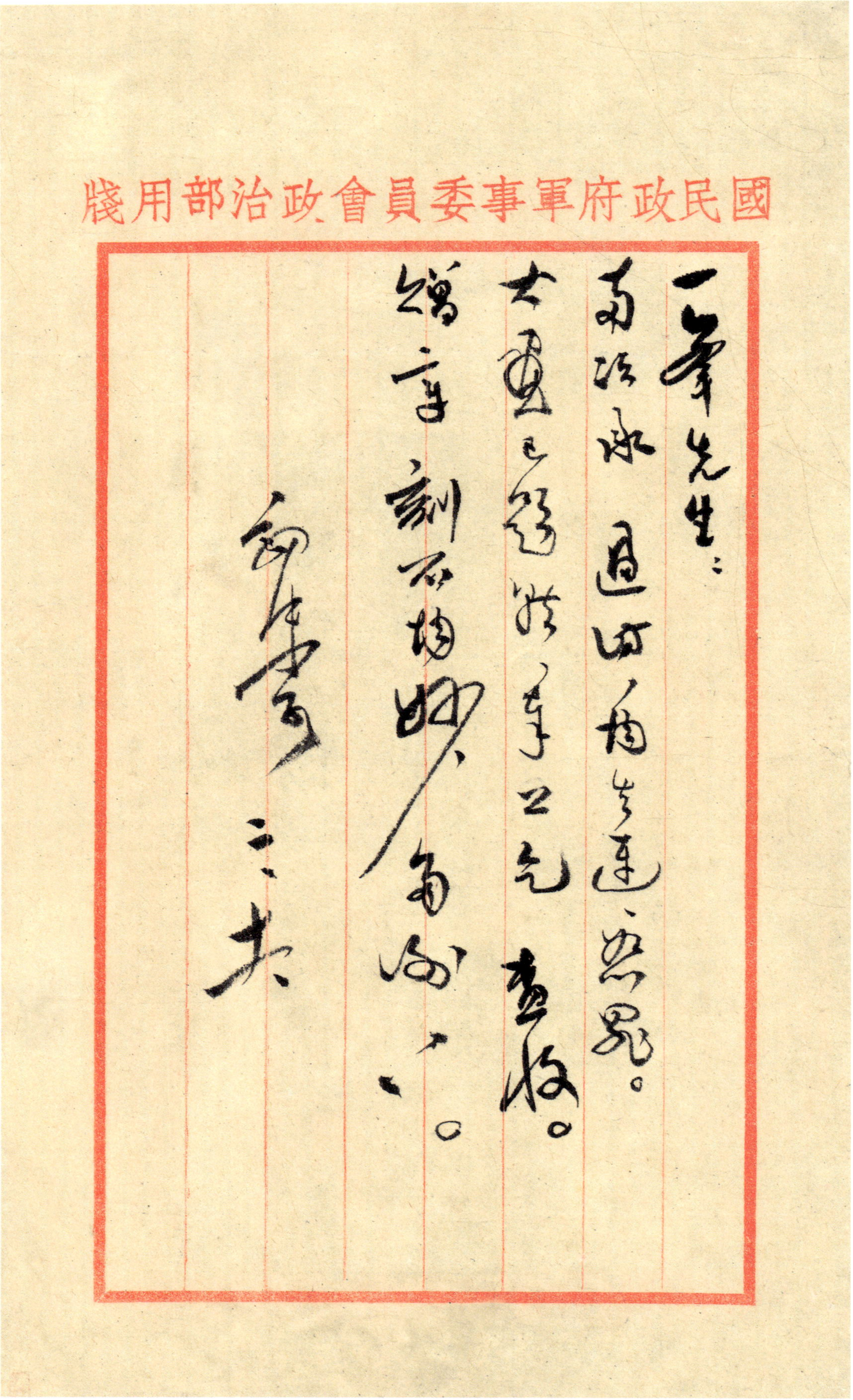

縱二八・五厘米　橫一六・五厘米

一峯先生：

兩次承過訪，均失迓，恕罪。大畫已題就，奉上乞查收。贈章刻石均妙。多謝！多謝！

郭沫若 二、十一

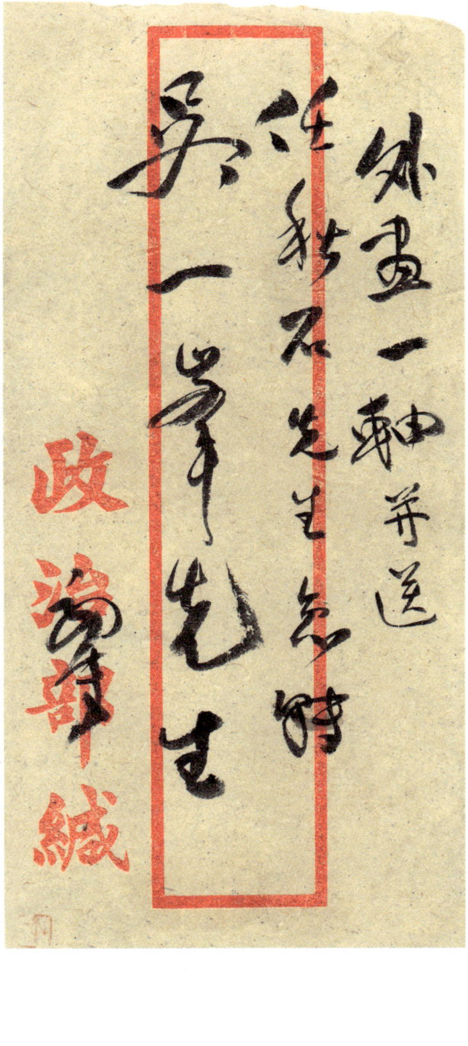

縱一九厘米 橫九厘米

郭沫若題吳一峯《劍門行旅》

一九四二年

縱一〇〇厘米　橫六二厘米

絶地通天閣道雄，至今人感武侯功。
山靈點點酬知己，雲白峯青一望中。
一峯先生畫此劍閣圖囑題
民紀卅一年春初
蜀南郭沫若

吳一峯爲郭沫若、任秋石治印　一九四二年

郭沫若　郭沫若題吳一峯《劍門行旅》即鈐此印，其書法作品亦常鈐此印。

任秋石

鄭午昌書札

鄭午昌（一八九四—一九五二），畫家、美術史論家。名昶，號弱龕、絲鬢散人，室名鹿胎仙館，以字行。浙江嵊縣人，寓居上海。

吳一峯一九二四年考入上海美專，時鄭午昌任教於該校，爲吳一峯師長。二人又有同鄉之誼。鄭午昌對同鄉後學吳一峯繪畫才能頗爲賞識，指導尤多。吳一峯畫藝受鄭午昌影響亦最多。吳一峯爲鄭午昌發起的『蜜蜂畫會』創始成員。

一九三二年，吳一峯隨黃賓虹入蜀後，遊蹤所至，常致函鄭午昌。一九三七年七月『吳一峯蜀遊畫展』在滬舉行，鄭午昌親筆爲畫展作序，又爲《吳一峯蜀遊畫集》撰文，對吳一峯入蜀後的繪畫成就評價甚高。

吳、鄭二人關系之密切，以鄭午昌抗戰勝利後函視，交誼可謂深矣！

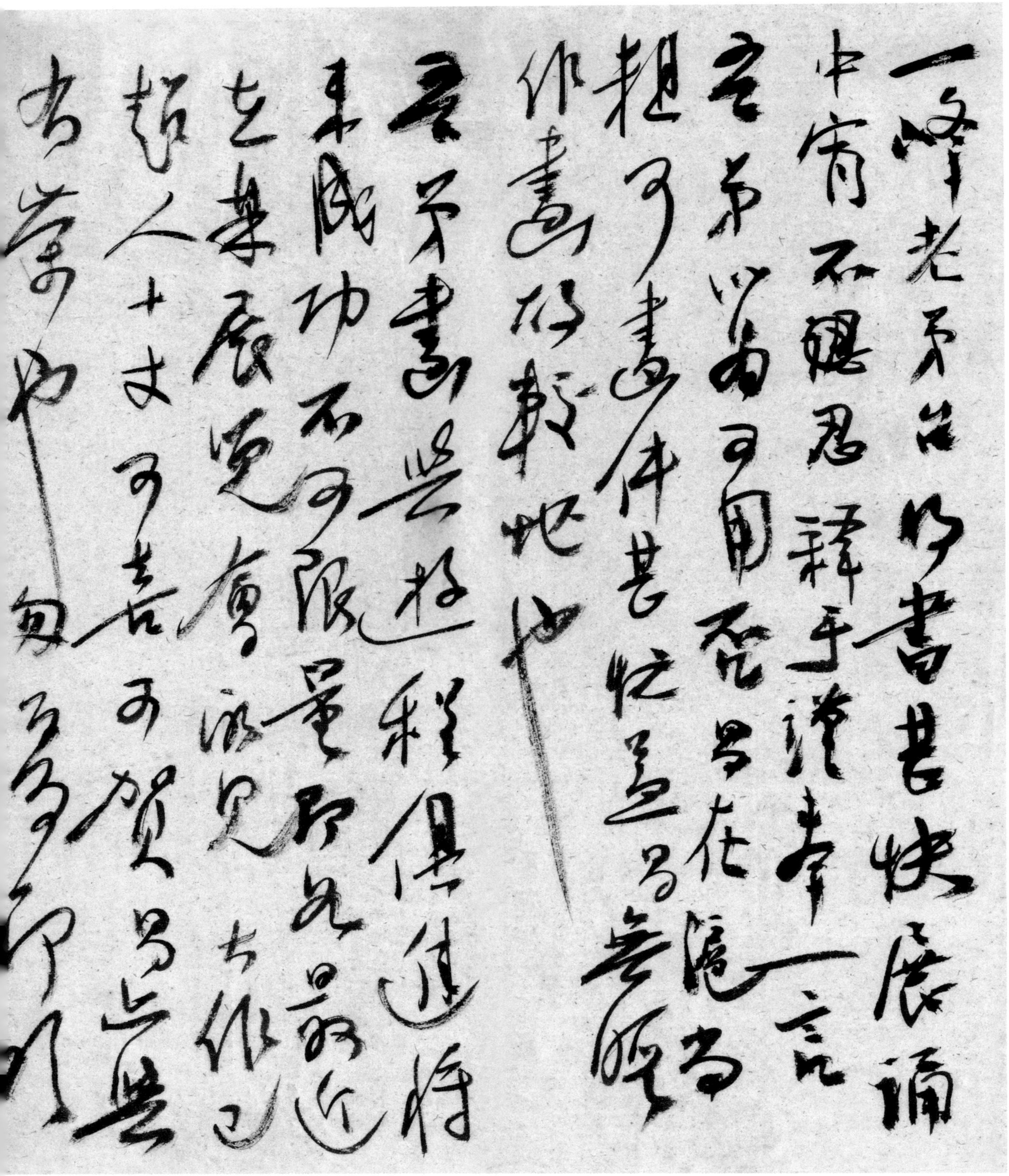

（每頁）縱二一厘米　橫一〇厘米

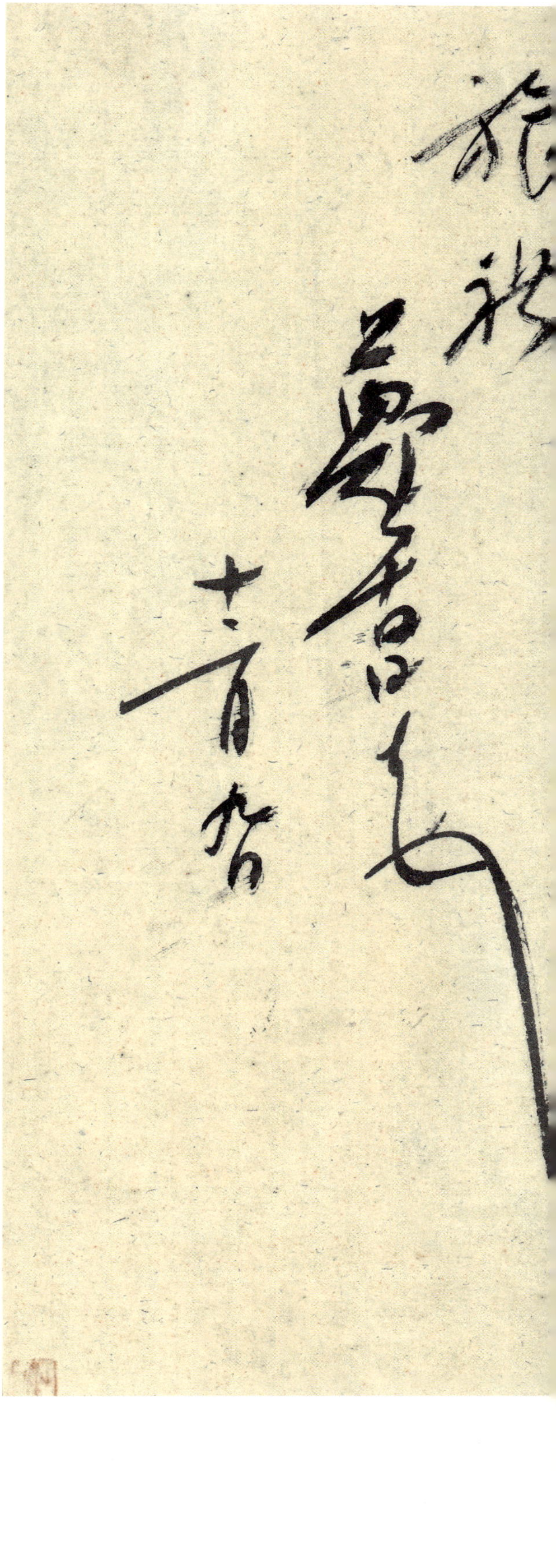

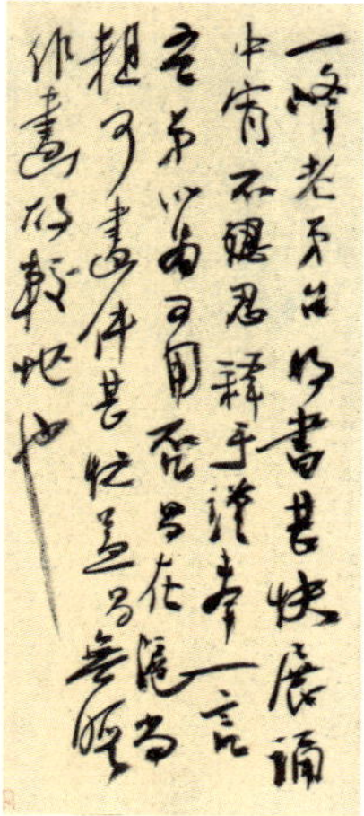

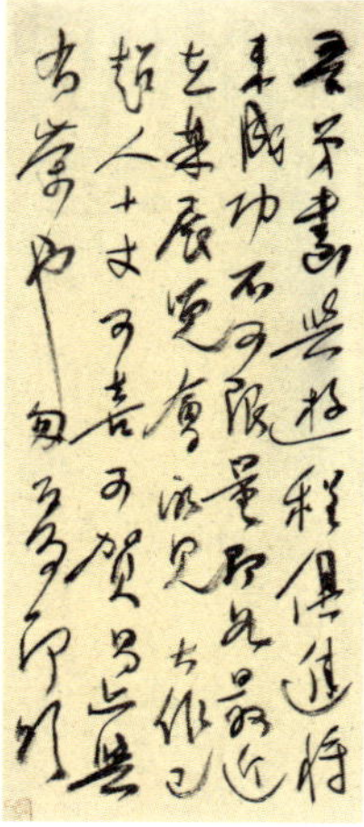

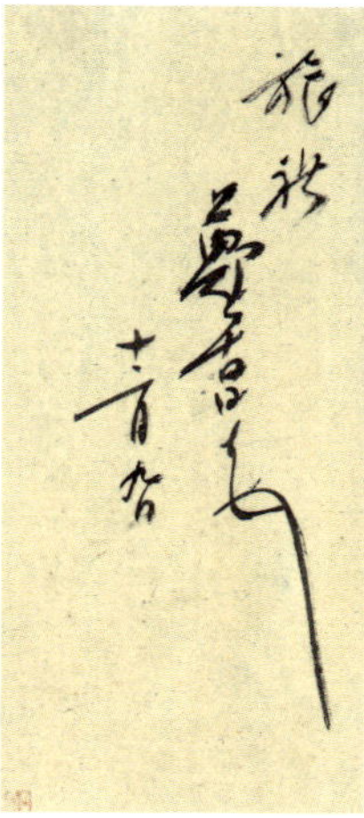

一峯老弟台：

得書甚快，展誦中宵，不忍釋手。謹奉一言，吾弟以爲可用否？昌在滬尚粗可。畫件甚忙，蓋昌無暇作畫，故較忙也。

吾弟畫與遊程俱進，將來成功不可限量。即如最近在某展覽會所見大作【一】，已超人十丈。可喜可賀。昌亦與有榮也。匆復即頌

旅祺

鄭午昌頓首　十二月九日

註釋

【一】據資料顯示，吳一峯入蜀後曾於一九三四年三月一日參加由曼福堂主辦的『現代名人畫展』。參見《申報》，民國二十三年三月一日。

天龍化學工業社用箋

總字第　號

一峯老弟台鑒：别八年，萬里馳
書，屢讀再三，藉審近況殊佳，私衷
欣慰。前途初聞勝利之訊，即歸滬函通阻
隔，實有四年之久。去四年前曾向在滬諸
友探問尊況，未得其詳。君亦屢有函述
之願，本年以經濟衆累之故，未能離滬一步，
終日著守筆硯，從事丹青，閒適生活指教

民國　年　月　日

總辦事處：上海山東路二一二號　電話九〇八七三

天龍化學工業社用箋

總字第　號

逕啓者：朋星從加入上海美專以來，十有五年矣。歷屆所當是新展，
在滬後繼入門求學者男女三四千人，因之每年有同硯
集之所行，所設展覽，勝仙館同門，在海上藝苑
頗占相當地位。蓋本學者皆勤勉篤實
之青年，志行高超，是以青年同門中互
相督促，引勉有以使能於其中之丁度斷[illegible]
者，擬[illegible]會於是。弟茲通訊，奉以環境不便，並
今以尊年壽相示，名無不在其列。弟在先生之爲

總辦事處：上海山東路一二一號　電話一八七三

天鏡化學工業社用牋

總字第　　號

峯老前輩道鑒：違[illegible]之後，偉大無與無限量也。
勝利後總統府以法幣節儲之相差太甚，[illegible]
函派為其等老曹姓陳非也，乃[illegible]附達[illegible]
時生計之苦，限[illegible]降至二百倍，未免[illegible]重[illegible]
長含閣之處，書畫生意仍不惡，惟所以潤資
去歲曾以含內去年費可收，做過諸之需要，
波濤洶湧，來至意料之中，但不知如此情
況，遑上年十六年前行到荒尾，尊前花下，遙有

民國　　年　　月　　日

發行事務所：上海山東路一二一號　電話九一八七五

昨承過從，良慨。兄知尚有事羈身，幾欲奉告，其後也。弟
聞桂僑畫展，鄭午昌山水十二幅已售，無不可賣。
以鄙人作品竟足見中賞識藝術品者之
漏，而守正足見西路次謂此是忙
忙中作畫，寄售出售，畫展十倍之潤。是否
未覺有一幅之餘，倘有可意者，寄滬轉交。
流由府上得展後，鄙以交遇後之用，去於此生
時别消息，弟以為無何？大千兄想常見面

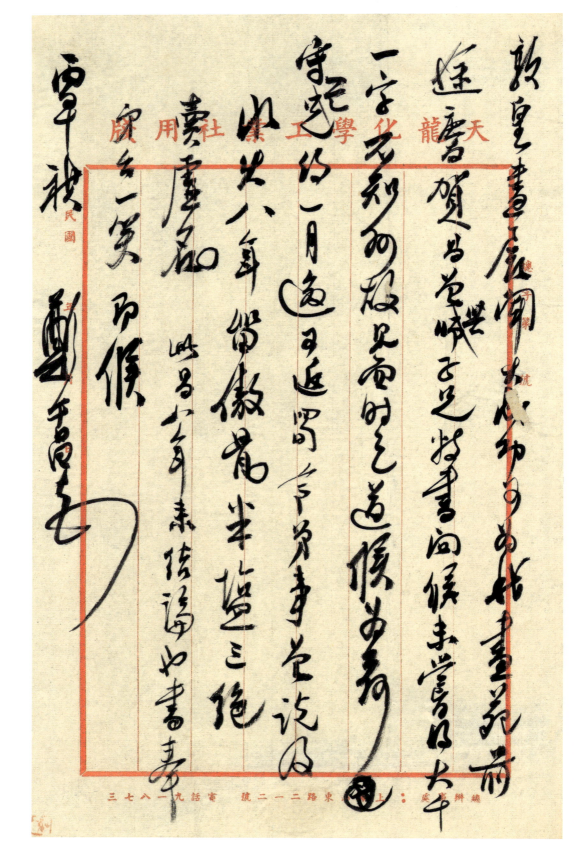

天龍化學工業社用牋

敬呈書畫展開幕大作，乃如此書畫苑前
進賀，為卷(?)之件，將書向候來賞以大年
一字若刻，如殷見念，時乞善過，候為壽
寧老。約一月後可返，所舍弟事，竟說及
此。只八年當傲骨，半生遺三絕
賣畫為知。　此為少年來結語也，書奉
寅公一笑。即候
雪年祺　劉[illegible]手啟

民國　年　月　日

總字第　號

總辦事處：上海山東路二一二號　電話九一八七三

縱二八厘米　橫一七厘米

一峯老弟台惠鑒：

一別八年【一】，萬里馳書。展讀再三，籍審近况殊佳，私衷欣慰，有逾初聞勝利之訊。蜀滬交通阻隔，實有四年之久。在四年前曾向在渝諸友探問尊况，未得其詳。昌亦屢有西遊之願，卒以經濟家累之故，未獲離滬一步。終日苦守筆硯，從事丹青。潤隨生活指數逐期增加，至每尺在十萬元之譜，所得尚足衣食。在滬俊髦入門求學者，男女三四十人。每年有《同硯集》之印行，所謂『鹿胎仙館同門』，在海上藝苑頗有相當地位。蓋來學者，皆勤勉篤實之青年，志行高超，身家青白。同門中互相督促引勉，有以使然。其中如丁慶齡【二】、蔣孝遊【三】等曾欲與弟台通訊，卒以環境不便而止。今以尊書相示，無不企慕弟台之克高舉遠行，前途之光明而偉大，爲無限量也！

勝利後，滬市以法、僞幣值之相差太甚，百貨飛漲。如吾等老百姓既非屯户，又非附逆發財。生計之苦限，驟降至二百倍，未免重有衣長食闊之慮。書畫生意仍不惡，惟所得潤資在前可以食肉，在今衹可吸水。過渡之處，波濤洶湧，原在意料之中，但不知到如此情况。滬上人士無論街頭巷尾，尊（樽）前花下，皆有勝利逼人之慨，不知當局何以善其後也。

昌聞拙作畫片《鄭午昌山水十二幅》，在蜀每頁可賣法幣壹仟五百元，足見蜀中賞識藝術品者之渴。俞守己【四】兄見面數次，彼此甚忙。曾謂昌可於忙中作畫寄蜀出售，當獲十倍之潤。然昌迄今未曾有一幅之餘。倘得有可意者寄蜀，藉廣流傳且得獲法幣以充過渡之用，未始非生路別開。吾弟以爲如何？

大千兄想常見面，敦皇（煌）畫展聞大成功，可爲我畫苑前途慶賀。昌曾與師子兄數書問候，未嘗得大千一字，不知何故？見面時乞道候爲荷。守己兄約一月後可返蜀，令弟事曾説及。

水火八年留傲骨，米鹽三絶賣虛名。此昌八年來結論也。書奉弟台一笑！即候

覃祺

鄭午昌頓首

註釋

【一】一九三七年吴一峯在滬舉辦《吴一峯蜀遊畫展》與鄭午昌相晤於上海，因『七·七事變』旋即返蜀。抗戰期間，蜀滬隔阻，有八年之久未與鄭午昌通信。

【二】丁慶齡（一九〇二—？），畫家。別署夢松草堂主人。浙江紹興人。工畫，初習圖案畫，後從鄭午昌專攻山水，摹宋元名蹟，得其神髓。

【三】蔣孝遊：待考。

【四】俞守己（一八八八—一九七三年），俞曲園族孫，江蘇吴縣人。愛好金石碑帖及版本字畫鑒賞，曾入兩江總督端方幕府登記古玩。民國後入上海中國圖書出版公司負責業務，後進入上海商務印書館。一九三三年入世界書局，一九三六年入四川建立成都分局，任經理。抗戰時期兼世界書局重慶總管理處經理。抗戰勝利後調任世界書局總局長江專員。新中國建立後任新華書店川西分店顧問，後調成都古籍書店工作。對金石碑版、字畫的鑒賞有很深的造詣，與書畫界名人于右任、張大千、徐悲鴻、謝稚柳等交誼深厚。（俞溥泉供稿）

鄭午昌撰《吳一峯蜀遊畫集》序手稿【一】

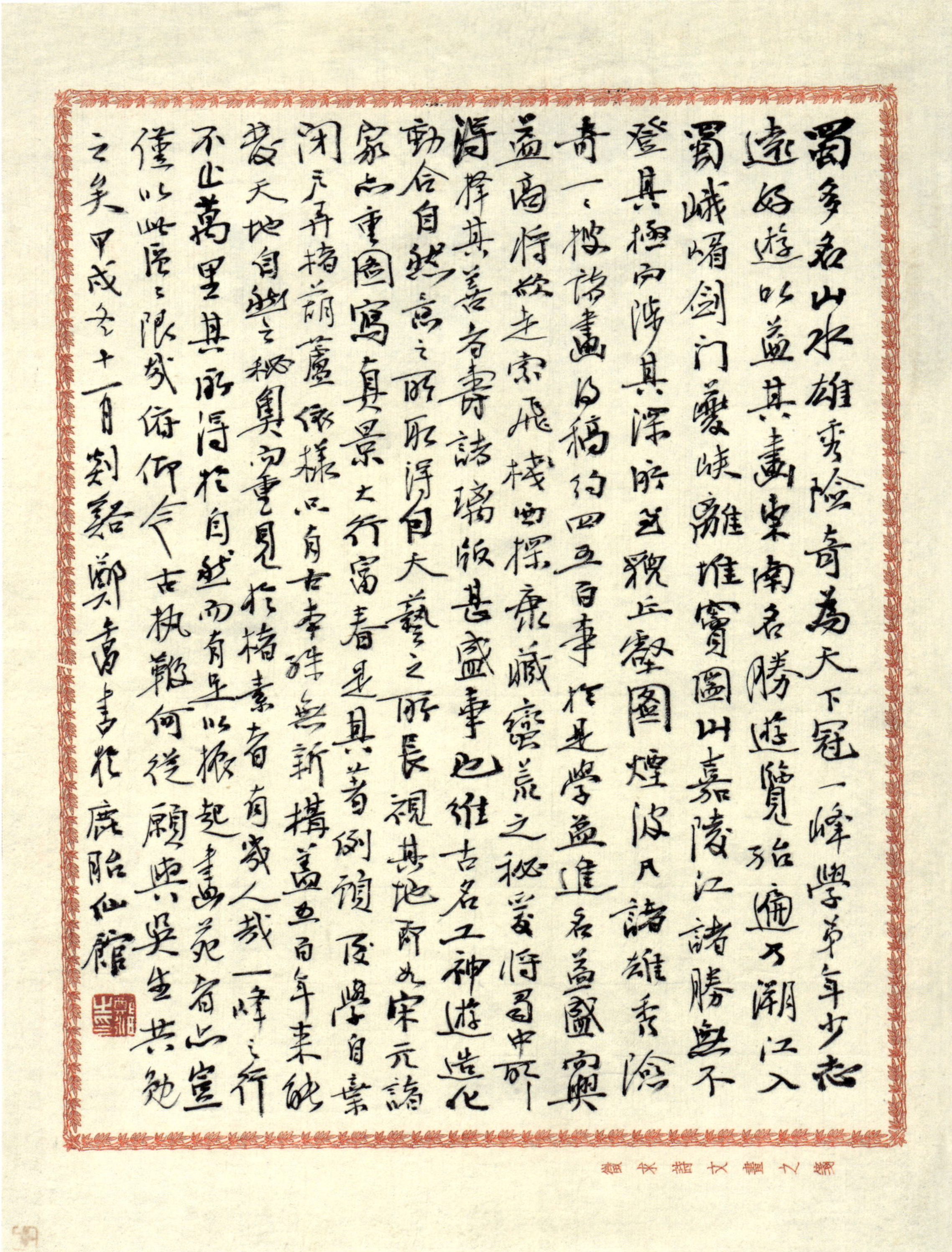
蜀多名山水雄秀險奇為天下冠一峰學弟年少志
遠好遊以畫其畫東南名勝遊覽殆遍乃溯江入
蜀峨嵋劍門夔峽離堆寶圖山嘉陵江諸勝無不
登其極而涉其深於是竊丘壑圖煙波凡諸雄秀險
奇一一按諸畫而稿約四五百事於是學益進名益盛寞
益高將欲走索飛棧幽探康藏蠻荒之秘發將蜀中所一
得擇其善者壽諸璃版甚盛事也維古名工神遊造化
動合自然意之所取得自大藝之所長觀其地所以宋元諸
家亦重圖寫真景大行富春是其著例頃學自棄
閉門弄楮葫蘆依樣只有古本殊無新構蓋五百年來能
發天地自然之秘奧而重見於楮素者有幾人哉一峰之行
不止萬里其所得於自然而有生以振起畫苑者亦豈
僅以此區區限哉俯仰今古執鞭何從願與吳生共勉
之矣甲戌冬十一月剡谿鄭昶書於鹿胎仙館

縱三四·五厘米　橫二五厘米

蜀多名山水，雄秀險奇爲天下冠。一峯學弟年少志遠好遊，以益其畫。東南名勝遊覽殆遍，乃溯江入蜀。峨嵋、劍門、夔峽、離堆、竇岡山、嘉陵江諸勝，無不登其極而涉其深。所至貌丘壑、圖煙波。凡諸雄、秀、險、奇一一披諸畫，得稿約四五百。事於是，學益進名益盛而興益高。將欲走索飛棧，西探康藏蠻荒之秘。爰將蜀中所得，擇其善者壽諸璃版【二】，甚盛事也！

維古名工，神遊造化，動合自然。意之所取，得因天藝之所，長視其地。即如宋元諸家亦重圖寫真景，太行【三】、富春【四】是其著例。顧後學自棄，閉户弄楮，葫蘆依樣，祇有古本殊無新構。蓋五百年來能發天地自然之秘奥而重見於楮素者，有幾人哉！

一峯之行不止萬里，其所得於自然而有足以振起畫苑者，亦豈僅以此區區限哉！俯仰今古，執鞭何從？願與吳生共勉之矣！

甲戌冬十一月　剡溪鄭午昌書於鹿胎仙館

註釋

【一】此文撰於一九三四年。《吴一峯蜀遊畫集》原擬在一九三四年出版，未果。後載於一九三七年版《吴一峯蜀遊畫集》。

【二】璃版：即玻璃版，通常謂之珂羅版。照像平印版之一。

【三】太行：指五代後梁荆浩所繪《匡盧圖》。

【四】富春：指元代黄公望所繪《富春山居圖》。

鄭午昌撰『吳一峯蜀遊畫展』序手稿

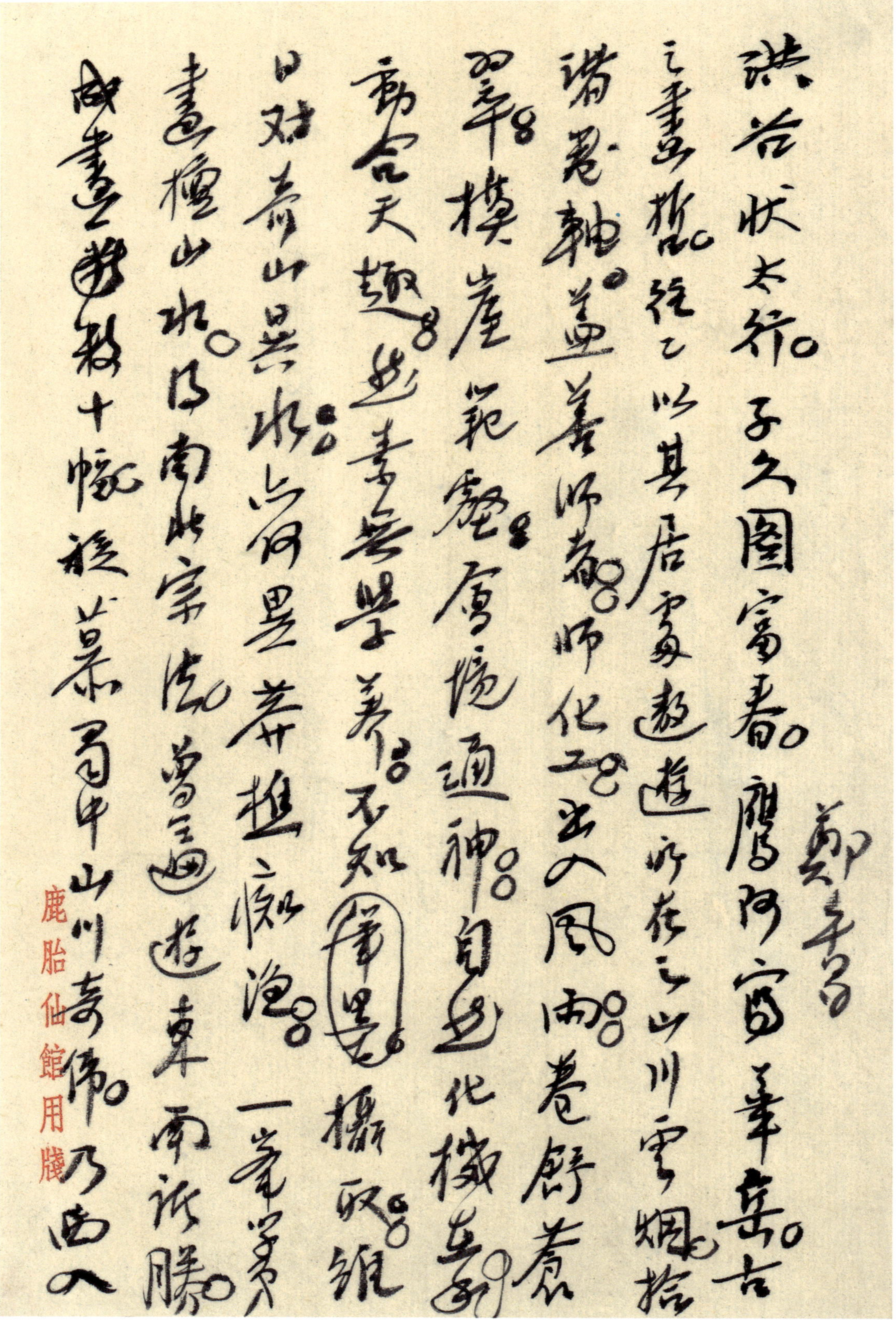
鄭午昌

洪谷狀太行，子久圖富春，鷹阿寫華岳，古之畫家輒以其居處遊蹤所在之山川雲烟摇諸卷軸，蓋善師者師化工，出之風雨，卷舒蒼翠，摸崖範壑，廣境通神，自出化機，無窮融合天趣。然畫家學養不知，筆墨標致，雖日對名山異水，亦何異莽樵癡漁。一峯學兄畫擅山水，得南北宗法，嘗遍遊東南諸勝，成畫數十幅，旋復慕蜀中山川奇偉，乃西入

鹿胎仙館用牋

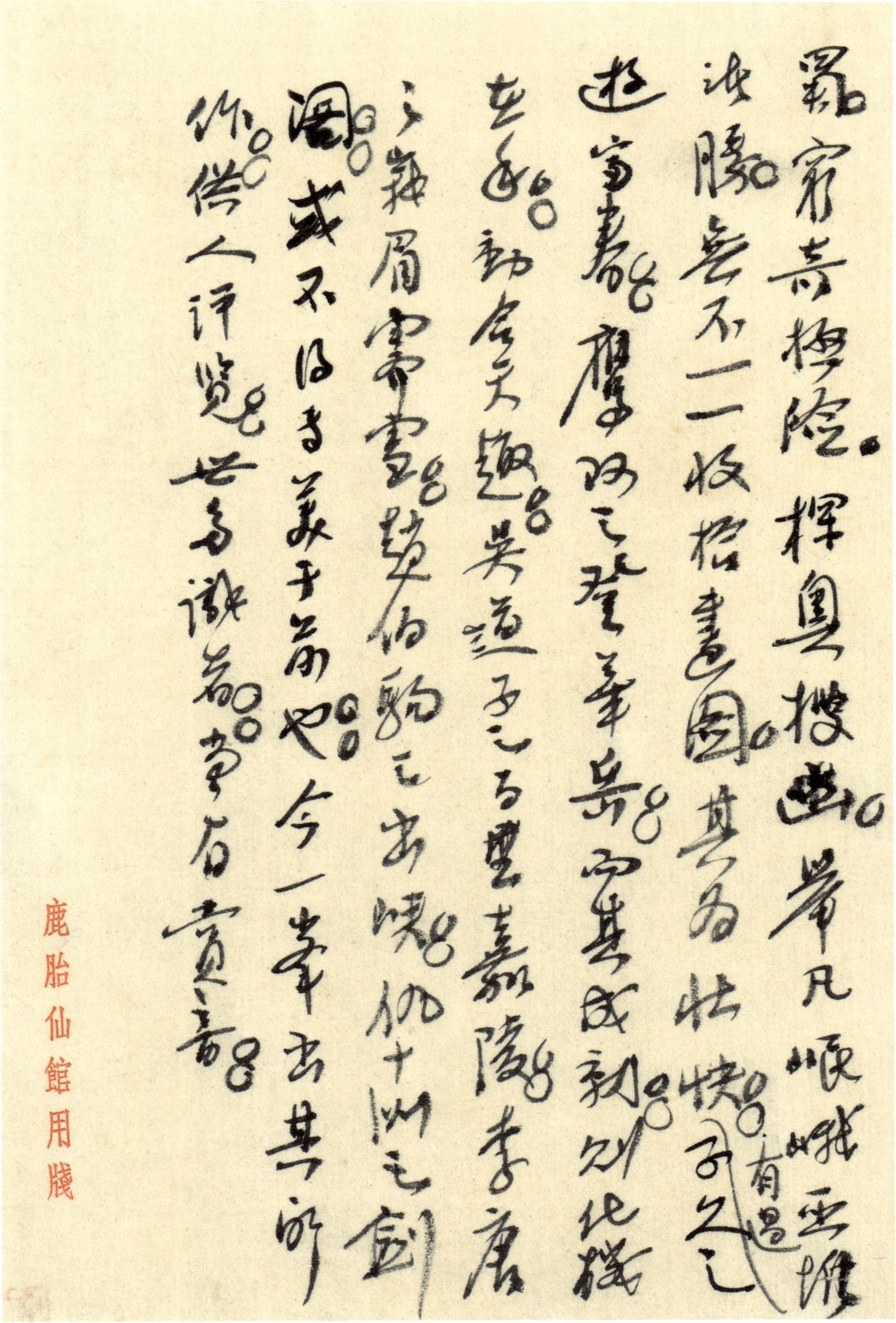

羅寄梅陰。揮麈樓畫。常見峨嵋雲堆波騰。甚不一一收拾畫圖。其為壯快。予之有昌遊蜀嘉。摩詰之筆墨。寫其成就則化機在手。動合天趣。吳道子之畫嘉陵。李唐之峨眉雪景。伯駒之安硤。仇十洲之劍閣。或不得專美于前也。今一峯出其所作。俾人評覽。世有識者。當有賞音。

鹿胎仙館用牋

縱二三厘米　橫一四·五厘米

吳一峯蜀遊畫展序

鄭午昌

洪谷【一】狀太行，子久【二】圖富春，鷹阿【三】寫華嶽，古之畫哲，往往以其居處遨遊所在之山川雲煙，拾諸卷軸。蓋善師者，師化工。出入風雨，卷舒蒼翠，模崖範壑，會境通神。自然化機在手，動合天趣。然素無學養，不知攝取，雖日對奇山異水，亦何異莽樵癡漁。

一峯學弟畫擅山水，得南北宗【四】法，曾遍遊東南諸勝，成畫數十幅。旋慕蜀中山川奇偉，乃西入蜀。窮奇極險，探奧搜幽，舉凡岷、峨、巫、堆諸勝，無不一一收拾畫圖。其爲壯快，有過子久之遊富春，鷹阿之登華嶽。而其成就，則化機在手，動合天趣。吳道子【五】之百里嘉陵、李唐【六】之峨嵋霽雪、趙伯駒【七】之出峽、仇十洲【八】之劍閣，或不得專美於前也！今一峯出其所作，供人評覽，世多識者，當有賞音。

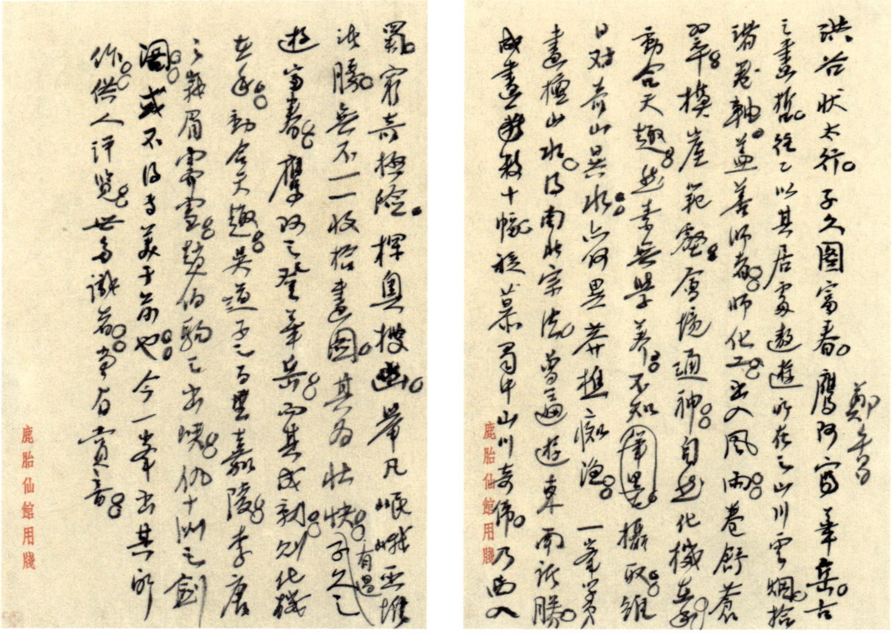

註釋

【一】洪谷：荊浩，字浩然。五代後梁河内沁水（今濟南）人。隱居太行山洪谷，自號洪谷子。北方山水畫家，重視寫生。

【二】子久：黄公望（一二六九 — 一三五四），字子久，號一峯，又號大癡道人。江蘇常熟人。本姓陸，名堅，後嗣於永嘉黄氏，因改姓名。善畫山水，師董源、巨然，自成一家。與王蒙、倪瓚、吴鎮合稱『元四家』。

【三】鷹阿：戴本孝（一六二一 — 一六九一），字務旃。安徽休寧人。以布衣隱居鷹阿山中，號鷹阿山樵，又號前休子。性情高曠，嘗與友人夜談華山之勝，晨起即襆被往遊。山水善用枯筆，深得元人氣味。

【四】南北宗：中國山水畫的兩大流派。南宗源於王維，重渲染而少鈎勒，即所謂淡渚山水。其傳爲荊浩、關仝、董源、巨然及米芾父子；北宗源於李思訓，山石峭拔，多用重彩，即所謂青緑山水。其傳爲趙幹、趙伯駒、夏珪、馬遠等。參見董其昌《畫論》。

【五】吴道子：參見七九頁註【三五】。

【六】李唐：字晞古。宋徽宗時入畫院。高宗時授成忠郎、畫院待詔。善畫人物山水，晚年去繁就簡，筆力益健。尤以畫牛著稱。與劉松年、馬遠、夏珪合稱宋室南渡以後的四大畫家。

【七】趙伯駒：宋宗室，字千里。紹興初年以繪畫享盛名。山水畫師法唐代大小李將軍（李思訓、李昭道）而更精工細密。特别在色彩方面，雖金碧輝煌，而能覺清潤活潑。人物承襲周文矩、李公麟以來的傳統，綫條綿密，造型秀麗古雅，能表現不同人物精神面貌。此外花卉、禽獸、舟車、樓閣等無不精工。

【八】仇十洲：仇英（?—一五五二年前），字實父，號十洲。江蘇太倉人。活動在明代正德、嘉靖年間。工山水、人物、仕女。最善臨摹，落筆亂真。與文徵明、沈周、唐寅合稱『明四家』。

劍門

吳一峯作

一九三七年

『吳一峯蜀遊畫展』展出作品，載於一九三七年版《吳一峯蜀遊畫集》

鄭午昌題《劍門》

讀萬卷書不如行萬里路，行萬里者所見廣且實，爲文易工，於畫亦然。一峯居蜀數年，歷其險阻，窮其佳勝，一一收諸於畫。博大奇瑋，如太史公之屬文，至可佩也！

丁丑七月　剡溪鄭午昌

劉海粟題《劍門》

群峯如劍鋭，割取我衷腸。天涯飄泊子，應須回故鄉。

韓老詩語輒移贈此幀。

劉海粟

一峯學弟居蜀數年，日夕目擊峯巒煙雲陰霽之變，乃脱盡舊習，獨得天趣。

海翁又記

王个簃書札

王个簃（一八九七—一九八八），畫家、篆刻家。名賢，字啓之，號个簃。江蘇海門人。

吳一峯與王个簃相識甚早，二人均爲『蜜蜂畫會』創始會員。因資料散軼，其交往情況頗不詳。以僅存兩通信函看，亦知二人相知甚契。

一九四九年底，以繪畫爲業的吳一峯立陷窘境，頓失生活來源。爲生活計，不得不到一家汽修廠當了倉庫保管員。爲傾訴『青山寫就無人買』，學非所用的苦惱，並打探久失音訊的師友舊交情況，吳一峯有數函致王个簃。

王个簃兩封回函當在一九五四年華東美協成立後和一九五五年第二屆全國美展前。

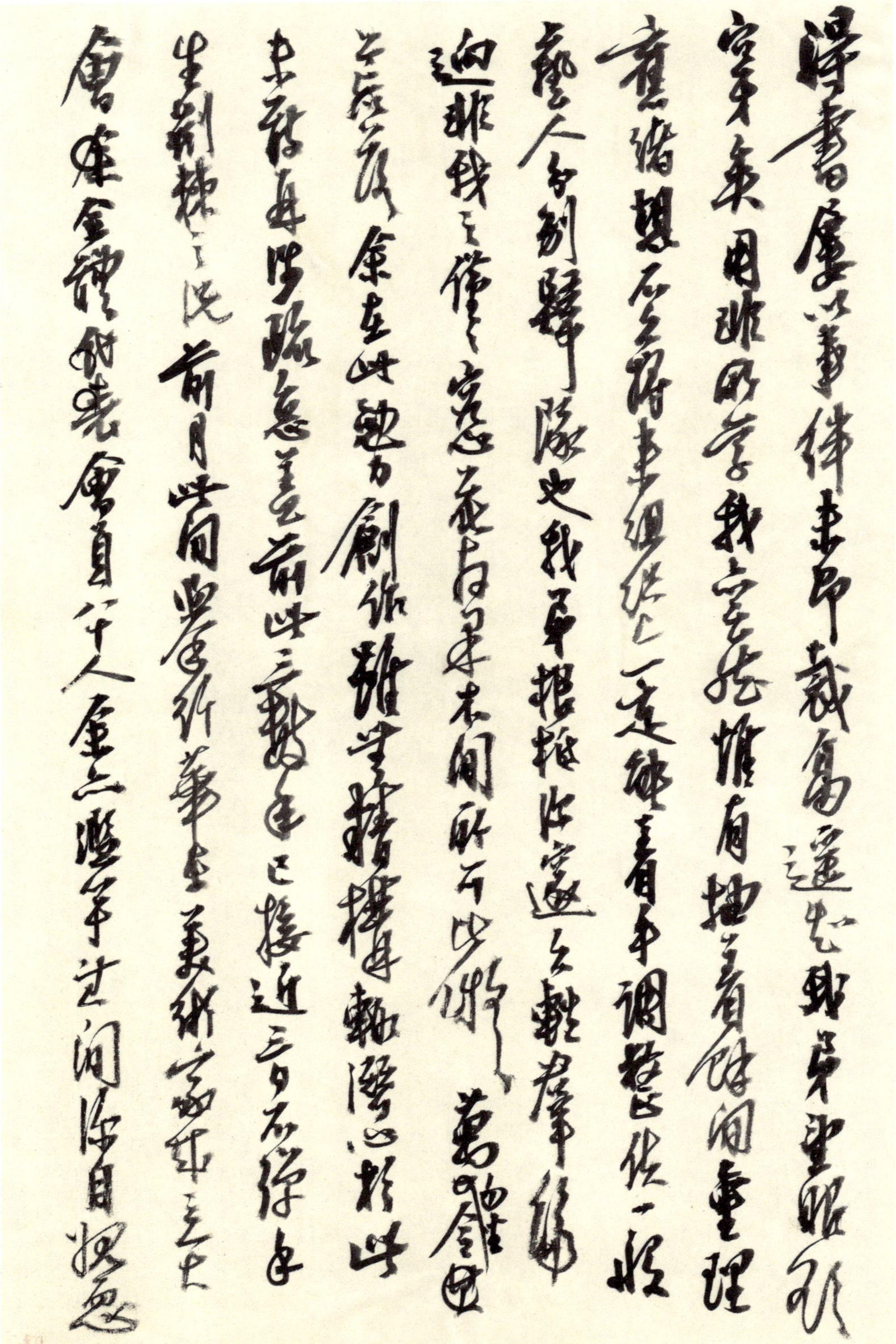

得書屢以畫律來，即感高遠之也。[illegible]眼孔
字來用題的字，我完全能體會，有抽象味的畫理
[illegible]諸想不多得書法[illegible]之一處，練着手調整作一點
藝人分別歸了隊，史我尋根據作家遠大[illegible]春[illegible]
迎排錢之備之宗意，[illegible]向來未聞所不收備[illegible]，萬曲[illegible]
以應[illegible]，余在此盡力創作，雖學構[illegible]翰深心於此
未[illegible]臨危意[illegible]前此之[illegible]年，已接近三日不得身
生前揀之[illegible]。前月此間學術華[illegible]來[illegible]之[illegible]
會，[illegible]金禮於老會有八十人，座之盛，此間得自快意

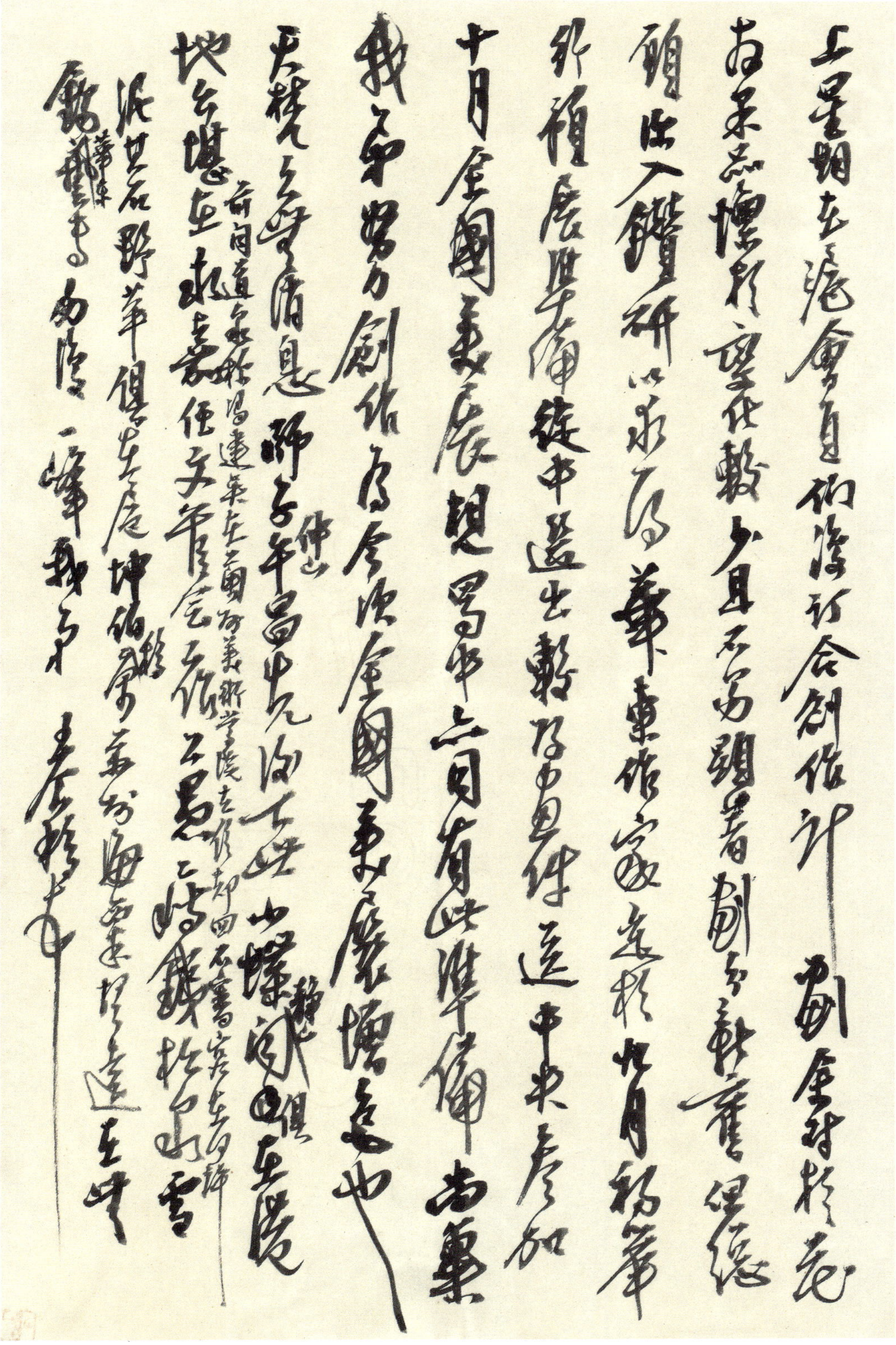

縱二八厘米　橫一八厘米

得書屢以事絆，未即裁復，遥知我弟望眼欲穿矣！用非所學，我亦久然。惟有抽着餘閑重理舊緒，想不久將來，組織上一定能着手調整，使一般藝人分別歸隊也。我弟根底深邃，久軼群倫，迥非我之僅僅究心花卉果木間所可比擬。萬勿坐令荒落。余在此勉力創作，雖無精構，輒潛心於此未敢再涉疏怠。蓋前此三數年已接近『三日不彈，手生荆棘』之况。前月此間舉行華東美術家成立大會【一】，全體會員八十人。余亦濫竽其間，深自愧恧。上星期在滬會員們復訂合創作計劃。余對於花卉果品，懔於變化較少，且不易顯著劃分新舊，但總願深入鑽研，以求一得。華東作家定於九月初舉行預展，準備從中選出較好畫件送中央參加十月全國美展。想蜀中亦同有此準備。尚秉我弟努力創作，爲今次全國美展增色也。

天梵久無消息。師子【二】、仲山【三】、午昌先後下世。小蝶【四】、静山【五】聞俱在港地。介堪【六】在永嘉任文管會工作。公愚【七】、瘦鐵【八】、松泉【九】、雪泥【一〇】、其石【一一】、野蘋【一二】俱在滬。坤伯【一三】移寓蘇州。海粟【一四】、聲遠【一五】在無錫華東藝專。匆復

一峯我弟

个簃頓首

前聞道泉【一六】稱馮建吳【一七】在蘭州美術學院，去信卻回。不審究在何許？

註釋

【一】華東美術家協會成立於一九五四年四月二十一日（上海）。故此函當在一九五四年五月、六月之間。

【二】師子：王偉（一八八四—一九五〇），畫家。本名緯，后改偉，字師梅，四十歲后更號師子，曾居上海麥加里，用諧音號墨稼居士，别署墨翁。江蘇句容人。

【三】仲山：汪琨（一八七七—一九四六），畫家。字仲山，江西婺源人。

【四】小蝶：陳定山（一八九七—一九八九），畫家、實業家。原名琪，又名蘧，抗戰時被日軍逮捕後改名定山，字小蝶（從父蝶衣而稱）、蝶野，又號定山居士、定公，别署蕭齋、醉靈生。文学家陳栩園長子，女畫家陳小翠兄。浙江杭州人。

【五】静山：郎静山（一八九二—一九九五年），攝影藝術家。別號桐雲書屋主人。浙江南溪人。

【六】介堪：方介堪（一九〇一—一九八七），篆刻家、書法家。原名文渠，字宣濟，又字溥如，號介庵，一九二七年後更名巖，字介堪，別號玉篆樓主，晚年自稱蟫園老人。浙江永嘉（今温州）人。

【七】公愚：馬公愚（一八九四—一九六九），書法篆刻家、藝術教育家。本名瑞華，更名範，初字公馭，改字公禺，又更字公愚，別號兩鍾處士，晚號冷翁，室名畊石簃。浙江永嘉（今温州）人。

【八】瘦鐵：錢瘦鐵（一八九七—一九六七），書畫家、篆刻家。名崖，一作厓，字叔厓，以別字瘦鐵行。別號數青峰館主，天池龍泓齋齋主。江蘇無錫人。

【九】松泉：熊松泉（一八八四—一九六一），畫家。室名松隱廬，松健山房。江蘇南京人。

【一〇】雪泥：孫雪泥（一八八八—一九六五），畫家。又名鴻、傑生，字翠章，號枕流。上海松江人。

【一一】其石：朱其石（一八九九—一九六五），畫家。名其石，一名宣，以字行。號桂莽，別號賁龕，萬窗居士，又號翩翩老人，括蒼山人，室名抱冰廬。浙江永嘉（今温州）人。

【一二】野蘋：應野蘋（一九一一—一九九〇），畫家。名俊，字野平、野萍。浙江寧海人。

【一三】坤伯：顧坤伯（一九〇五—一九七〇），畫家。字景峯，號二泉居士，曾用名顧乙，室名奇峯草堂。江蘇無錫人。

【一四】海粟：劉海粟（一八九六—一九九四），畫家、美術教育家。原名槃，字季芳。十七歲時以海粟自號，晚號海翁、静遠老人。江蘇武進人。

【一五】聲遠：汪聲遠（一八八九—一九六九），畫家、美術教育家。原名翊宸，更名鐸，以字行，號北野山樵，別署浙江漁父，一筆畫者。安徽歙縣人。

【一六】道泉：鍾道泉（一九〇二—一九六九），花鳥畫家。字本立。四川綏定（今達州市）人。曾任教於四川美院。

【一七】馮建吳（一九一〇—一九八九），畫家、美術教育家。字太虞，別字遊。四川仁壽人。畫家石魯之兄。

每於峯(?)讀(?)儀(?)晚近，家已有偉(?)意，因此近數月來，皆每日練小
峯詩刻石，東形蒼茫，真所謂無善足書，得書久未作，蒼遠
奇見原三秋收以報一幅，印得精美，但原稿已平安寄(?)
承加讚許，增(?)耶(?)，甚愧。今次全國第二屆美展之出品，因已選
定，余入選一幅之為《筆向佳果》（芳菊友香舊照），此幀今次美展
峯在國內六大城市巡迴展覽，是最近上海有某雜地展覽
聯展覽見會國畫方面有二百件，余有四件，一件三秋收藏
餘為五毒(?)小幀，構樣技法稍遜，然精稿亦多，如錄(?)寫(?)之
一二言，代為紹介於上海畫會海粟、楫卿、石匠(?)，國畫寫生頗多
互刻(?)表筆法精進，藝人處處(?)鐵霸，因但(?)鬆(?)悉(?)，作畫亦有佳趣，擬(?)每(?)
若恩(?)二三月前赴京，向為梅郎繪畫某劇，亦曾上台數年(?)
報館(?)勿應(?)讀之。一峯(?)鬆(?)楹(?)足下

今(?)將(?)此

全國美展寫生速寫共(?)十餘年，不(?)遠(?)
吾作(?)傳(?)家(?)藏(?)及之(?)作(?)為(?)試(?)其近況(?)[illegible]
遠(?)有周釜孫(?)上(?)十餘年
不(?)見(?)矣(?)，吾作(?)久(?)隔(?)

縱二八厘米 橫一九・五厘米

每日忙於案牘，傍晚返家已有倦意。因此近數月來作畫稀少，吟詩刻石更形荒落。真所謂無善足告。得書久未作答，還希見原。

『三秋收穫』一幅印得精美，但原稿亦甚平常，承加讚許，增我慚悚！

今次全國第二屆美展【一】之出品，聞已選定。余入選一幀爲《華南佳果》（荔枝香蕉）小幀。今次美展將在國內六大城市巡回展覽。最近上海有華東地區美術展覽會，國畫方面有二百件。余有兩件：一即《三秋收穫》，餘爲《豆麥》小幀。我棣技法嫻熟，積稿定多。如能寄示一二，當代爲紹介於畫會。

海粟精神甚旺，國畫寫生頗多鉅製，筆法精進駭人；瘦鐵窮困，但猛心作畫亦有佳構；若思【二】二三月前赴京，聞爲梅郎【三】繢京劇佈景，工作較爲艱鉅。匆復

一峯我棣足下

个簃頓首

余有舊門生馮建吳者，十餘年不通音信。偶爾憶及，乞代爲訪其近況見告。還有周荃孫【四】亦十餘年不見矣，音信久隔。

註釋

【一】全國第二屆美展一九五五年三月在北京舉辦。王个簃參展作品《華南佳果》、吴一峯參展作品《岷江勝概》手卷均被予以特別介紹（見《新民晚報》一九五五年三月二十八日報道）。此函應在一九五五年三月前。

【二】若思：胡若思（一九一六——　），畫家。别名遐思、琴人。大風堂弟子。江蘇鎮江人。

【三】梅郎：梅蘭芳（一八九四——一九六一），京劇藝術大師。本名瀾，學名鶴鳴，藝名蘭芳，字畹華。江蘇泰州人。

【四】周荃孫：待考。

張大千書札

張大千（一八九九—一九八三），書畫家。原名正權，改名爰，小名季，又名季爰，號大千居士，四川内江人。

吳一峯初識張大千在一九二五年張善孖生日宴會上。時黄賓虹、張大千、謝玉岑、熊松泉、馬駘等名畫家均住在西門路西城里，吳一峯時往西城里諸先生府上請教，研討繪畫技法，與大千先生多有交往，大千先生亦有詩文題贈。抗戰期間大千先生返蜀後至一九四九年赴印度前亦多往還。

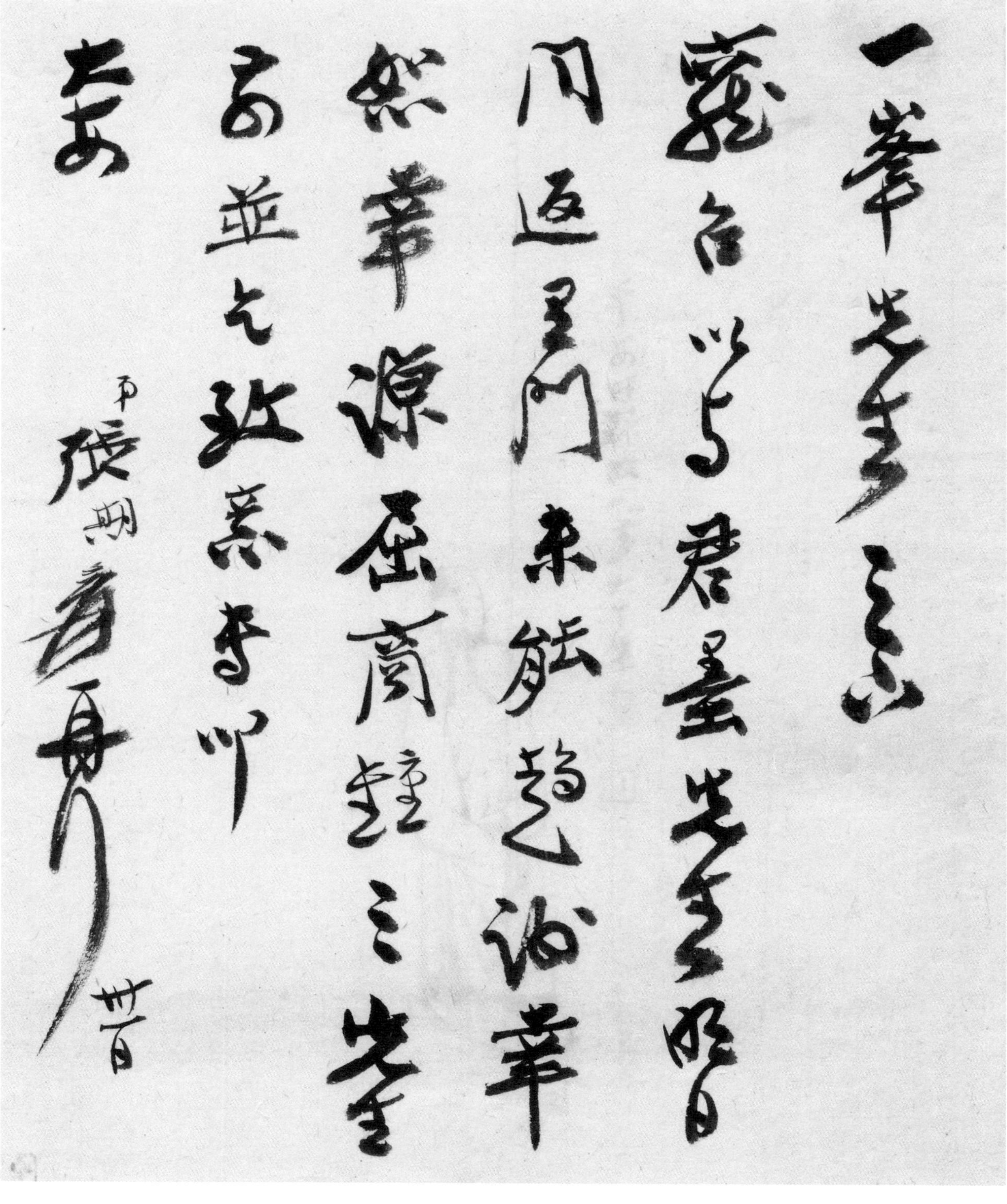

縱二四厘米　横二〇厘米

一峯先生足下：

寵召，以與君墨【一】先生明日同返里門，未能趨謝，幸恕，幸諒！屈商鍾三【二】先生前，並乞致意。

專叩

大安

弟 張期爰再頓首　卅一日【三】

註釋

【一】君默：林君默，名恕，字君默，號古月山人，以字行，四川資中人。二十世紀四十年代任四川美術協會常務理事，成都『蜀藝社』創始社員。工書善畫，爲四川近代著名畫家。

【二】鍾三：鍾山隱，畫家。四川三臺縣人。一九三七年國民政府教育部主辦第二屆全國美展，任審查委員。

【三】『一峯草堂』建成於一九四〇年，大千先生自敦煌返成都在一九四三年。此函应在一九四三年至一九四八年之間。

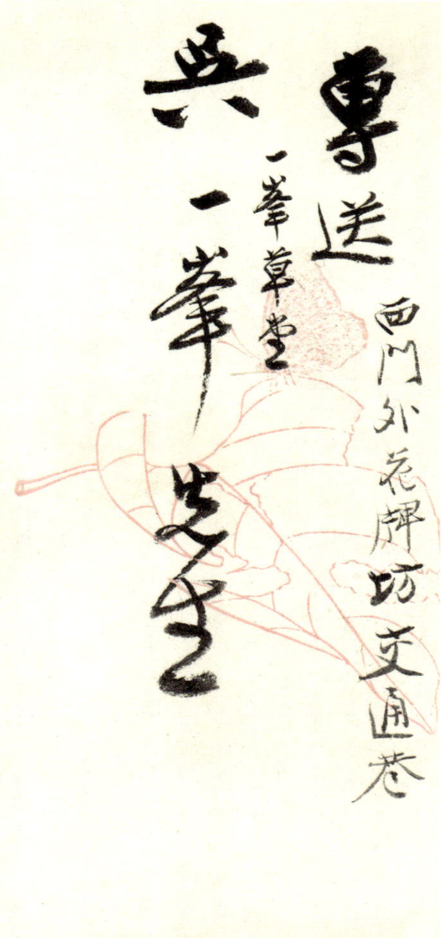

縱一九·五厘米　橫九厘米

張大千題吳一峯《壯遊圖》（辛未卷）

一九三二年

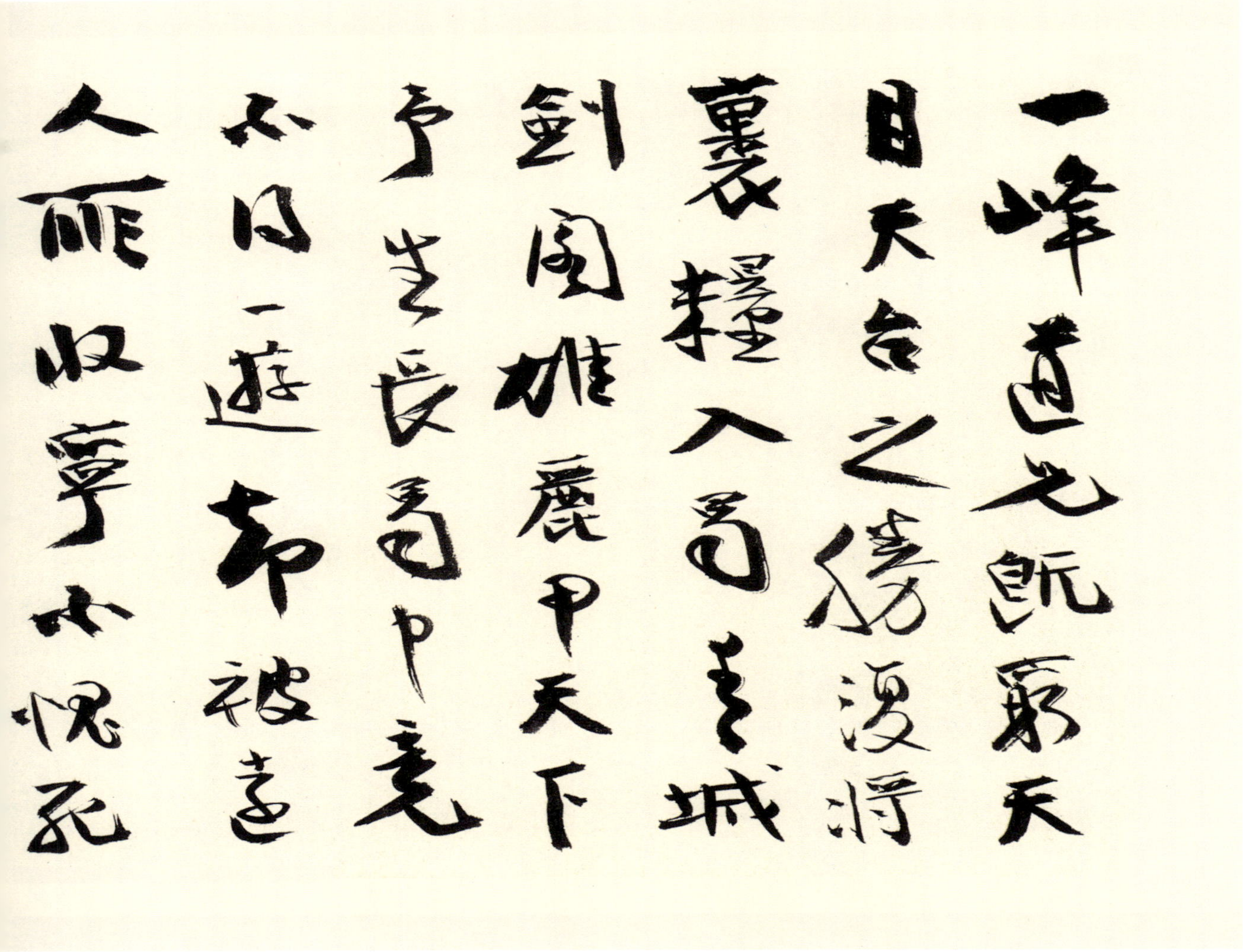
一峰道兄既窮天
目天台之勝復將
裹糧入蜀青城
劍閣雄麗甲天下
予生長蜀中竟
不得一遊[illegible]被[illegible]
人[illegible]收[illegible]中[illegible]

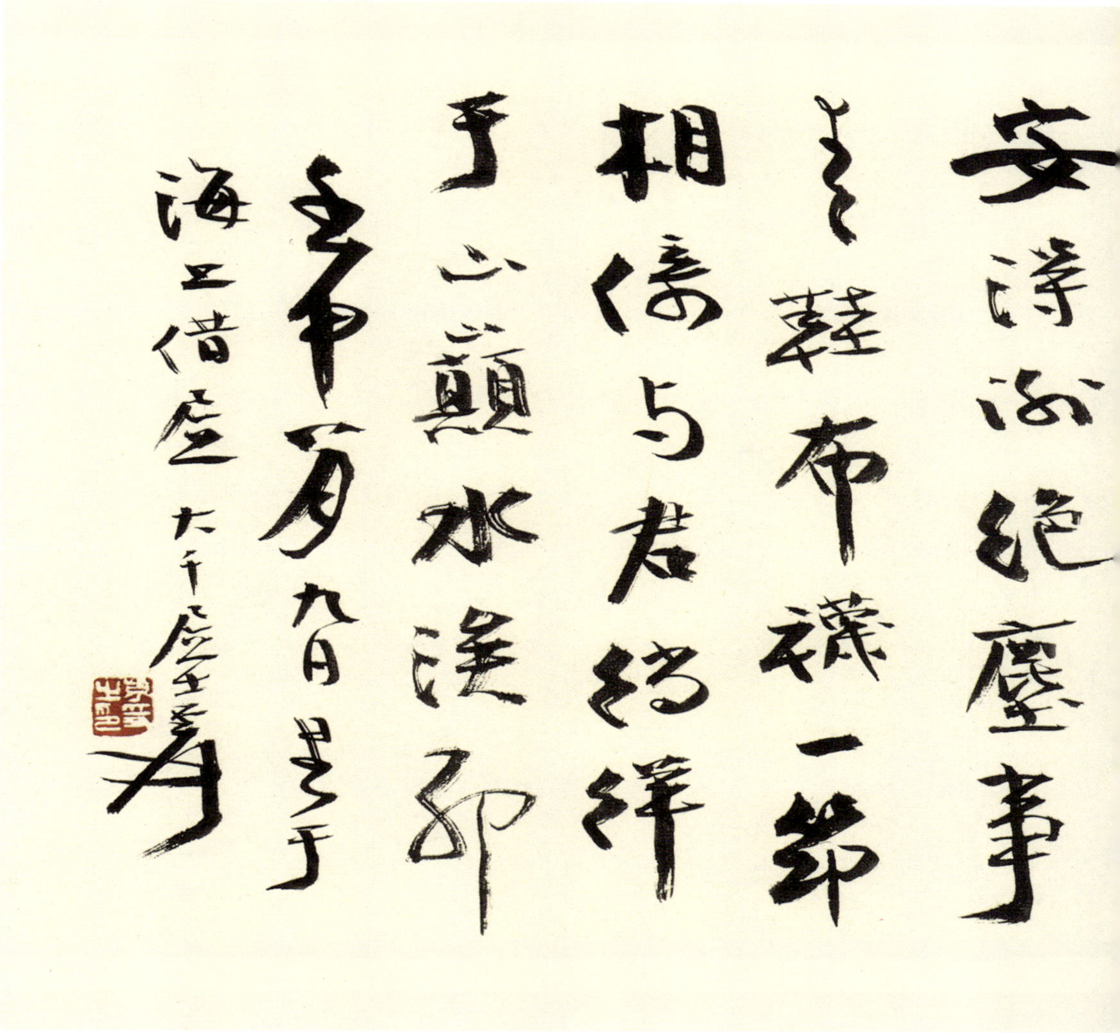

一峯道兄既窮天目天臺之勝，復將裹糧入蜀。青城、劍閣雄麗甲天下，予生長蜀中竟不得一遊，却被遠人所收，寧不愧死。安得謝絶塵事，青鞋布襪一笻相倚，與君徜徉於山巓水涘耶！

壬申八月九日書於海上借居　大千居士爰

峨嵋

吳一峯作

一九三七年

『吳一峯蜀遊畫展』展出作品，載於一九三七年版《吳一峯蜀遊畫集》

張大千題《峨眉》（一九三七年）

可以横絶峨嵋巔

昔人寫峨嵋者多矣，每不能傳其偉大奇麗之狀。若令清湘爲之，必有不可思議境界。今觀一峯道兄此幅，氣象萬千，雄奇茂密，起清湘於三百年後。真山靈知己也！因摘李白句題之，以志傾倒。

丁丑夏日　蜀人張爰

吳一峯撰《我和大千先生》

我和大千先生

我和大千先生在一九二五年於上海認識，他和他的二哥善孖同住上海西門路西城里一幢住房。同住的還有黃賓虹、謝玉岑。那時大千和我都是二十餘歲的青年人。每次會見，他和靄可親，總是在作畫，我亦向他領教。一九三二年我隨黃賓虹師入川旅遊，大千先生寫了臨別贈言。一九三七年我回上海開蜀遊畫展，大千先生又爲我在『峨嵋天下秀』的作品上題跋。抗戰時期他回成都，亦經常會見。抗戰結束他離成都。

大千先生是當代在國內外享有盛譽的國畫大師。他的一生是研究民族遺産作畫的一生，是充滿活力漫遊國內外名勝的一生，是胸懷壯闊、熱愛朋友的一生。

先生不幸在臺灣逝世的噩耗傳來，我萬分悲痛。大千先生曾在成都開了三次畫展，留下不少墨寶。今天展出的都是稀世珍品。一般來説參觀畫展，欣賞作品，是一種愉快的事。但是現在大千先生已經安息，睹物懷人，能不沉痛！所以今天我是悲喜交集，悲者悲大千先生去世，喜者喜先生桃李滿天下，承繼有人，遺留的作品，長留天地間。我與大千先生是多年舊交，他現在已經去世，我應當化悲痛爲力量，將有生之年，竭盡全力遊遍祖國大地，圖寫錦繡河山，爲『四化』貢獻力量。

一九八三年於成都

資料鏈接：

國畫大師張大千先生一九八三年四月二日在臺北逝世，藝苑同悲。爲紀念大千先生，四川美協、四川省博物館於一九八三年四月十三日至五月三日在省展覽館舉辦『張大千畫展』，供衆觀賞憑弔。吳一峯的《我和大千先生》一文撰於展覽後，發表於成都報刊。

张大千画展明日起在成都展出

展出的150幅珍品中，包括大千先生1924年到1982年的作品

本报讯 张大千画展业已筹备就绪，将于四月十三日到五月三日在成都市四川省展览馆正式展出。

这次展出的一百五十幅花鸟、山水、人物等珍品中，包括大千先生一九二四年到一九八二年的作品。其中，一部分是大千先生的近期作品。近期作品中，有他在一九六三年为当时中共重庆市委统战部长杨松青、宣传部长何正清、四川美术学院党委书记李少言等画的梅竹和山水等，反映了大千先生热爱祖国，怀念四川故土，思乡心切。展品中还有大千先生在抗日期间前往敦煌石窟研究我国古代壁画后的作品。这些作品表现了他对我国国画有卓越的贡献。

张大千先生一八九九年生于我省内江县。自幼他随母习画，以后赴上海投拜书画家曾农髯、李梅庵、李瑞清门下。由于他取法前贤，而又能融汇贯通，画艺大进，蜚声海内外。抗战期间，他前往敦煌石窟，研究古代壁画，从北魏、隋唐、五代的壁画中吸取营养；旅居国外后，又有选择地吸取了西洋画的表现手法，衍出了磅礴奇幻的艺术境界。他的作品历年来在国内外频频展出和出版，赢得了很高的声誉。

这次画展是由中国美术家协会四川分会和四川省博物馆举办的。展出的作品，大部分是省博物馆保存的珍品；一部分是从重庆、自贡、内江、乐山、峨眉县等地收藏的，还有一部分是大千先生的亲属提供的近期作品。其中大部分作品，过去没有和广大群众见过面。

（外轩）

一九八三年四月十二日《四川日報》

趙少昂書札

趙少昂（一九〇五—一九九八），書畫家。原名趙垣，字叔儀，室名夢萱堂、蟬嫣室。廣東番禺人。抗戰後移居香港。

趙少昂抗戰期間避亂入蜀，遍遊蜀中山水，寫生作畫。在蜀期間與吳一峯相識，常相聚於一峯草堂，爲多年舊交。一九五〇年后音訊斷絶，一九八〇年前後再度聯繫，已相隔三十餘年。

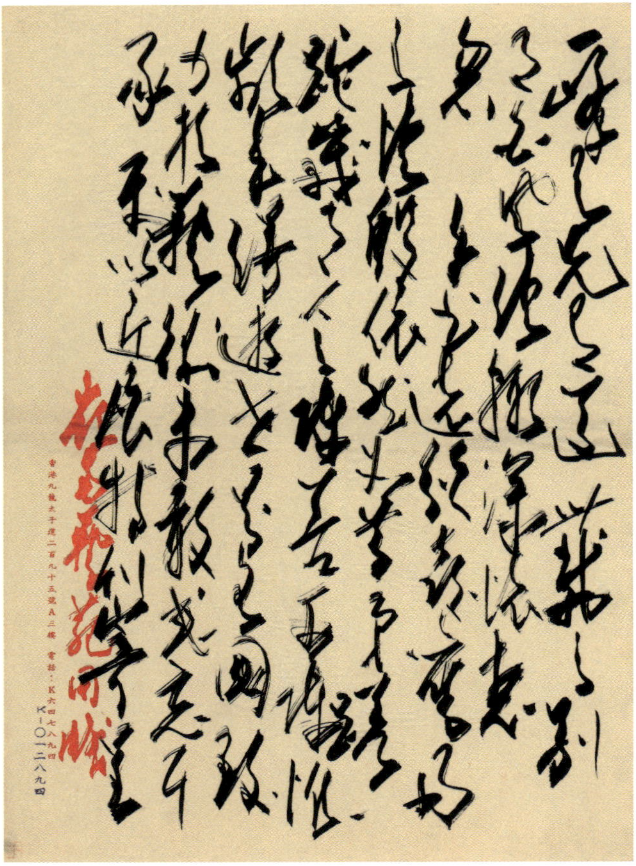

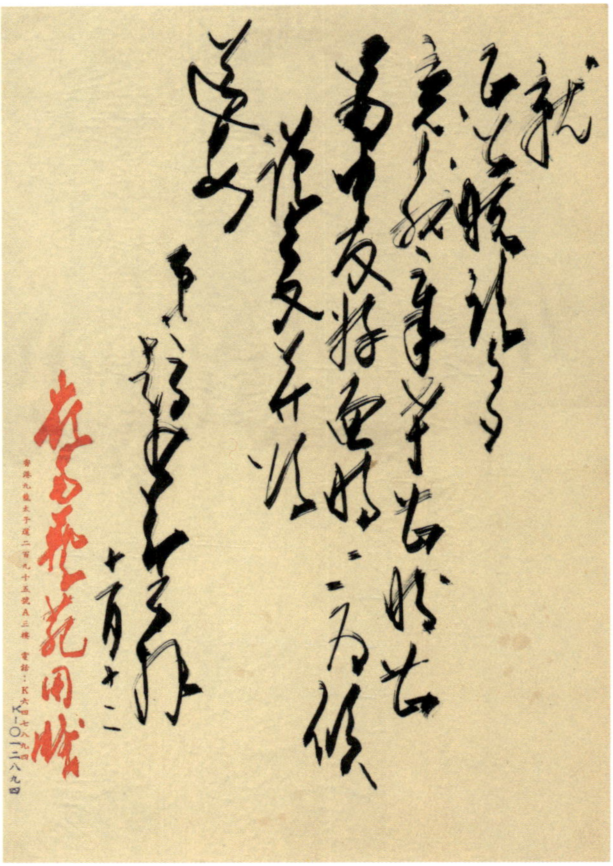

縱三四·五厘米　橫二四·五厘米

一峯吾兄有道：

卅載之别，月白風清，輒深懷想。忽手書遠候，喜舊雨之情殷，依然如昔。弟蹉跎歲月，乏善可陳。惟頻年漫遊世界各國，致力於藝術，未敢或忘耳。承屬，以近展特刊寄呈就正。公暇請多意教奉，幸甚，盼甚！

蜀中友好面時一一爲候。謹復　並頌

道安

弟　趙少昂再拜　十一月十二日

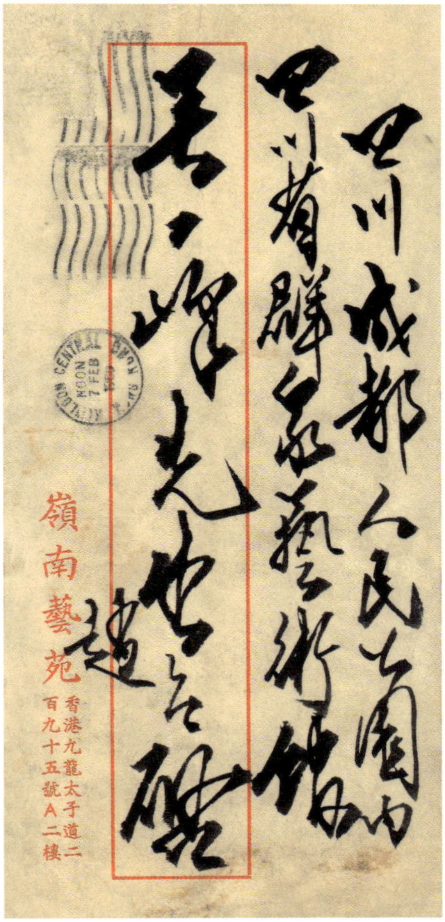

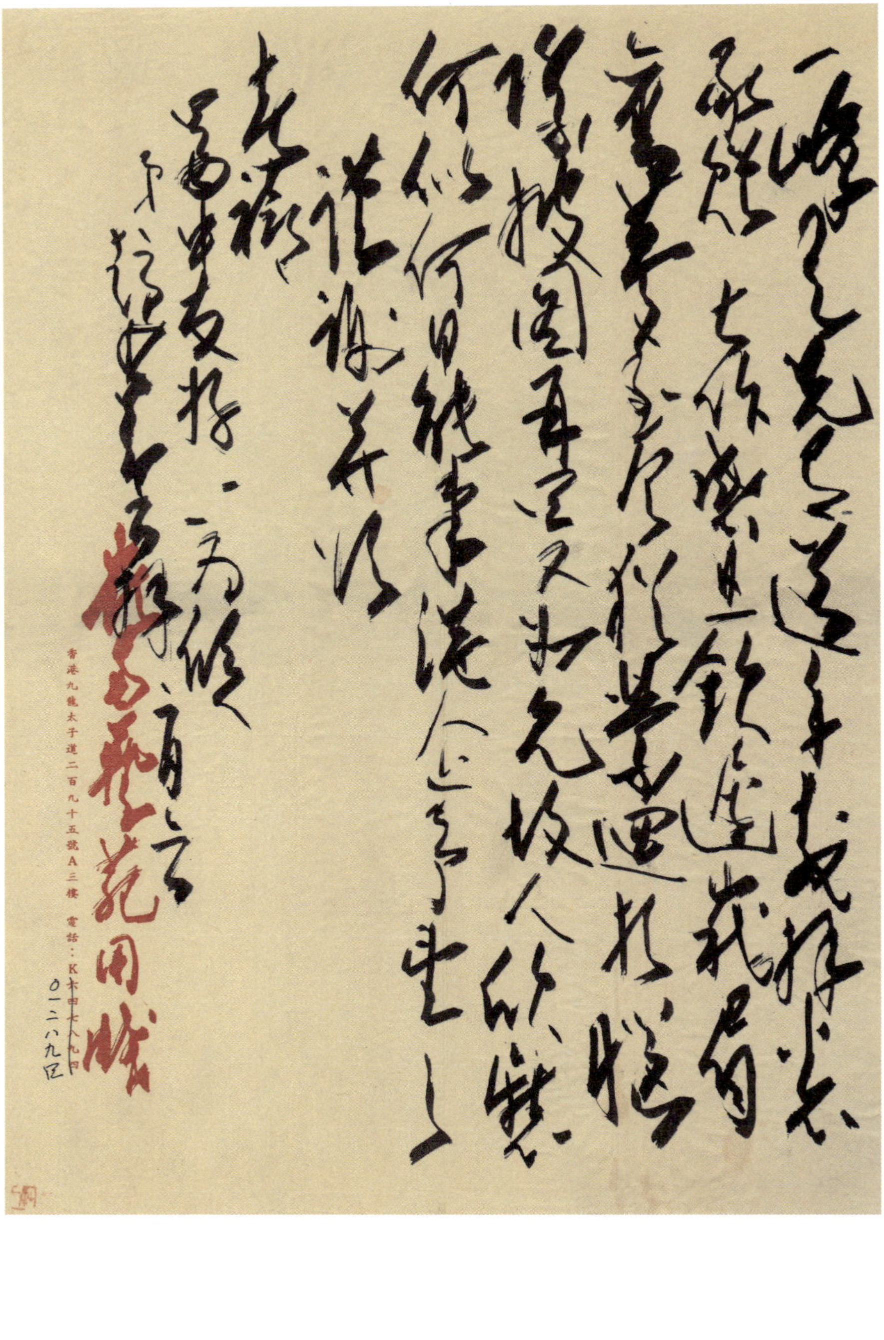

縱三四·五厘米 橫二四·五厘米

一峯吾兄有道：

手教拜悉。承贈大作，感且欽遲。峨嵋舊夢，至今猶縈廻於腦際。披圖再思，又如見故人。欣慰何似。何日能來港，企予望之。謹謝 並頌

春禧

蜀中友好一一爲候

弟 趙少昂再拜 二月六日

縱三四·五厘米　橫二四·五厘米

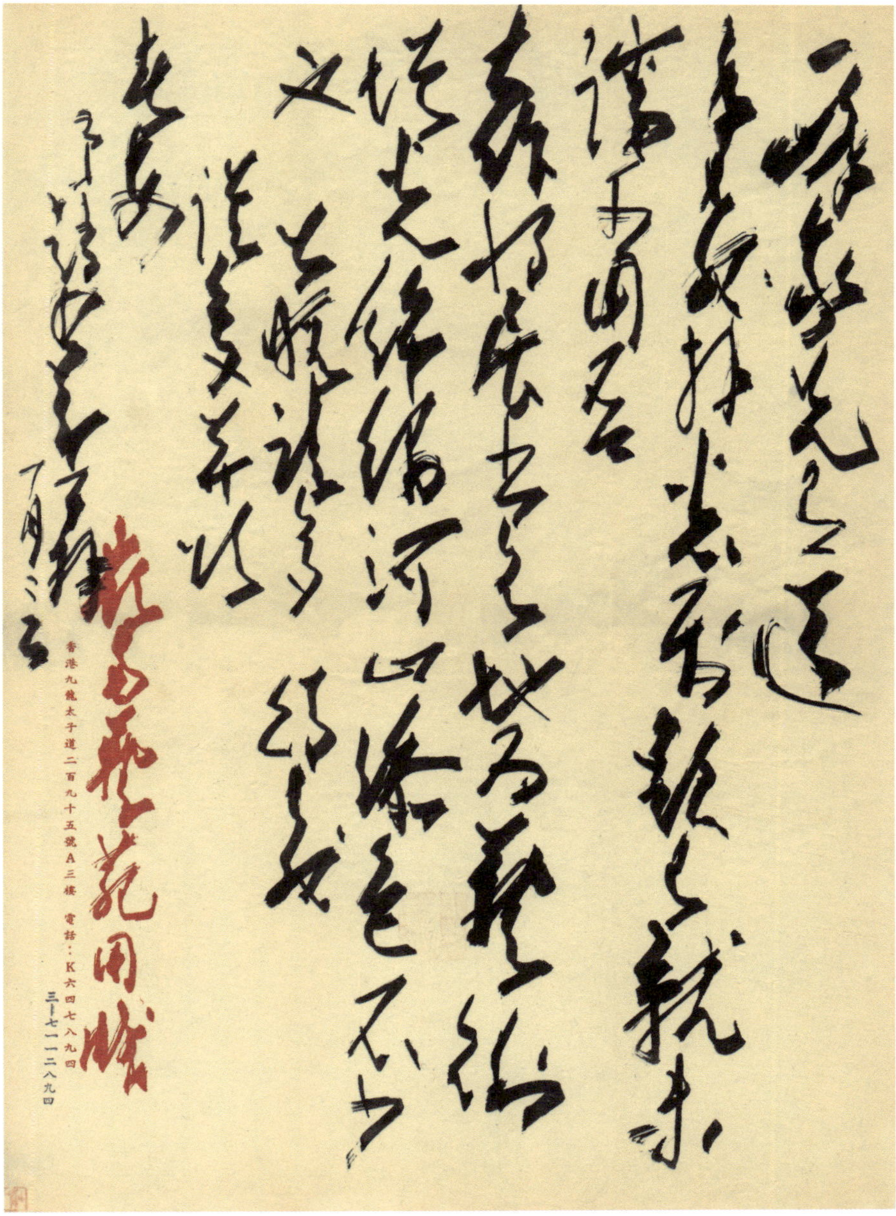

一峯我兄有道：

手教拜悉。屬題已就，未審可用否？大作將展出各地，爲藝術增光，錦繡河山添色不少也。公暇

請多賜教！謹復　並頌

春安

弟　趙少昂再拜　一月二日

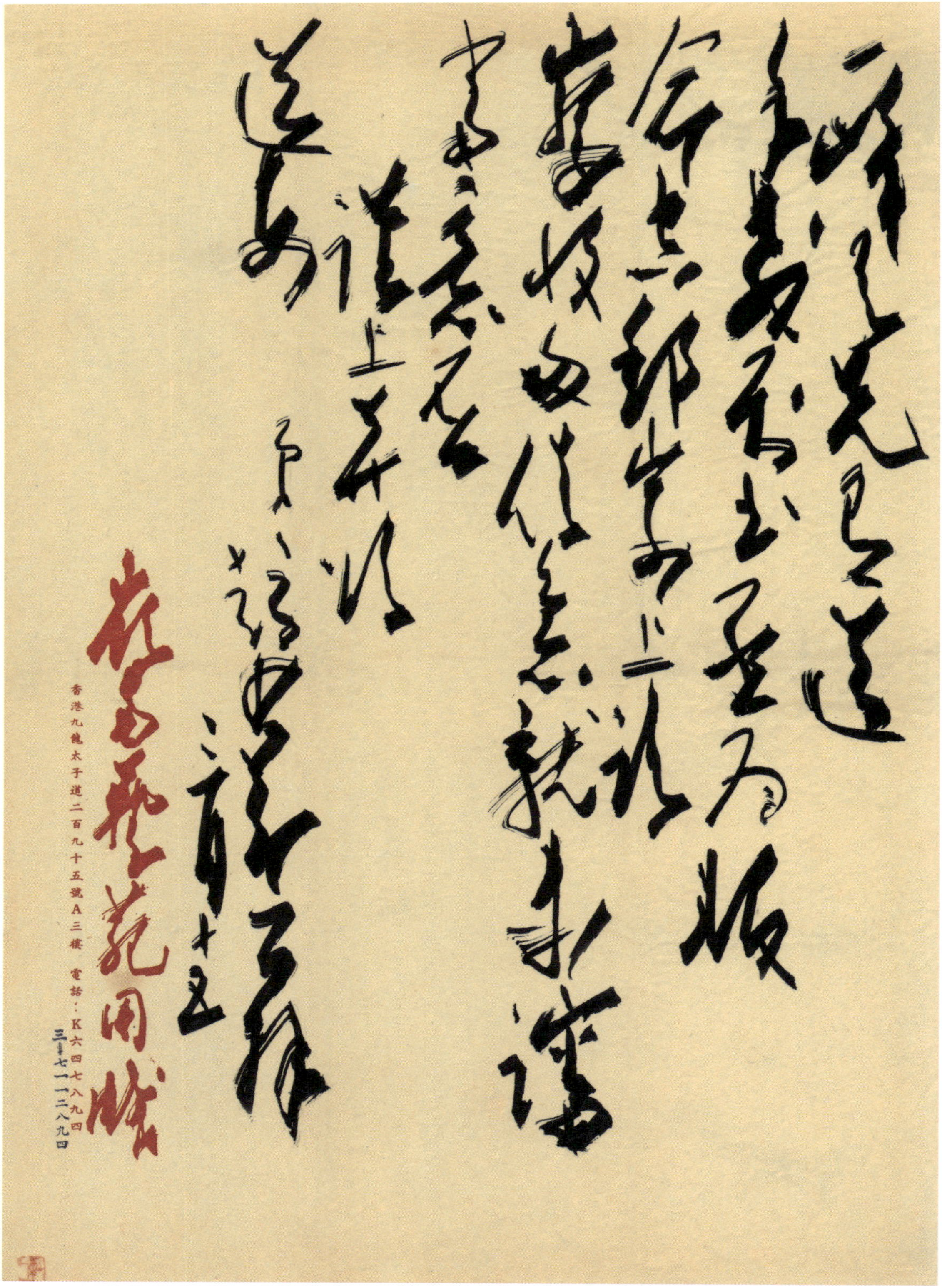

縱三四・五厘米　橫二四・五厘米

一峯吾兄有道：

手教屬書【一】，亟爲報命。空郵寄上，請察收！匆促急就，未審當意否？

謹上　並頌

道安

弟　趙少昂再拜　三月十五日

註釋

【一】一九八三年四川美術出版社編輯出版《吳一峯國畫選》，吳一峯請老友趙少昂題寫書名。

趙少昂題《吳一峯國畫選》

四川美術出版社一九八三年八月版

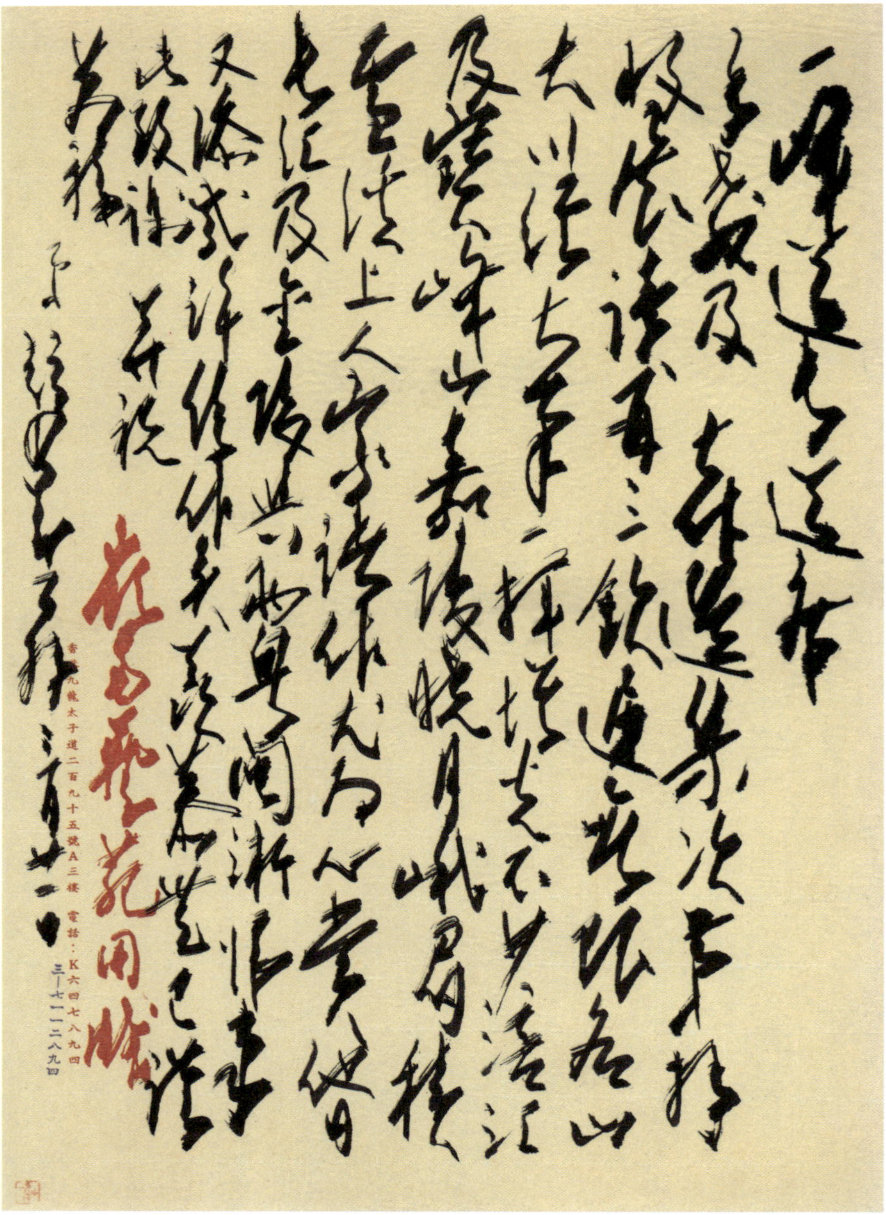

縱三四·五厘米　橫二四·五厘米

一峯道長道席：

手教及大作選集次第拜收，展讀再三，欽遲無限。名山大川，經大筆一揮，增光不少。《涪江》及《寶峯山》、《嘉陵曉月》、《峨嵋積雪》、《溪上人家》諸作，尤爲心賞。他日長江及金陵與兩粵、閩、浙歸來，又添幾許佳作矣。羡慕無已。謹此致謝！並祝

萬福

弟　趙少昂再拜　三月廿一日

嘉陵曉月

吳一峯作

一九五五年

吴作人書札

吴作人（一九〇八 —一九九七），畫家、美術教育家。原籍安徽涇縣，生於江蘇蘇州。

一九三〇年考入法國巴黎高等美術學校，後轉入比利時布魯塞爾皇家美術學院。一九三五年回國任教於南京中央大學藝術系。

一九四三年起赴甘、陜、青、川、康地區寫生并舉辦個人畫展。在蓉與吴一峯相識，常相過從。曾請吴一峯爲友人費曼爾女士治印。

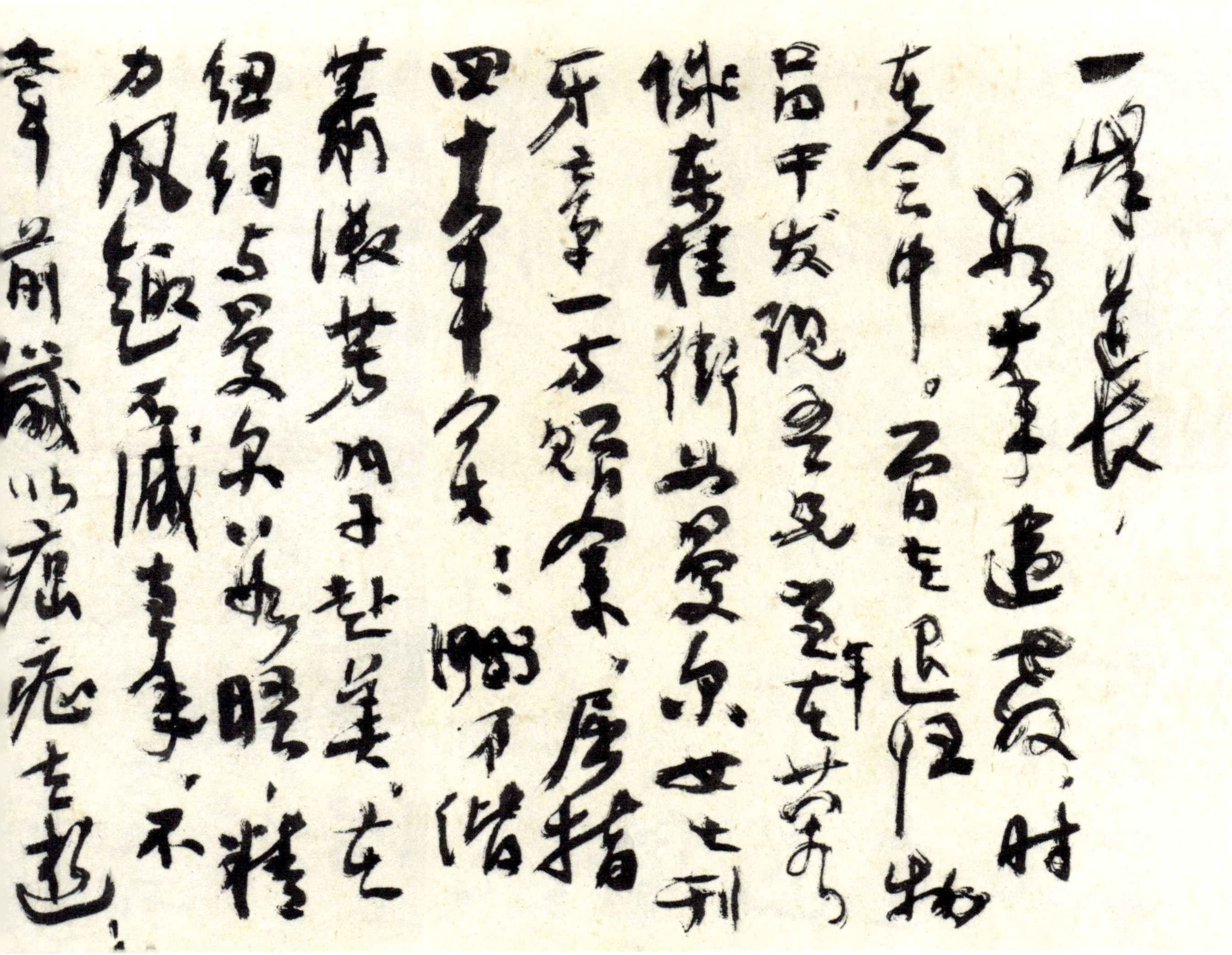
一峯兄長：
大作遠發，時
在途中。[illegible]
[illegible]
[illegible]
[illegible]
[illegible]一方[illegible]，[illegible]
四十年代[illegible]
[illegible]
[illegible]
力風趣不減當年，不
幸前歲以癌症去世！

縱二八厘米　橫六七厘米

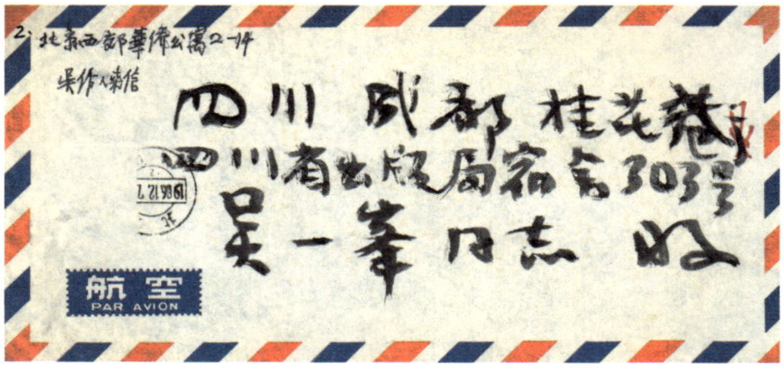

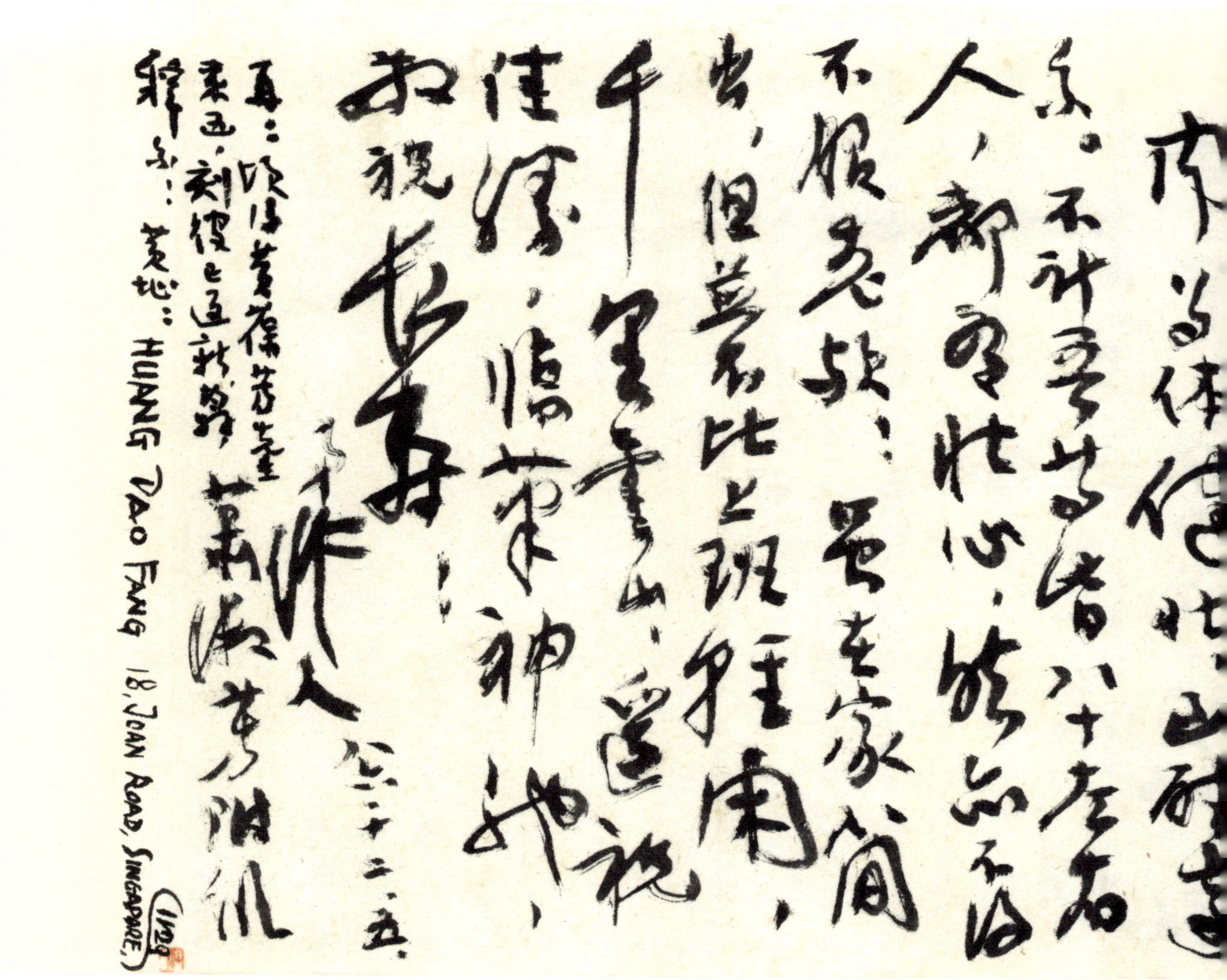

一峯道長：

數十年違教，時在念中。曾在退歸物品中發現吾兄當年在蓉城東桂街爲曼爾【一】女士刊牙章一方贈余，屈指四十年矣！一九八三（年）弟偕蕭淑芳内子赴美，在紐約與曼爾數晤，精力風趣不減當年，不幸前歲以癌症去逝！

聞尊體健壯，□□遠繫。不計吾等皆八十左右人，都有壯心，然亦不得不服老歟！雖在家簡出，但並不比上班輕閒。千里雲山，遥祝佳勝！臨筆神馳，敬祝長壽！

弟 作人 八六、十二、五

蕭淑芳附候

再：頃得黄葆芳【二】先生來函，刻彼已返新。均好釋繫！

黄址：HUANG DAO FANG 18,JOAN ROAD SINGAPARE,1129

註釋

【一】曼爾：費曼爾（？—一九八四），旅美女音樂家。

【二】黄葆芳：新加坡書畫家。爲吴一峯早年上海美專時同學。

彭襲明書札

彭襲明（一九〇八—二〇〇二），畫家，又名昭曠。江蘇溧陽人。早年畢業於上海美專，博學多能，能書畫、善武術。抗戰期間，避難蜀地，居青城山上青宫大千先生樓上。一九五〇年移居香港。

彭襲明個性出塵脱俗，爲人澹泊，杜絶交際。而其在蜀，獨與吴一峯、陸儼少友善，或相晤於青城，或過訪于成渝，以切磋藝事爲樂。以彭襲明之奇異，其與吴一峯之交往亦其『西遊一掌故也』。

抗戰勝利後，彭襲明與陸儼少同筏東歸，一九五〇年移居香港。一九九〇年前後與吴一峯復有書信往來。

一峯道兄左右
造訪知
文旆留青未返悵然而歸明
晨郵車須擬附之南下
足下如作辰陰都可在從步
處相會也書之不盡意
怱不恭祈保維
為道珍愛千萬　弟　張明頓首
竹邨兄並候不另函　三日晚

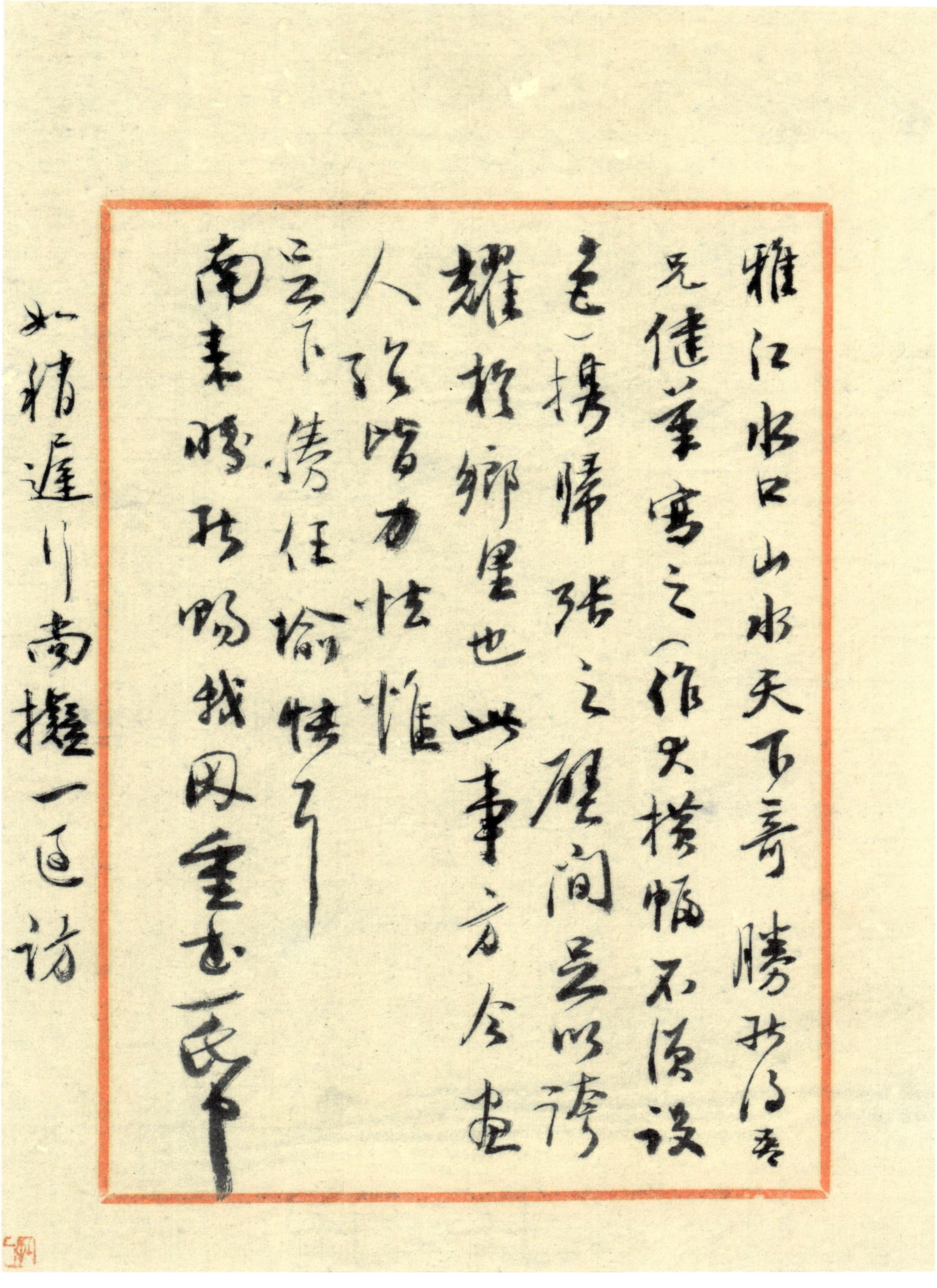
雅江山水天下奇勝於得吾
兄健筆寫之（作大橫幅不須設
色）携歸張之壁間足以誇
耀於鄉里也此事方今畫
人能諳此法惟
足下勝任愉快耳
南來時於晤我因重出一紙
如精進則尚擬一通訪

縱二七·五厘米　横二〇厘米

一峯道兄左右：

造訪知文旆留青【一】未返，悵然而歸。明晨郵車便擬附之南下。

足下如作展陪都，可在儼少處相會也。草草不盡意，恕不恭。初凉維爲道加愛千萬。

弟　襲明頓首　三日曉

竹邨兄並候不另囑。

雅江水口山水天下奇勝。能得吾兄健筆寫之（作大横幅，不須設色）携歸張之壁間，足以誇耀於鄉里也。此事方今畫人殆皆力怯，惟足下勝任愉快耳。

南來盼能賜我，因重書一紙。

如稍遲行尚擬一過訪。

註釋

【一】青：指青城山。

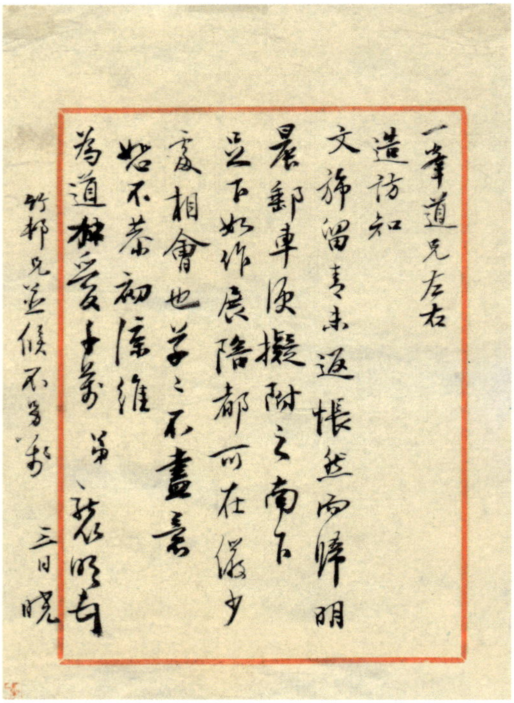

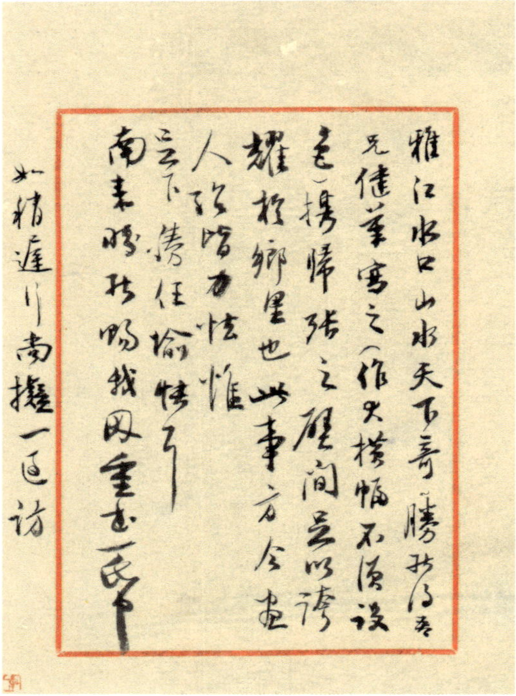

縱一七九厘米　橫九五厘米

雅江水口所見

吳一峯作

一九五七年

江川匆阻以票為難
尽承穫祇想待来書
那供雅沼昰物奇傳新親
筆硯聫早惠我也但弟
後更特覧去時兩雅要託夫

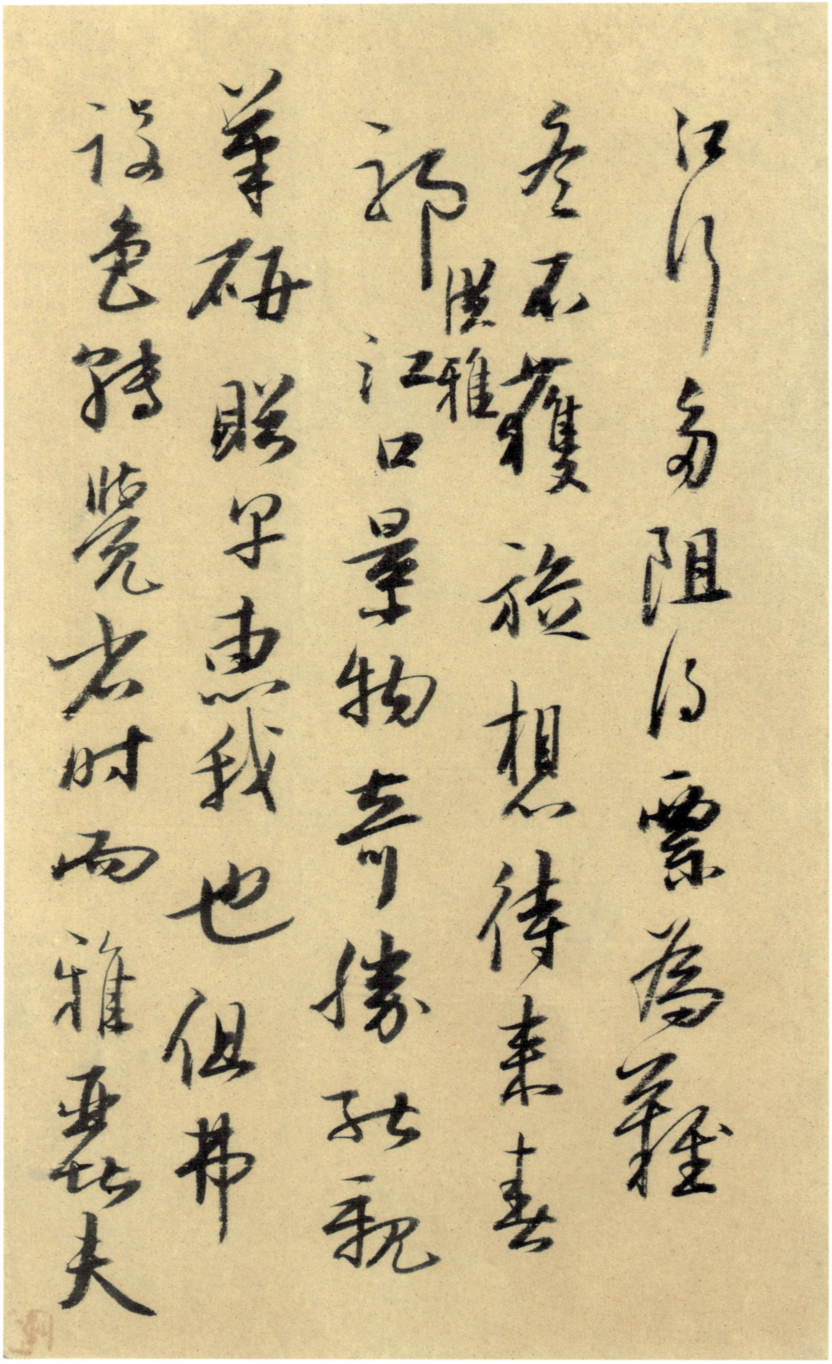

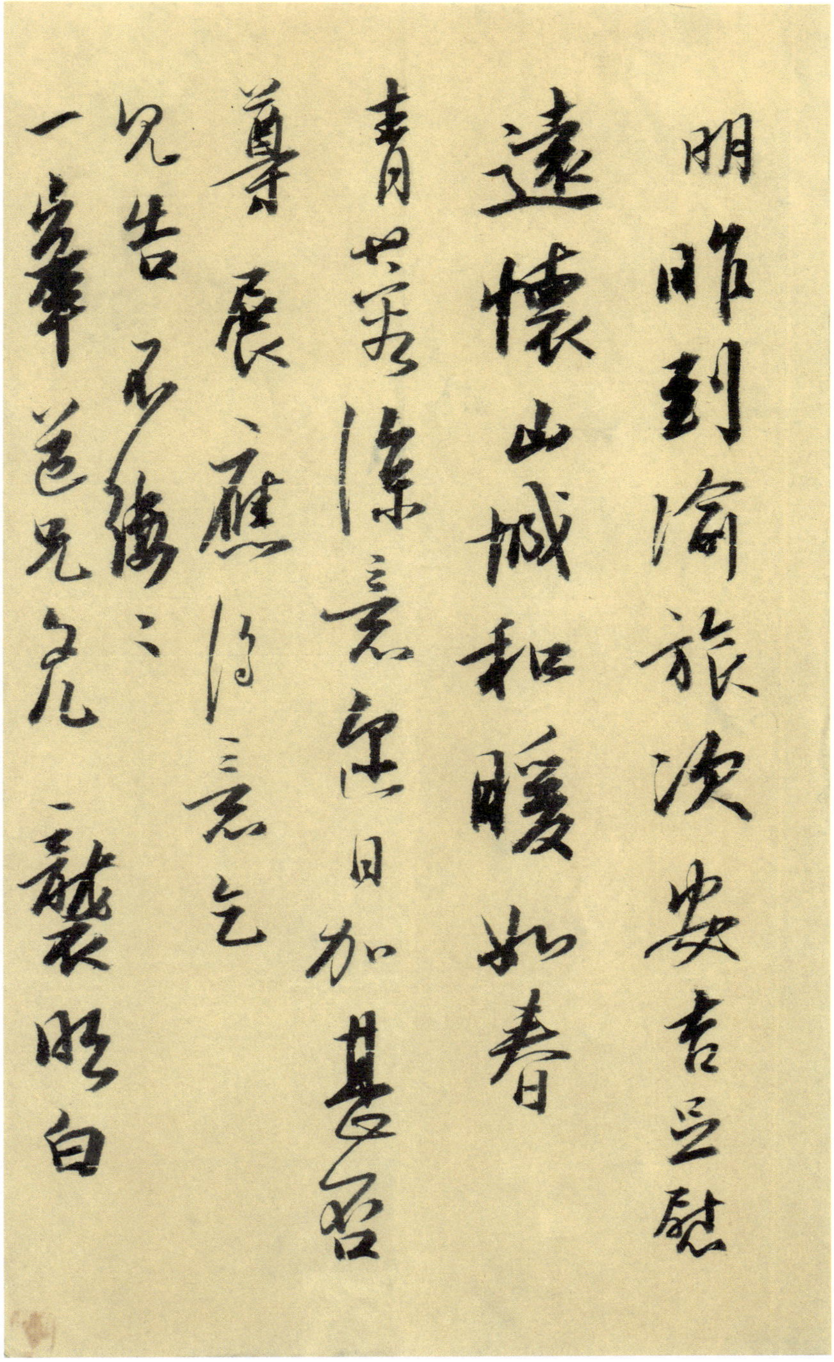

縱二一厘米　橫一二·五厘米

江行多阻，得票爲難。冬不獲旋，想待來春耶！洪雅江口景物奇勝，能親筆研贈，早惠我也。但弗設色，轉覺省時而雅麗夫？

明昨到渝，旅次安吉，足慰遠懷。山城和暖如春。青、蓉涼意邇日加甚否？尊展應得意，乞見告！不縷縷。

一峯道兄文几

襲明白

潭陽碼頭街振昌機器油廠杜北藏轉

一峯學兄左右：別後正月十一日離乘發雅渝，江行一月始抵宜昌，觸礁擱淺，艱險備嘗。又十五日往潭，凡五十六日方抵里門。十載流亡，始慶來歸免餘，而喪亂頻仍，田廬為墟，城中居十有百毀，爰擬居距城十八里之新昌村。一切粗安，足慰故人。惟四壁家寒，如處曠漠，當年所蓄俱成焦燼，甚慨。

承屬大中長短聯，俟尋少暇，即談呈為寄

高賢。頃惠清作一幅，以光齋居，爰示錫生所言，有足誇耀於人者。承索西游一字，尚也備少想有出版，又每日記明之，以如何示歸來大名，自當卷不絕而去。更詳港西陲與海南矣，可據析疑。專此布謝，敬祈惠示，并頌

潭府吉羊。

弟彭□□頓首

三月廿四日

以高峨眉書城之景為尤美，以江南人加足此奇偉也。

縱二六·五厘米　橫三七厘米

一峯學兄左右：

別後正月十一日乘筏離渝，江行一月始抵宜昌。觸礁擱淺，艱險備嘗。又十六日經漢，凡五十六日方抵里門。十載流亡，故舊半登鬼録。而兵燹頻仍，田廬爲慪，城中屋十有有（九）毁。爰移居距城十八里之新昌村，一切相安，足慰故人。惟四壁寂寥，如處曠漠。當年所蓄，俱成燼餘。甚盼高賢即惠佳作一紙，以光齋居。爰示鲰生所交，有足誇耀於人者，不啻西遊一掌故也！

儷少想有函至兄處。昆明之行必得意歸來。大名自是，蓋不踁而走，更洋溢西陲與海内矣。可勝忻喜。

專此布達，敬祈惠函。並頌

潭府吉祥

弟　彭襲明頓首　三月廿四日【一】

以寫峨嵋、青城之景爲尤美，以江南人少見此奇偉也！不拘大小長短闊狹多少及設色與否。

溧陽碼頭街振昌機器油廠狄兆龍轉。

註釋

【一】此函爲一九四六年東歸後所寫。一九四六年元月吴一峯取道重慶作滇西遊歷，曾與陸儼少、彭襲明諸畫友在渝相晤。故有『昆明之行』云。

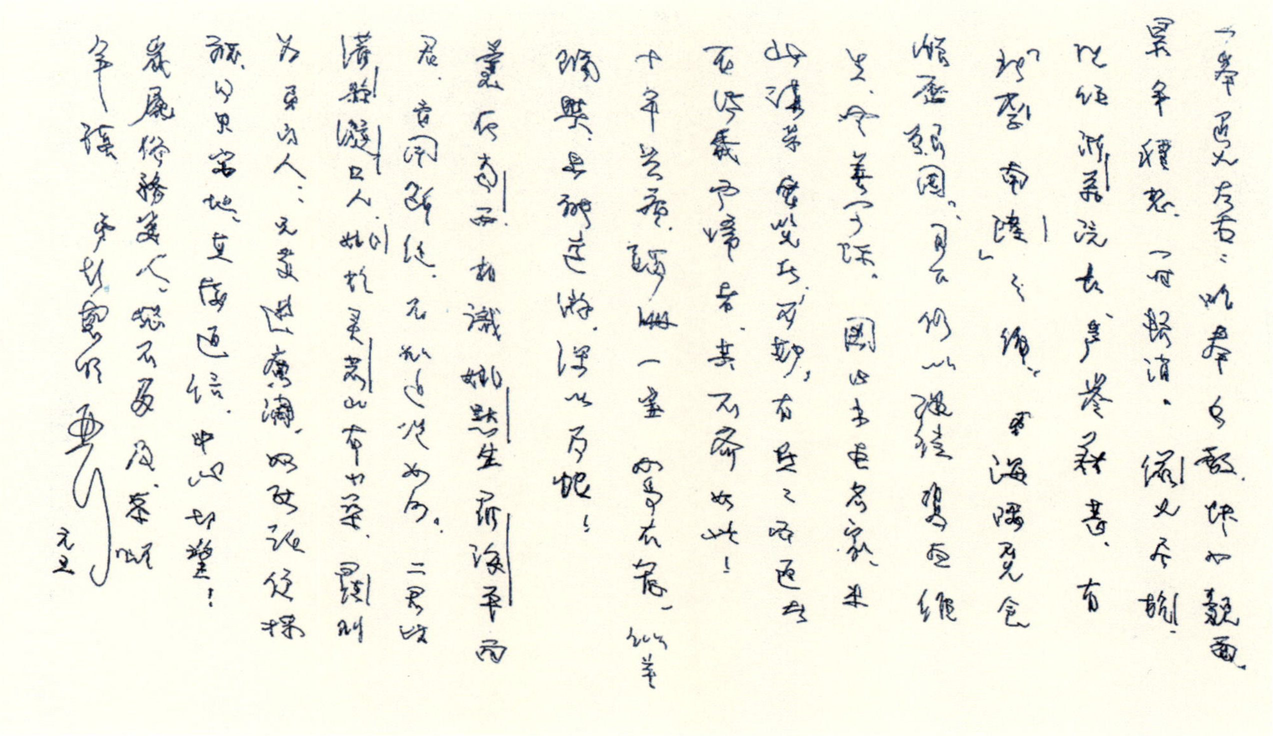

縱二〇厘米　橫二九厘米

一峯道兄左右：

昨奉手教，快如覿面，累年積想，一時頓消。儼兄居杭，現任『浙美』院長。聲譽藉甚，有『北李南陸』之稱。弟海隅覓食，頗歷艱困。目下仍以課徒教畫維生，無善可陳。國內書畫名家來此講學、展覽者不尠，有無功而返者，有滿載而歸者，其不齊如此！

十年足病，蹣跚一室。如鳥在籠，似羊隔樊。未能遠遊，深以爲恨！

曩在蜀西，相識姚默生、羅海平兩君。音聞斷絶，不知近況如何？二君皆灌縣漩口人。姚於靈巖山有小築，羅則爲弟□人。兄交遊廣闊，如能就便探聽，得其寓址直接通信，中心切望！

歲尾俗務喚人，恕不多及。恭頌

年禧

弟　彭襲明頓首　元旦

十峯賢兄左右：奉翰敬悉，並以
翰後，尤足覺心快目。書法古拙，[illegible]
先正風。吾謂兄手自寫之，恐未能臻
魄力古趣，已不讓前人，細字書藝
以為然！本載前曾有人守鄭石如長
聯「學」字「亭記」九篇，其人好事，[illegible]
以授[illegible]之古今縫藝者信通[illegible]學子
題緣葉，中州詳語，題日較我
似，感謝！古徽紫的，好能可發，不知

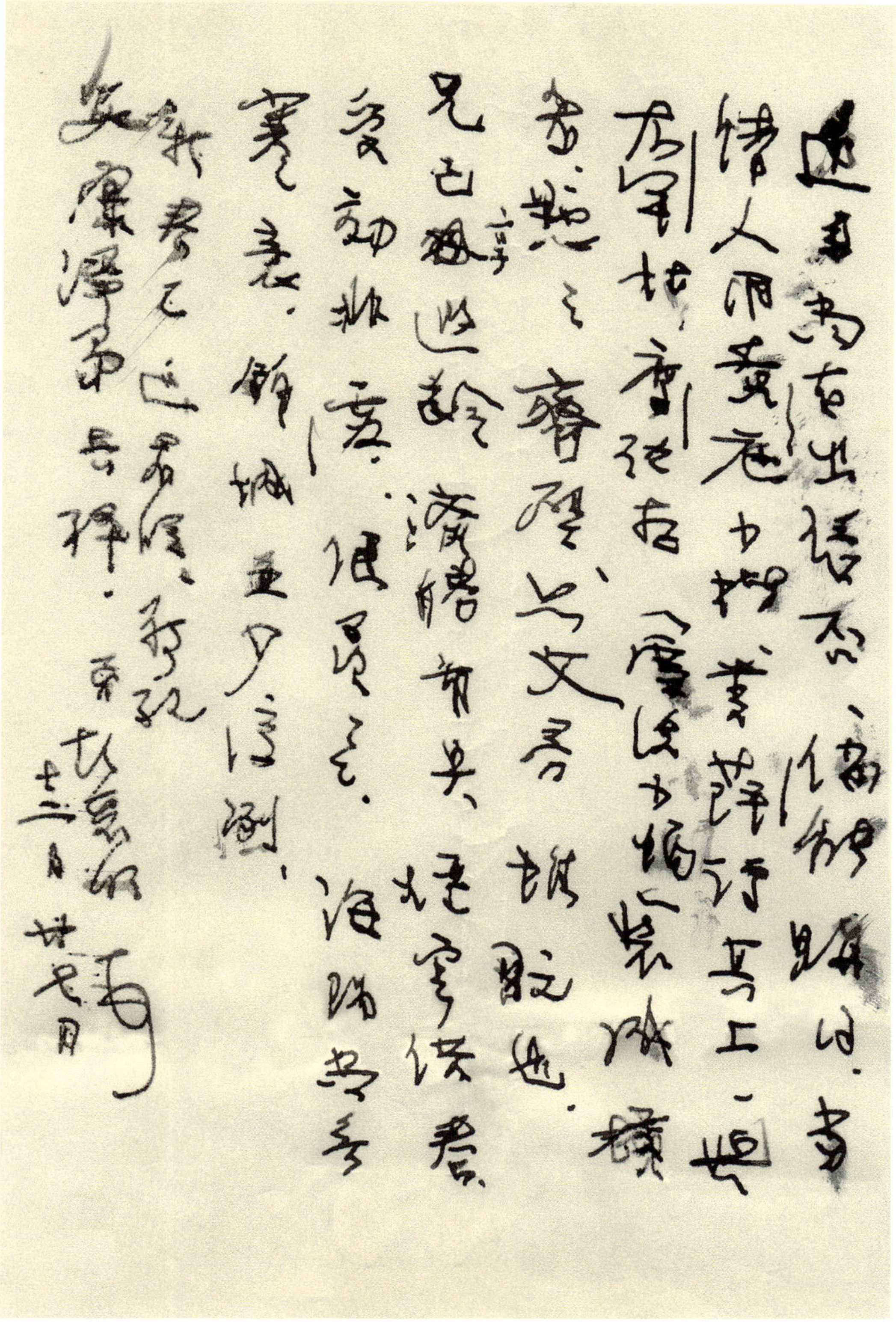
近來寫古出語否、偶作題跋耳。當
請人用黄庭小楷書錄詩其上，並
於字樣、衡從在《廣陵》小幅，紫竹橫
密點之齋壁上文，可謂胡說也。
兄已擬亨過說，沒錯前矣，燒雲供養、
受動非虞。但見之。海路無多
寒意，錦城正夕陽淳冽，
我春又過，書信，新祝
安康 深澤弟岳拜。 草長意紙
十二月廿七日

縱二三厘米 横一六厘米

一峯道兄左右：

奉教慚慚。蓋以高談，尤足賞心娛目。來港有期，盼先函告。弟體氣日衰，足染末瘡，視力大遜，已不能看細字書報。甚以爲苦！

半載前，曾爲人寫鄧石如長聯『宇宙奇觀』九景。其人好事，擬以續下聯之『古今絶藝』，《左傳》、通史、屈子《離騒》等。中惟『薛濤箋』難得。抗戰時，成都有仿製品，嫣巧可愛，不知近日尚在出售否？倘能購得，當請人用黄庭小楷，書薛詩其上，與右軍帖、唐□□、『雲溪小幅』裝成横條，懸之齋壁，亦文房雅玩也。

兄已享遐齡，濟舶有方，煙雲供養，受效非虚。健羨、健羨。海隅尚無寒意，錦城並少凛冽。新春已近君侯。敬祝

安康潭第吉祥

弟　彭襲明頓首　十二月廿七日

彭襲明畫册書後【一】

張大千

襲明先生，文章高一世，畫筆高一世，人多知之。而澹泊避俗，杜絶交接，比之往古隱逸，尤爲振奇，而人多不知也。抗戰時，予自故都間關回蜀，同寓青城山上青宫者三年。偶讀所著山志，奇其文而不著著者姓氏。叩之道士，但云彭姓。時來時往，近頃不知何往矣！又云：其人能畫，畫亦不賣。亟叩之，宫中亦有其畫否？道士出一紙，大驚。運筆構境，大似子久；清逸直邁四王【二】，當與華亭【三】爭道。畫上有題，亦不署名，畫法似方壺【四】，尤爲驚絶，不信三百年間有此人也。待之數月，未得相晤。明年，予西出嘉峪，禮佛敦煌。三年乃歸，仍復借居上清，始得把臂，如平生歡。前者道士謂時來時往者，蓋避俗如仇，不欲與人相見耳。憶《蔡中郎【五】傳》，稱其閒居玩古，不交當世，似猶不及先生之超邁也。大陸陷落，先生避地九龍，是地熙熙攘攘末由杜絶，名下士頗以得接清音爲幸，而先生箕坐斗室，不出户庭。沈存中【六】《夢溪筆談》，載其過某處，聞是間有一異人，三十年不逾衡門一步，因往叩之。其人獨坐一室，室無長物，但有殘蝕之維摩經一卷耳。存中叩問，聞先生三十年足不出户耶？其人微哂曰：此亦傳説之盛也。因遥指墻外一大樹曰：憶十二年前，曾一度納凉其下。襲明其此君一流人物耶。蔡中郎尚可企及也。近間於友人處讀襲明畫册，漫書其後。

庚申（一九八〇年）七月　八十二叟　弟爰

註釋

【一】載《張大千詩文集編年》，榮寶齋出版，一九九〇年版。

【二】四王：指清初山水畫代表人物王時敏、王鑒、王翬、王原祁。
王時敏（一五九二—一六八〇），字遜之，號煙客，太倉人。
王鑒（一五九八—一六七七），字圓照，太倉人。王世貞孫。
王翬（一六三二—一七一七），字石谷，號耕煙散人，劍門樵客，清暉主人，常熟人。
王原祁（一六四二—一七一五），字茂京，號麓臺，太倉人，王時敏孫。

【三】華亭：董其昌（一五五五—一六三七）明書畫家、鑒賞家。字玄宰，號思白、香光居士。華亭（今上海）人，故人稱董華亭。萬曆十七年進士，官至禮部尚書，謚文敏。

【四】方壺：方從義（一三〇二—一三九三）元畫家。字無隅，號方壺、不芒道人、金門羽客、鬼谷山人。貴溪（今屬江西）人。擅寫雲山，取法董源、巨然及米芾、米友仁，筆墨蒼潤。

【五】蔡中郎：蔡邕（一三二—一九二）東漢文學家、書法家。字伯喈，陳留圉（今河南杞縣南）人。通經史、音律、天文，工篆隸，亦能畫。著有《蔡中郎集》。

【六】沈存中：沈括（一〇三一—一〇九五）北宋科學家、政治家。字存中，錢塘（今浙江州）人。著有《夢溪筆談》。

陸儼少書札

陸儼少（一九〇九—一九九三），畫家、藝術教育家。原名同祖，又名砥，字宛若。江蘇嘉定（今屬上海市）人。

吳一峯與陸儼少一九二二年同學於上海澄衷中學，二人聯牀共桌，俱好丹青。共同的志趣，使二人結爲終生摯友。一九二四年吳入上海美專，稍後陸則入無錫美專。

抗戰期間，陸儼少避戰亂入蜀，謀職於重慶第二十兵工廠，二人復得以相會於成渝兩地，切磋畫藝，交流詩文。陸儼少在成都時下榻『一峯草堂』，在川内各地舉行畫展，吳一峯協助尤多。

抗戰勝利後，陸儼少東歸上海，吳一峯西赴雲南。一九五〇年後，因歷史原因，二人有近三十年未通音問。『文革』後復有書信往還，并先後相晤於杭州、成都、深圳，直至晚年仍保持密切聯繫。

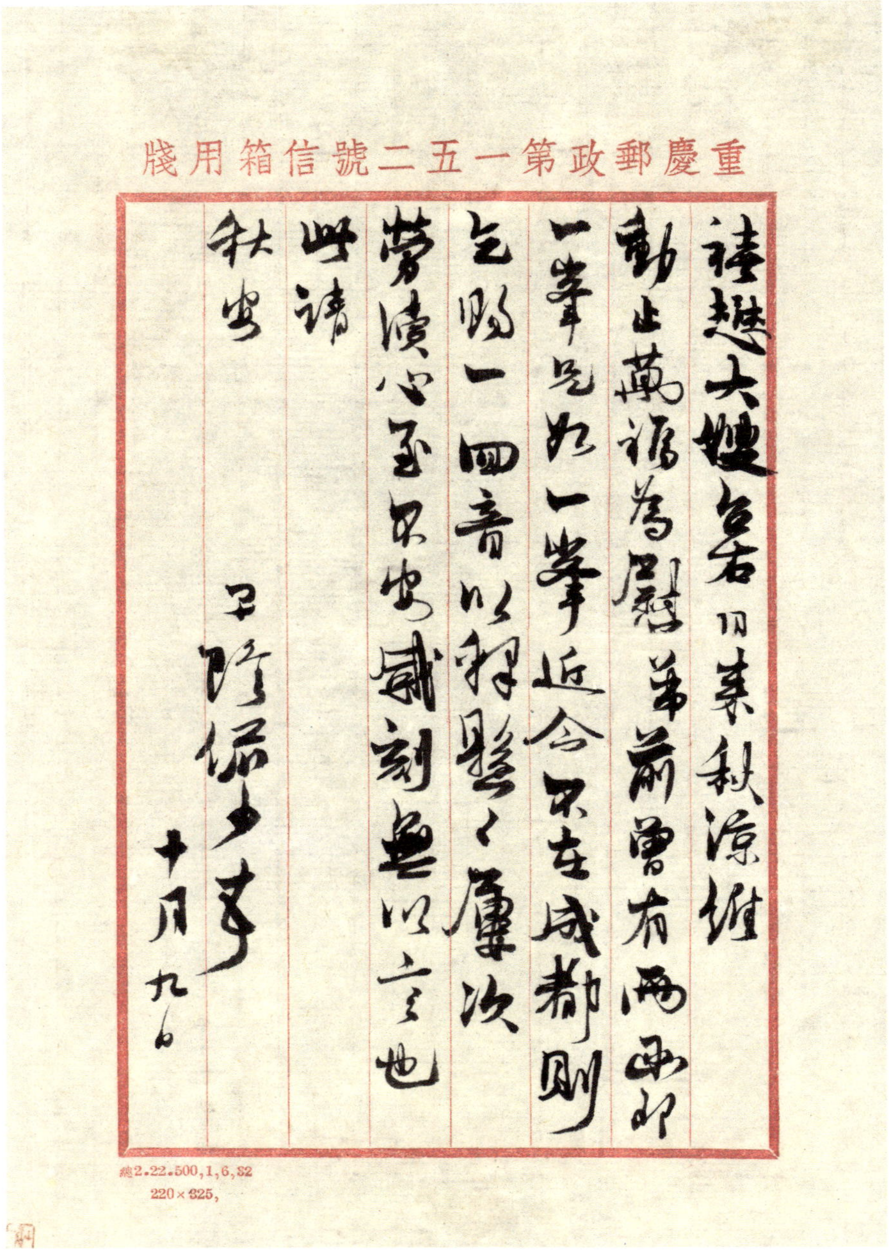
重慶郵政第一五二號信箱用牋

禧懋大嫂台右：日來秋涼，維動止萬福爲慰。弟前曾有兩函致一峯兄。如一峯近今不在成都，則乞賜一回音，以釋懸懸。屢次勞瀆，心至不安。感刻無以言也！此請
秋安
弟 陸儼少頓首 十月九日

總2.22.500,1,6,32
220×325,

縱三〇·五厘米 橫二一厘米

禧懋大嫂台右：

日來秋涼，維動止萬福爲慰。弟前曾有兩函致一峯兄。如一峯近今不在成都，則乞賜一回音，以釋懸懸。屢次勞瀆，心至不安。感刻無以言也！此請

秋安

弟 陸儼少頓首 十月九日

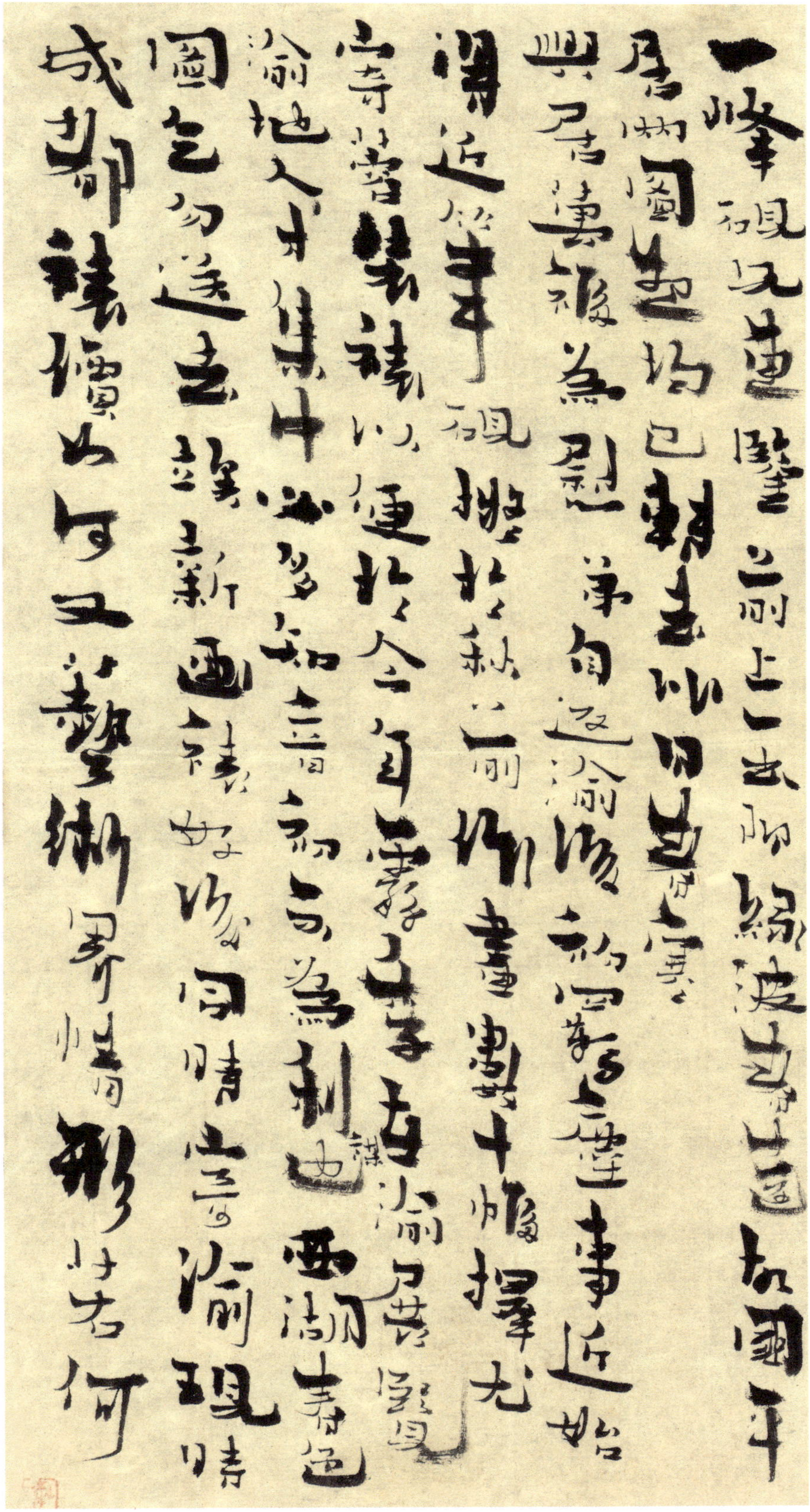

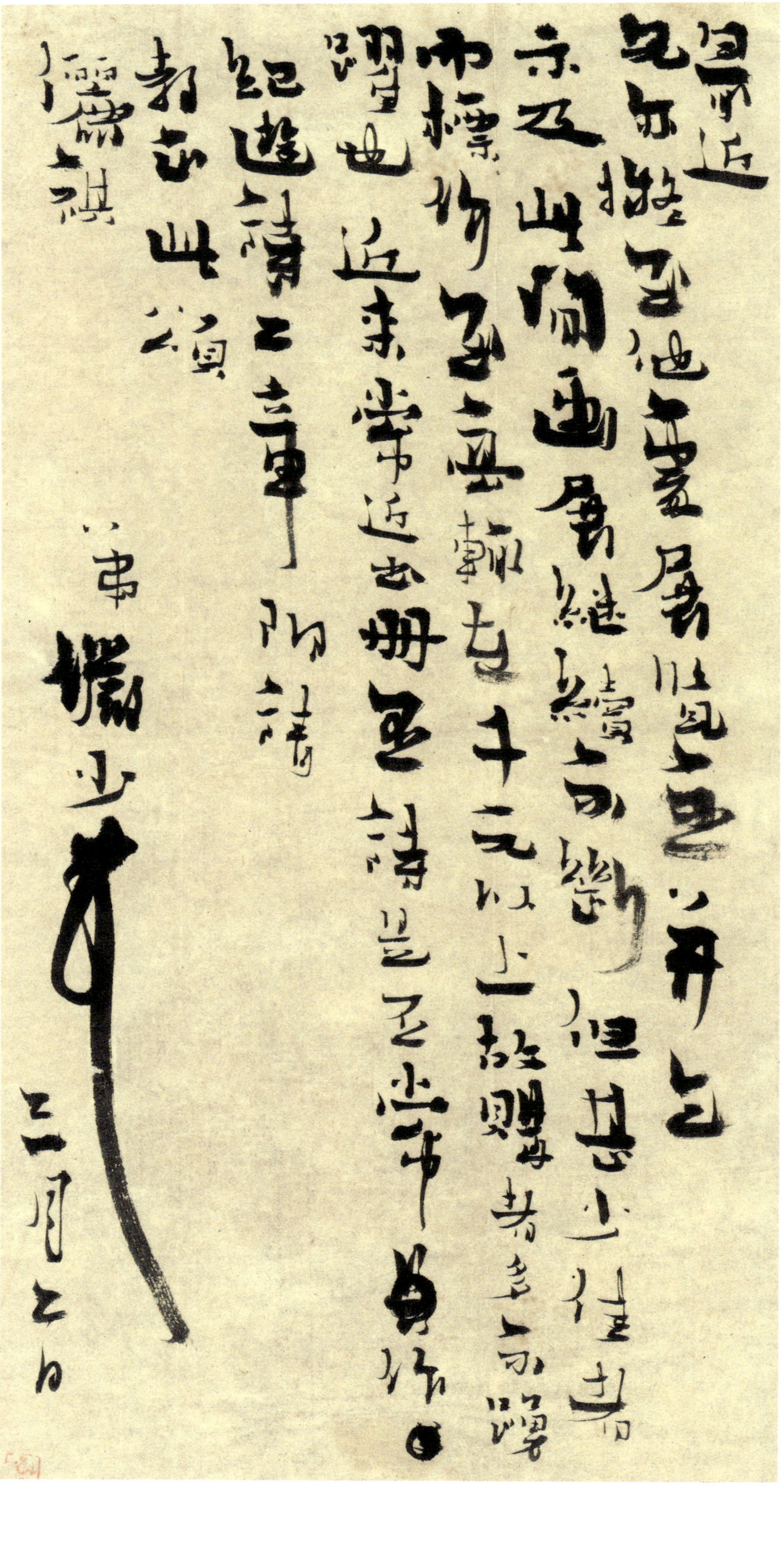

縱二九·五厘米　橫一五厘米

一峯硯兄惠鑒：

前上一書，附『緑波春遠』、『故國平居』兩圖，想均已轉至。比日春寒，興居萬福爲慰！弟自返渝後，初羈塵事，近始得近筆硯。擬於秋前作畫數十幅，擇尤寄蓉裝裱，以便於今年霧季在渝展覽。渝地人才集中，必多知音。初示爲利謀也。『西湖春色圖』乞勿送去，俟新畫裱好後同時寄渝。現時成都裱價如何？又，藝術界情形若何？最近兄亦擬至他處展覽否？并乞示及。

此間畫展繼續不斷，但甚少佳者。而標價至高，輒在千元以上。故購者多不踴躍也。近來常近書册否？詩是否常作？紀遊詩二章，附請教正。此頌

儷祺

弟　儼少頓首　三月二日

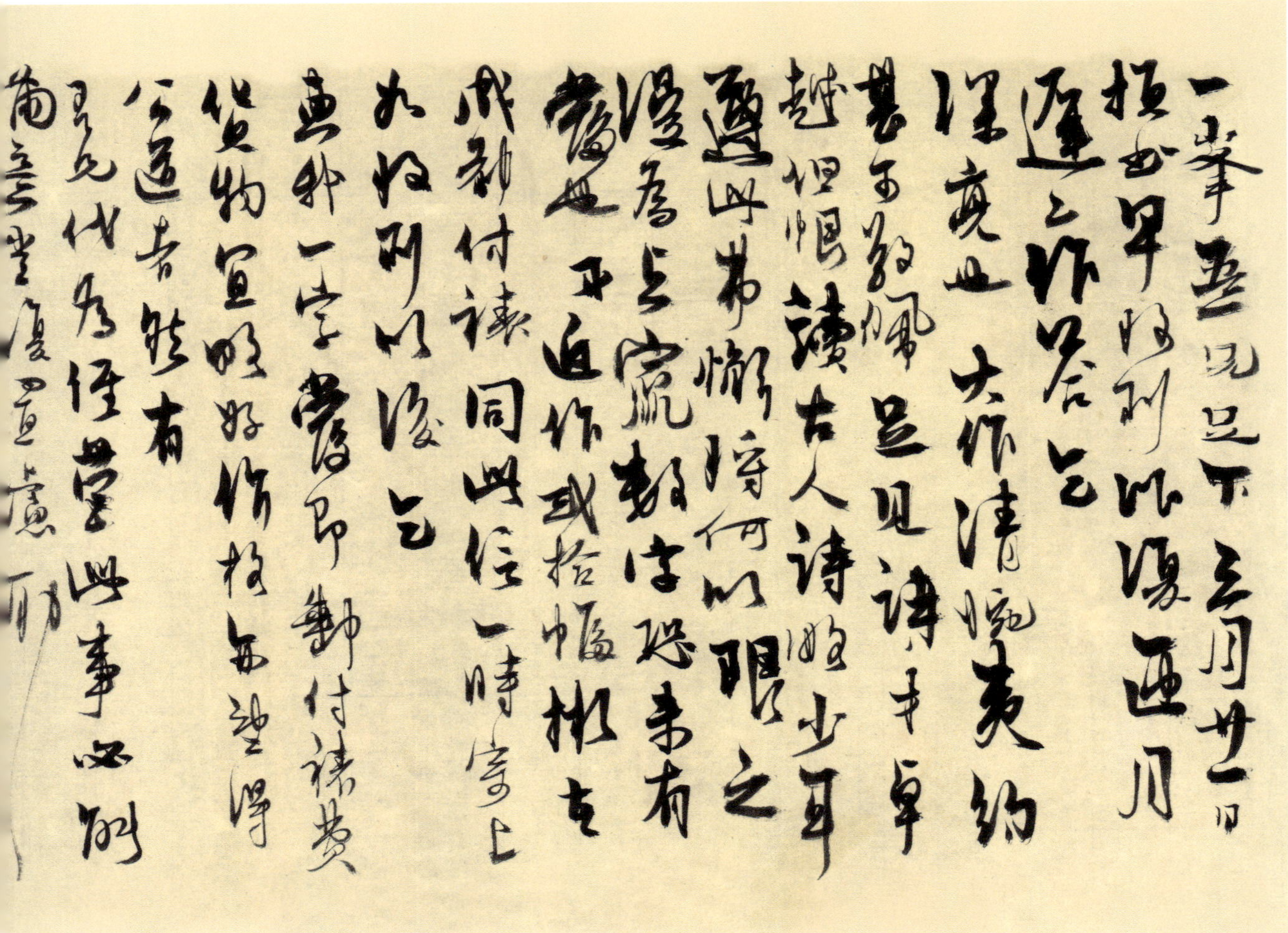

縱二〇·五厘米　橫四八厘米

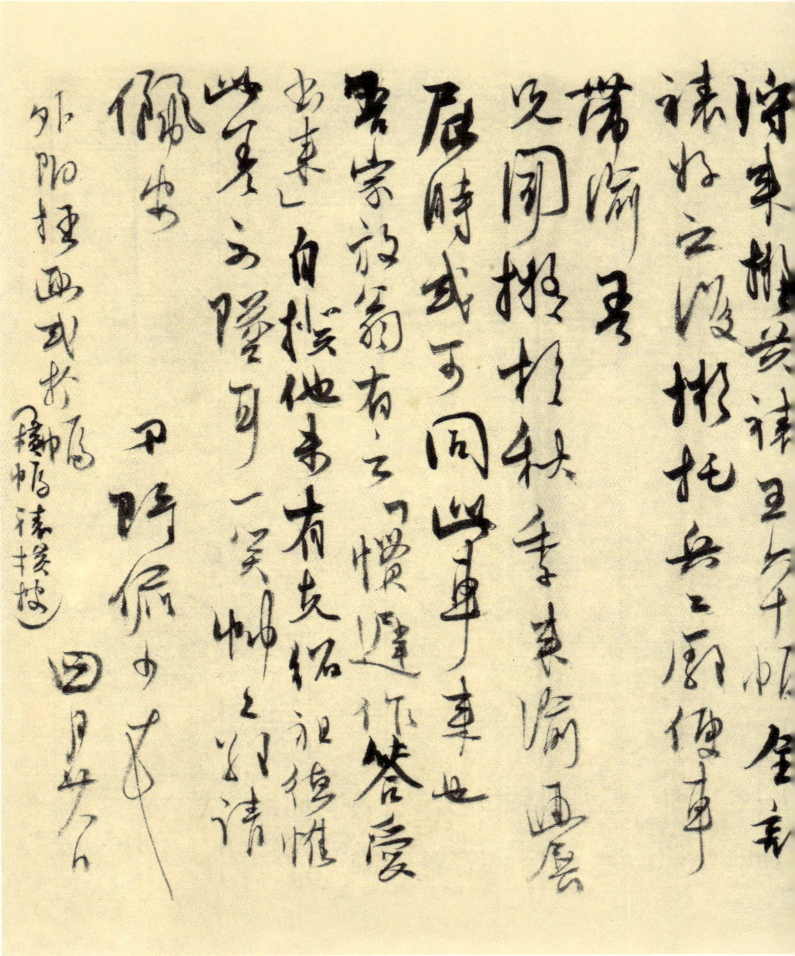

一峯吾兄足下：

三月廿一日□書早收到。比復匝月，遲遲作答，乞深亮（諒）也。

大作清婉夷約，甚可敬佩，足見詩才卓越，但恨讀古人詩略少耳。遵此弗懈將何以限之。漫爲點竄數字，恐未有當也！

弟近作貳拾幅擬在成都付裱，同此信一時寄上。如收到以後乞惠我一字，當即郵付裱費。貨物宜略好，價格亦望得公道者。然有吾兄代爲經營，此事必能滿意，豈復置慮耶！將來擬共裱五六十幅，全部裱好之後，擬托兵工廠便車帶渝。吾兄聞擬于秋季來渝畫展，屆時或可同此車來也。

吾家放翁有云：『慣遲作答愛書來』。自揆他未有克紹祖德，惟此□不墜耳！一笑。

草草敬請

儷安

弟　儼少頓首　四月二十六日

外附拙畫貳拾幅（横幅裱横披）

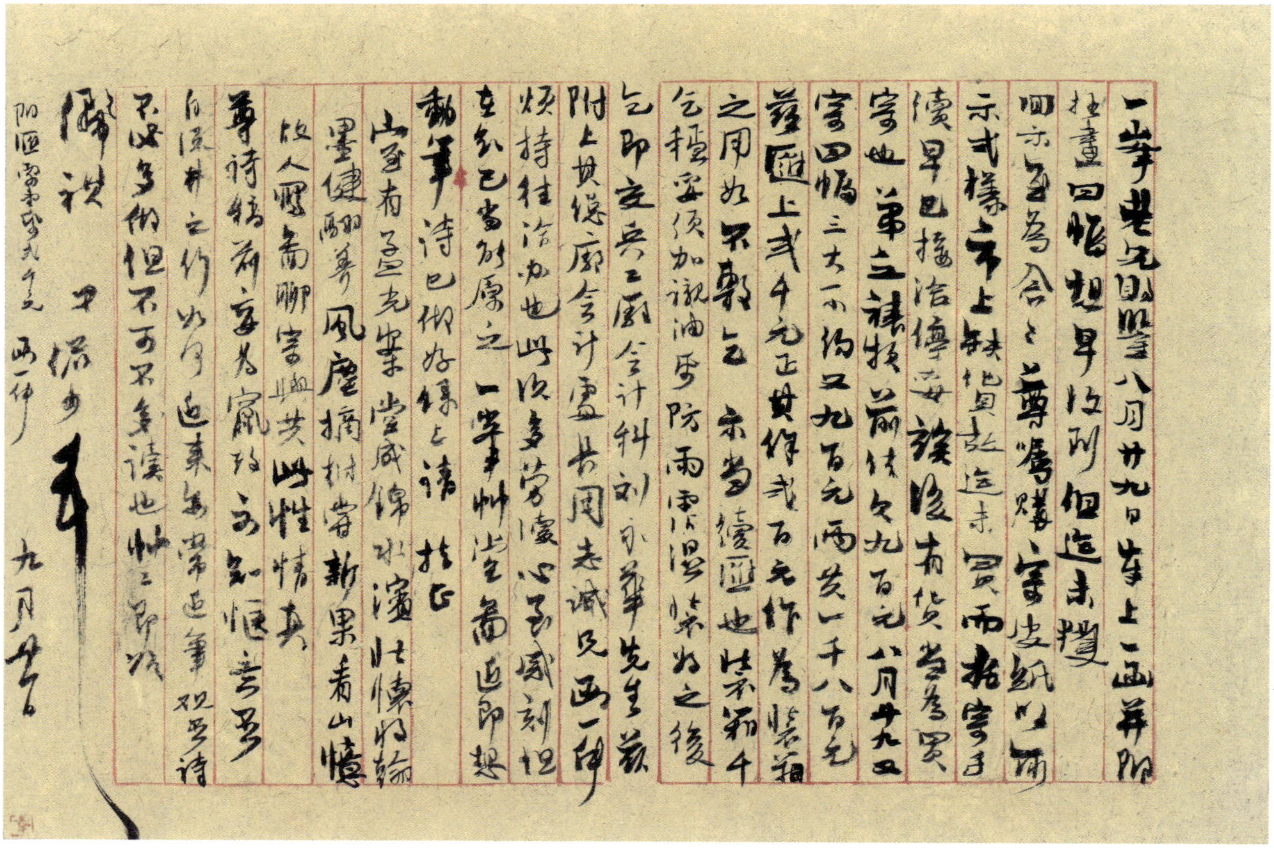

縱二五·五厘米　橫三七厘米

一峯老兄賜鑒：

八月廿九日奉上一函，並附拙畫四幅，想早收到，但迄未獲回示，至爲念念。尊囑購寄皮紙，以所示式樣市上缺貨，故迄未買。而托寄手續早已接洽停妥，竢後有貨當爲買寄也。弟之裱款，前結欠九百元，八月廿九又寄四幅（三大一小）約又九百元，兩共一千八百元。茲匯上貳千元正，其餘貳百元作爲裝箱之用。如不敷，乞示當續匯也。裝箱千乞穩妥，須加襯油紙防雨露濕，裝好之後乞即交兵工廠會計科劉永華先生。茲附上其總廠會計處長周志誠兄函一件，煩持往洽辦也。此次多勞瀆，心至感刻。但在知己當能原之。

一峯草堂圖近即想動筆。詩已做好，録上請指正。

室有孟光【一】案，堂成錦水濱。
壯懷收翰墨，健翮弄風塵。
摘樹嘗新果，看山憶故人。
寫圖聊寄興，共此性情真。

尊詩稿前妄爲竄改，不知愜意否？自流井之行如何，近來亦常近筆硯否？詩不必多做，但不可不多讀也。 草草即頌

儷祺

弟 儼少頓首 九月廿一日

附匯票壹紙貳千元，函一件。

註釋

【一】孟光：東漢梁鴻妻。夫妻耕織於霸陵山中，後隨鴻至吴地。鴻貧困爲人傭工歸家，光每爲具食，舉案齊眉，恭敬盡禮。後作爲賢妻的典型。

一峯老兄足下昨奉書諸悉
彷彿然在至意豈敢之謝感刻而已
六日發程舟行三日又半於九日午抵樂山
住嘉定飯店十日抵峨眉山報國寺宿
十一日上山七十五里宿九老洞十二日五十五
里登金頂滿宿臥雲庵冰雪未至驕陽
霽暖和煦如春佛光雲海二妙畢呈時當
冬月斯切異矣豈山靈尋我有意相待
耶十三日下金頂雨作磴道奇滑二十五
里止大乘寺十四日下抵峨眉縣城十五日返
樂山斯遊亦略鈎稿子但所鈎姿皆零碎
亦多片段亦欲作集略地畫紀一兩文細一
山一水之微古人精意已鑄多所印證一座
峨眉山有范巨然有二米家山有山樵
有關仝有李唐有子久有石濤領略無彰
自謂上峨眉山是謂師父研弄筆墨
者誠不可不於此境也至如嘉定中
弟於山峽一段尤致讚然至於嘉陽埧以
上江口以下烟波浩渺遠樹孤帆與鳥出沒
趙子固所謂好墨葉者輒為叫絕吾
兄鈎稿弟意大衆故章法迥不猶人然

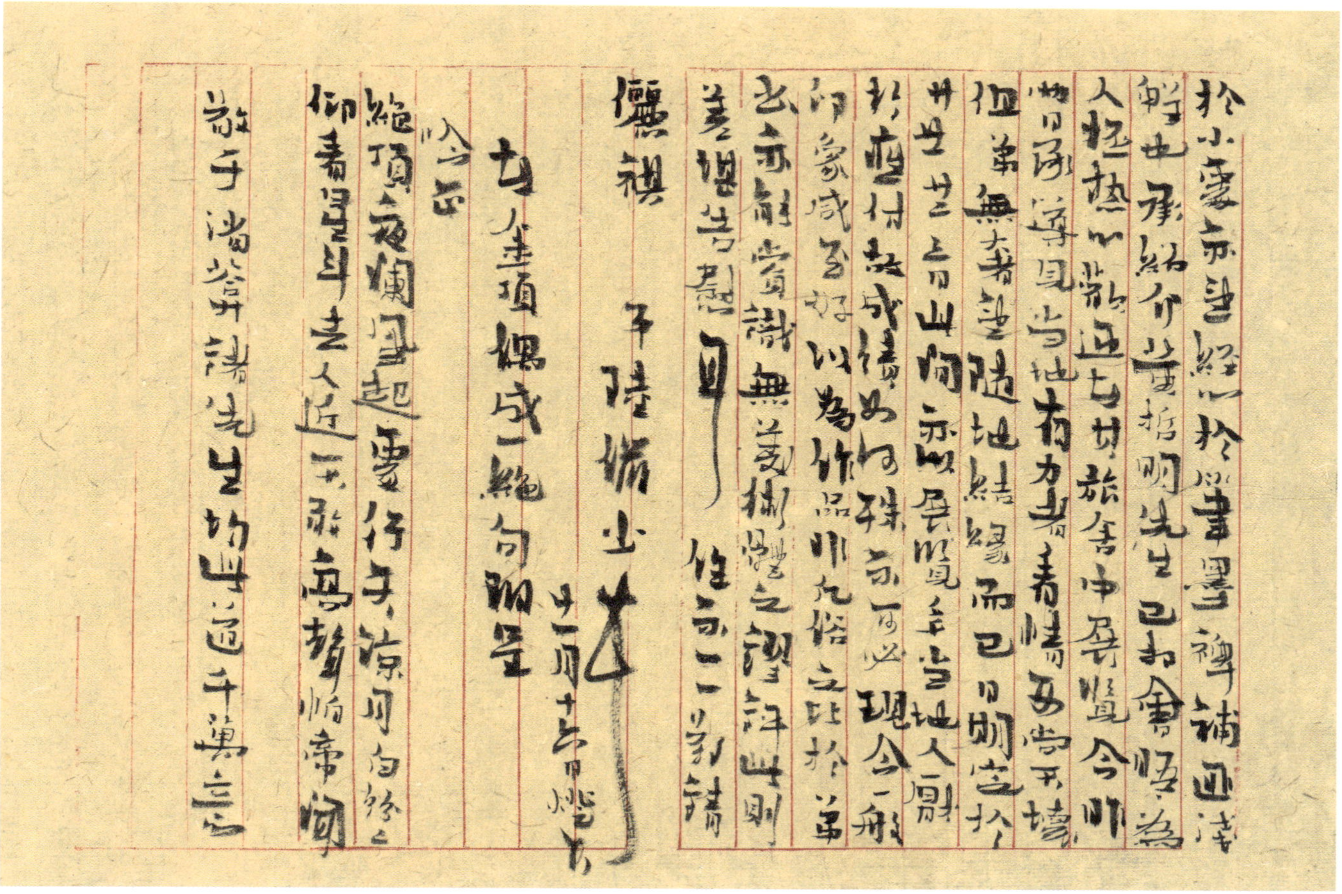
於小愛亦坐經心於山水畫墨禪補画淺
解也承紹介並附指明先生已和會晤為
人極熱心歡迎弟等旅舍中晤談今昨
兩日陪導同遊此有名者青島名勝不壞
但弟無看書隨地結緣而已明定於
廿四日去嶗山同亦以晤見年當地人尉
於病付故成績如何殊亦可必理會一般
印象或可好以為作品非凡俗之比於弟
亦能賞識無美術學之謬許此則
差堪告慰耳　任亦一一影請
儼祺　弟陸儼少頓首　十一月十七日燈下
去年晤後得成一絶句即呈
以令正
絶頂夜涼風起處行吟涼月白紛紛
仰看星斗去人近天邊高髻帽帝閣
敬乞潘崇諸先生均此道念千萬言

縱二五·五厘米　横三七厘米

一峯老兄足下：

昨者在省，諸蒙照拂。然在至交，豈敢言謝，感刻而已。

六日登程，舟行三日又半，於九日午抵樂山，住嘉定飯店。十日抵峨嵋山麓，報國寺宿。十一日上山，七十五里宿九老洞。十二日五十五里登金頂，宿卧雲庵。冰雪未至，驕陽麗天，和煦如春。佛光雲海二妙畢呈。時當冬月，斯亦異矣。豈山靈厚我，有意相待耶？十三日下金頂，雨作，磴道欹滑。二十五里止大乘寺，十四日下抵峨嵋縣城，十五日返樂山。斯遊亦略鈎稿子，但所鈎處皆零碎不成片段，亦不欲作鳥瞰地圖。凡一石之細，一草一木之微，古人精意範鑄多所印證。一座峨嵋山有北苑【一】、巨然【二】，有二米【三】、房山【四】，有山樵【五】，有關仝【六】，有李唐【七】，有子久【八】，有石濤【九】，領略無窮，自謂上峨嵋山尋得師父，研弄筆墨者，誠不可不蒞此境也。至如成嘉途中，弟於山峽一段，反致漠然。至於漢陽壩以上，江口以下，煙波浩淼，遠樹孤邨，與鳧出没，趙子固【一〇】所謂好墨葉者，輒爲叫絶。吾兄鈎稿着意大處，故章法迴不猶人。然於小處亦望經心，於筆墨裨補匪淺鮮也。

承紹介黄哲明【一一】先生，已相會晤，爲人極熱心，歡迎在其旅舍中展覽。今昨兩日承導見當地有力者，看情形尚不壞。但弟無奢望，隨地結緣而已。日期定於廿、廿一廿二，三日。此間亦以展覽多，當地人厭於應付。故成績如何，殊不可必現。今一般印象，咸至好以爲作品非凡俗之比，於弟書亦能賞識，無美術體之謬評。此則差堪告慰耳。餘不一一，敬請

儷祺

弟　陸儼少頓首　十一月十六日燈下

在金頂偶成一絶句，附呈吟正。

絶頂夜闌風起處，行天凉月白紛紛。

仰看星斗去人近，不敢高聲怕帝聞。

敬予【一二】，涓蕣諸先生均此道千萬意。

註釋

【一】北苑：董源（？—約九六二）五代（南唐）畫家。字叔達，鍾陵（今江西進賢）人。南唐中主時任北苑副使，故稱董北苑。

【二】巨然：北宋畫家。生卒年和生平事蹟不詳。江寧（今南京）人。曾在開元寺出家。師法董源，有所發展，蜚聲宋初畫壇，有董巨之稱。

【三】二米：指宋代米芾父子。米芾（一〇五一—一一〇七），畫家、書法家。初名黻，字元章，號海岳外史、襄陽漫士。世居太原，後遷襄陽，曾長期喬居鎮江。米友仁（一〇七四—一一五三）畫家。字符暉，米芾之子。

【四】房山：高克恭（一二四八—一三一〇）元畫家。字彦敬，號房山。其先祖回鶻人，佔籍大同，後居武林（今杭州）。

【五】山樵：王蒙（一三〇八—一三八五），元畫家。字叔明，號黄鶴山樵，又號香光居士。吴興（今浙江湖州）人。趙孟頫甥。『元四家』之一。

【六】關仝：生卒年不祥。五代（梁）畫家。陝西長安人。與荆浩、董源、巨然并稱五代四大山水畫家。

【七】李唐：參見一一五頁註【六】。

【八】子久：參見一一五頁註【三】。

【九】石濤（一六四二—約一七一八），清畫家。原姓朱，名若極。明宗室朱亨嘉子。幼年出家，法名原濟，號石濤、清湘老人、大滌子、苦瓜和尚、瞎尊者、零丁老人等。石濤大半生登山涉水，雲游四方，最后定居揚州，以賣畫爲生。著有《苦瓜和尚畫語録》行世。

【一〇】趙子固：趙孟堅（一一九九—一二六七），宋畫家。字子固，號彝齋居士，宋宗室。浙江海鹽人。

【一一】黄哲明：樂山人。醫師。

【一二】敬子：芮青（一八八〇—一九五六），畫家。字敬子，原名善。齋名『一樹冬青館』。祖籍江蘇溧陽，出生於成都。

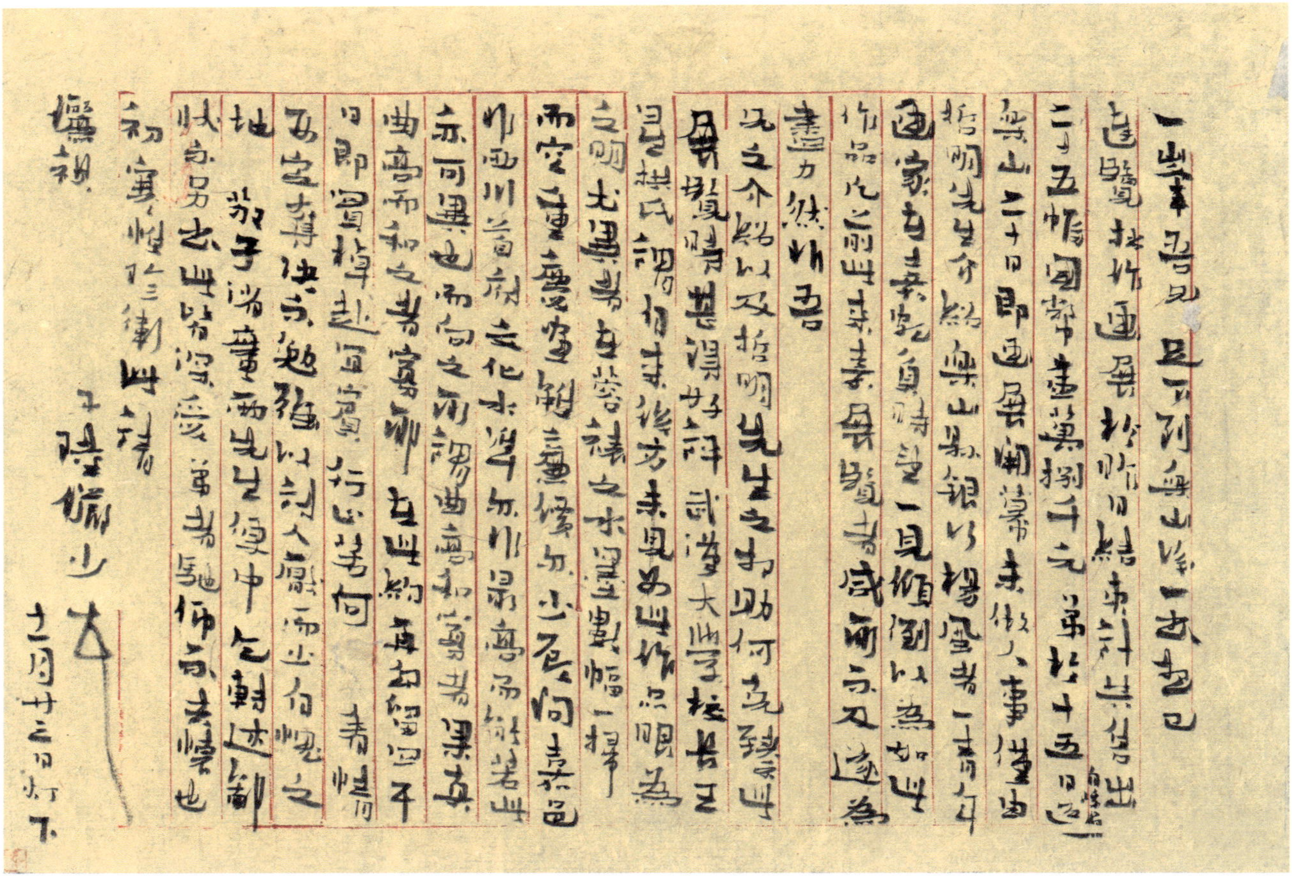

一峯吾兄足下：到無山後一函想已
達覽。拙作畫展於昨日結束，計共售出（自售者）
二十五幅，國幣壹萬捌千元。弟於十五日返
無山，二十日即畫展開幕，未能人事，僅由
指明先生介紹無山縣銀行楊君者一看。年
畫家自去亦自負時望，一見傾倒，以為如此
作品乃之前此未來展覽者，感而亦又遂為
盡力。然非吾
兄之介紹，以及指明先生之協助，何克臻此。
展覽時甚得好評，武漢大學校長王
星拱氏謂何來此方未見如此作品，眼為
之明。尤異者，有答諸之求畫數幅一掃
而空，重慶美術館錄之，亦已向來品
作西川首創之化，求與無川景商而能若此，
亦可異也。而向之所謂曲高而和寡者，果真
曲高而和之者寡耶？在此約再勾留四五
日，即買棹赴宜賓，行止若何，再青情
為定，想得決示，勉強以討人歡，而此自愧之
拙。敬子渝垂爾先生便中乞轉述鄙
忱。弟另去此時深愛，弟者驅仰亦未嘗也。
初寓悅怡衛，此請
儷祺。
弟陸儼少上
十一月廿二日燈下

縱二五·五厘米　橫三七厘米

一峯吾兄足下：

到樂山後一書想已達覽。拙作畫展於昨日結束，計共售出二十五幅，回幣壹萬捌千元。弟於十五日自峨嵋返樂山，二十日即畫展開幕。未做人事，僅由哲明先生介紹。樂山縣銀行楊風【一】者，一青年畫家，在嘉頗負時望。一見傾倒，以爲如此作品凡前此來嘉展覽者，咸所不及，遂爲盡力。然非吾兄之介紹以及哲明先生之相助，何克臻此。展覽時甚得好評，武漢大學校長王星拱【二】氏謂，自來後方，未見如此作品，眼爲之明尤異者。在蓉裱之水墨數幅一掃而空。重慶畫雖廉價，亦少顧問。嘉邑非西川首府，文化水準亦非最高，而能若此，亦可異也。而向之所謂曲高和寡者，果真曲高而和之者寡耶？

在此約再勾留四五日即買棹赴宜賓。行止若何，看情形定奪，决不勉强以討人厭而少自愧之地。敬予、淯蓀兩先生便中乞轉達鄙狀，不另書。此皆深愛弟者，馳仰不去懷也。初寒惟珍衛。此請

儷祺

弟　陸儼少頓首　十一月廿三日燈下

註釋

【一】楊風：畫家。四川樂山人。

【二】王星拱（一八八九—一九五一），字撫五，一字撫之。安徽懷寧（今安慶）人。化學家。留學英國，歷任北京大學、中央大學教授，武漢大學副校長。

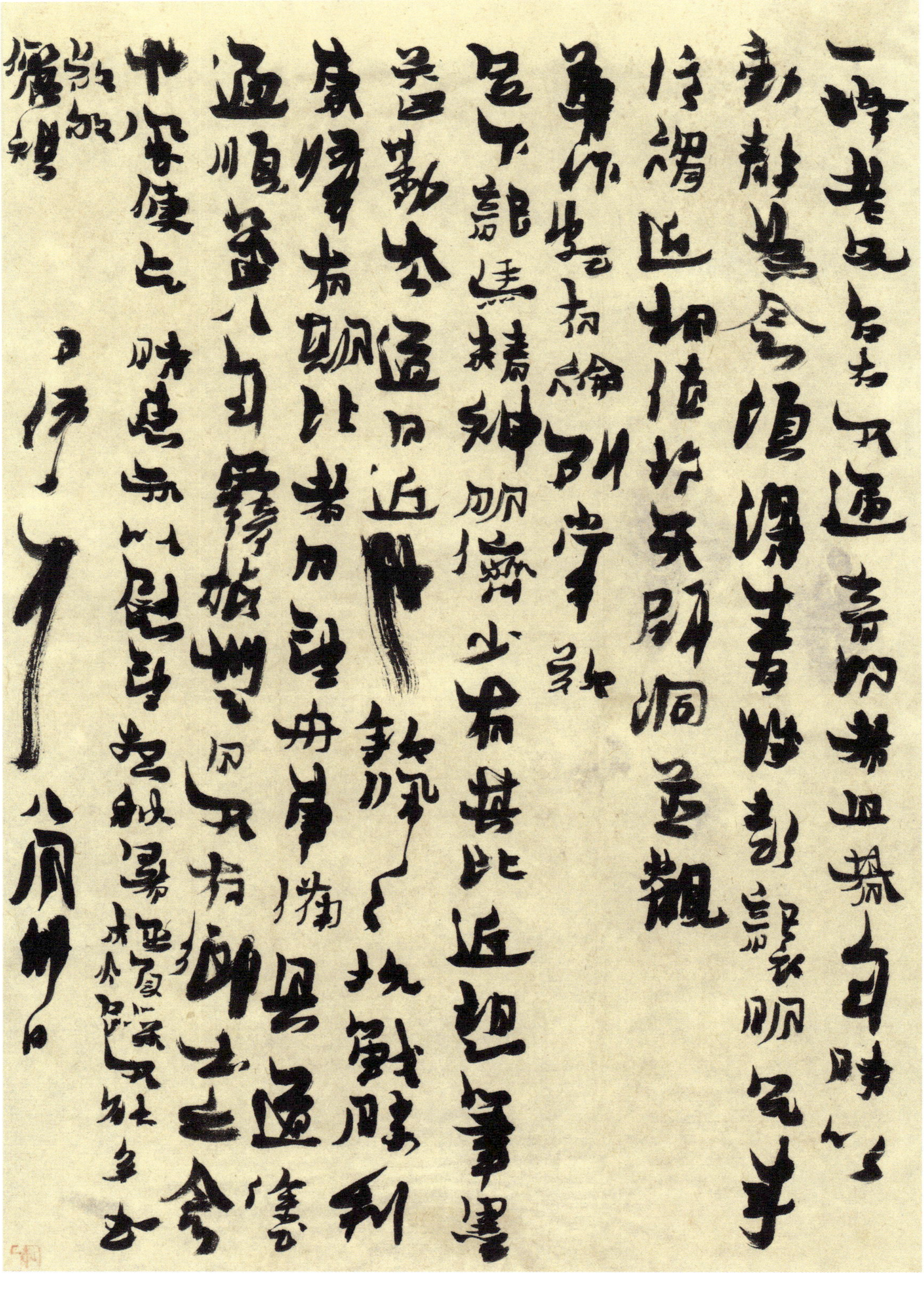

縱三〇·五厘米　横二一厘米

一峯老兄台右：

不通音問者且朞【一】年，時以動靜爲念。頃得青城彭襄明兄來信，謂近相值於天師洞，並觀尊作，頗有論列。常歎足下龍馬精神，朋儕少有其比。近想筆墨益勤，去道日近也。欽佩！欽佩！抗戰勝利，東歸有期。比者日望舟車備具，道塗通順。蓋八年羈旅，無日不有鄉書之念也。風便乞時惠示，以慰望想。秋暑極煩躁，不能多書。敬頌

儷祺

弟　儼少　八月卅日【二】

註釋

【一】朞：同『期』，一年。

【二】此函當寫於一九四五年。

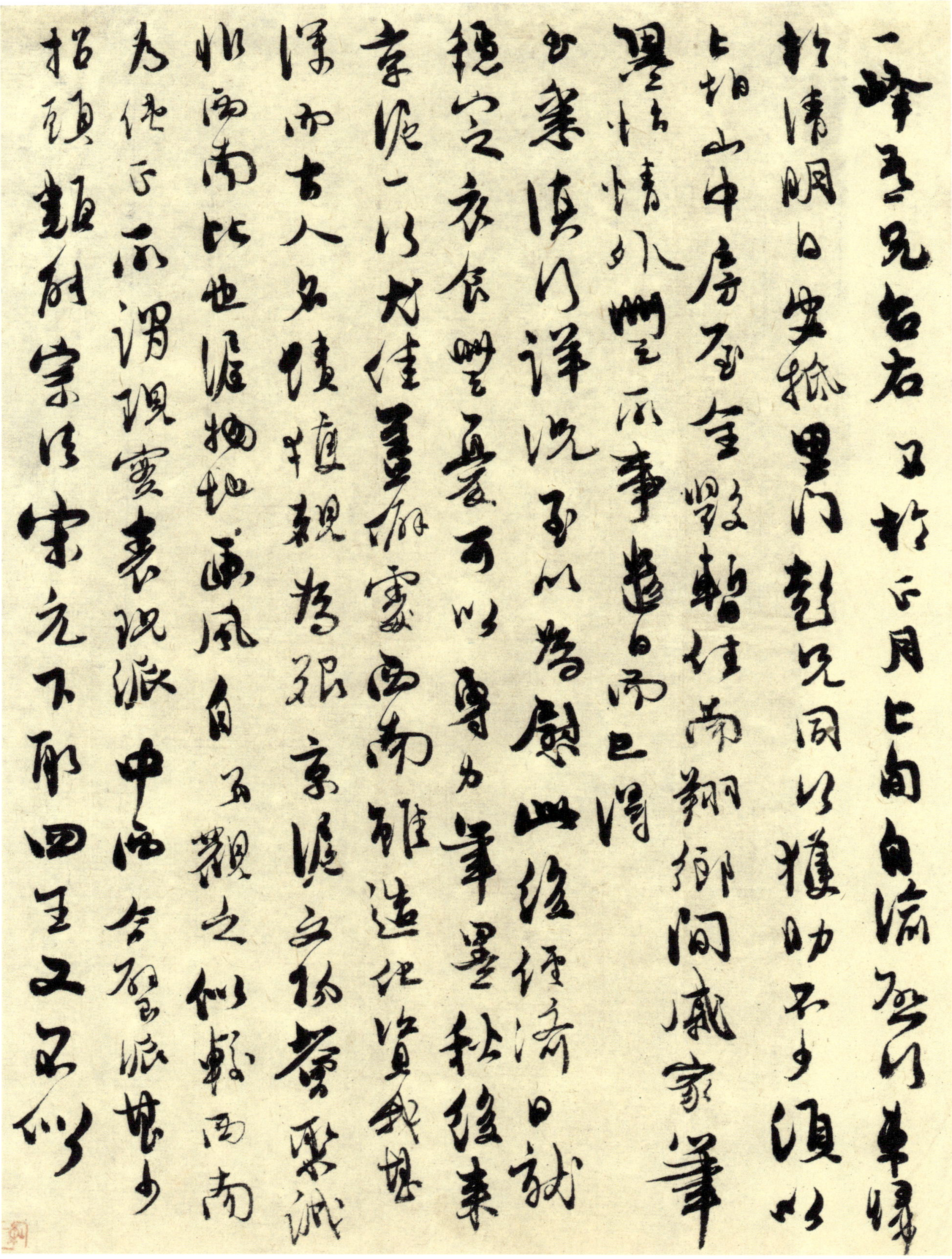

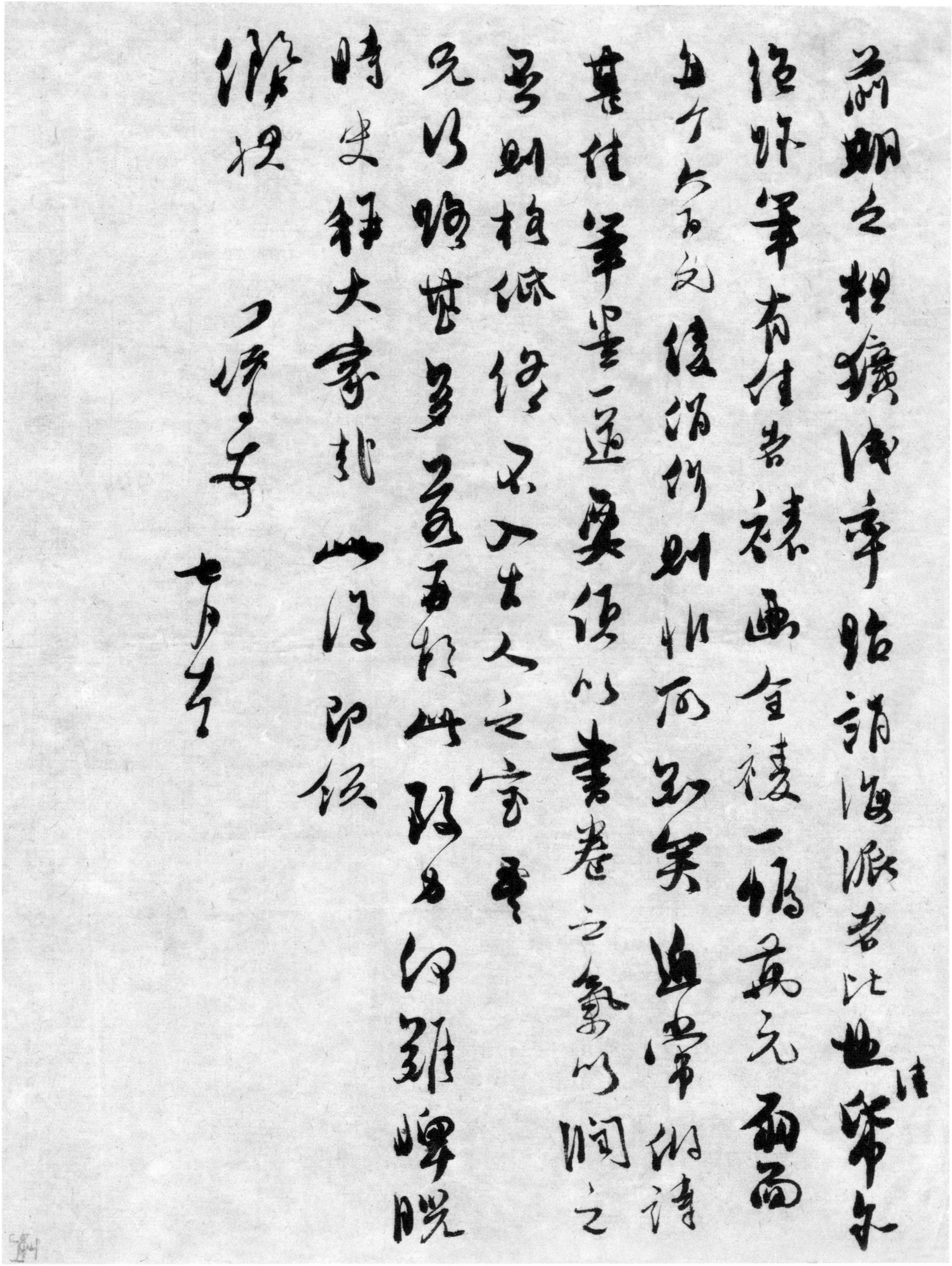

縱二九·五厘米　橫二二厘米

一峯吾兄台右：

弟於正月上旬自渝啓行東歸，於清明日安抵里門。彭兄【一】同行，獲助不少。頃以上柏山中房屋全毀，暫住南翔鄉間戚家。筆墨怡情外無所事，遣日而已。得書，悉滇行詳况，至以爲慰。此後經濟日就穩定，衣食無憂，可以專力筆墨。秋後來京【二】、滬一行尤佳。蓋僻處西南，雖造化資我甚深，而古人名蹟獲覩爲艱。京滬文物薈聚，誠非西南比也。滬地畫風，自弟觀之，似較西南爲純正。所謂現實表現派、中西合璧派，甚少擡頭。類能宗法宋元、下取四王，又不似前期之粗獷淺率，貽謂『海派』者比也。佳紙亦絶跡，筆有佳者。裱畫全裱（綾）一幅萬元，扇面每個六百元，綾絹價則非所知矣。

近常作詩甚佳。筆墨一道，要須以書卷之氣以潤之，否則格低，終不入古人之室。吾兄行路甚多，若再於此致力，何難睥睨（於）時，史稱大家哉！此復　即頌

儷祺

弟　儼少頓首　七月十日【三】

註釋

【一】彭兄：指彭襲明。彭與陸儼少同筏東歸。

【二】京：指南京。時爲國民政府首都。

【三】此函寫於抗戰勝利東歸後（一九四六年）。

一峰吾兄台鑒：頃自上海歸來
展誦一信，忻諗
旅祉吉祥，西南名山水暢遊飽覽，兼能
欽羨。弟自東返以後，瘧疾糾纏，甚少佳
懷。前者以為家居多暇，得多近筆硯者，
賣陸與碩切左，數月以來未賣一件，常
其他可知，只有上月在滬禱一小畫軸，金
額其作賣達四萬五千元，則其他亦可
知矣。上海一切不景氣，即知名畫家作
品清藏前者齋白石傳以畫來滬展

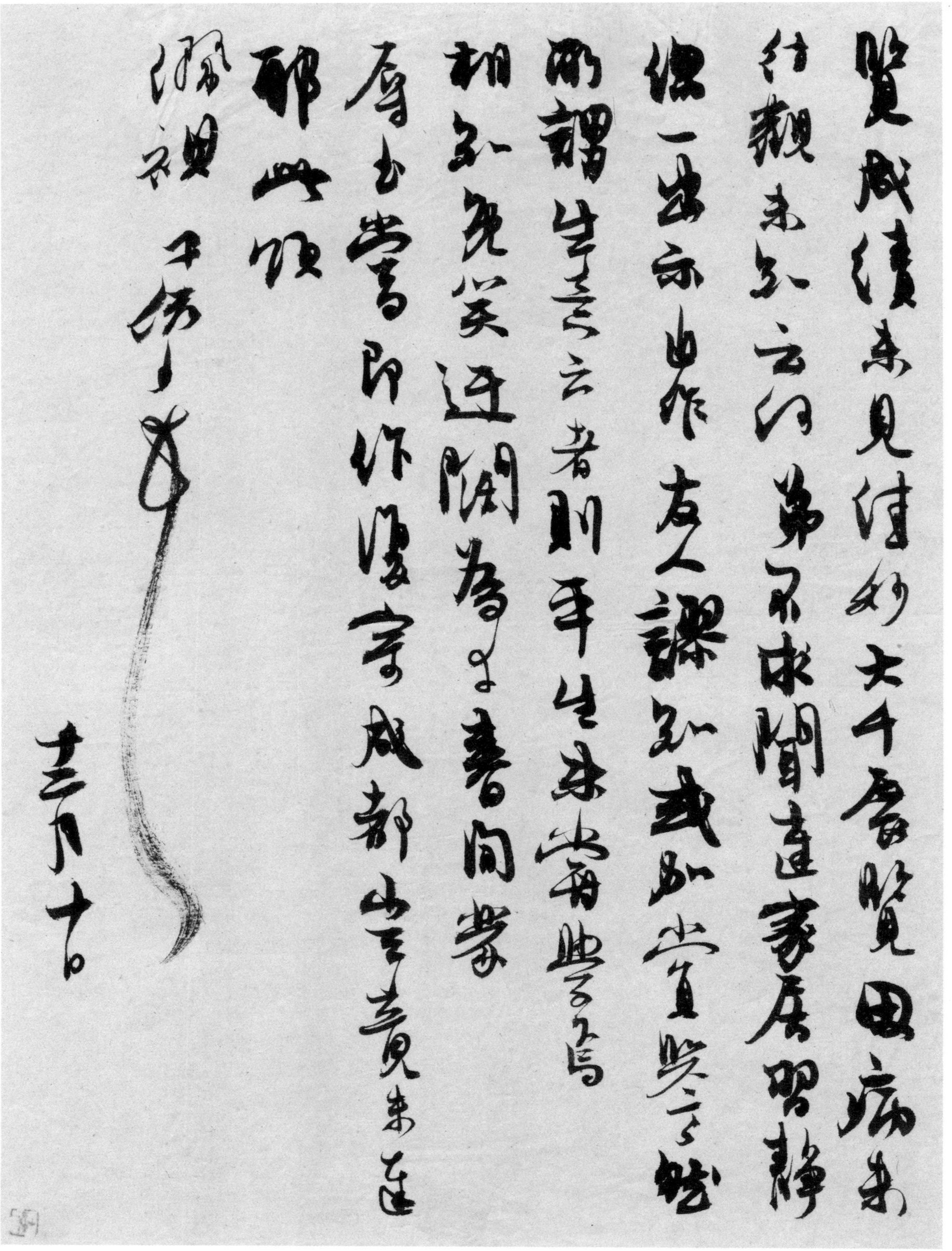

縱三一厘米　橫二三·五厘米

一峯吾兄台鑒：

頃自上海轉來昆林一信，忻諗旅祉吉祥。而西南名山水暢遊飽覽，並堪欽羨。弟自東返以後，疾病糾纏，甚少佳懷。前者以爲家居多暇，得多近筆硯者，竟致與願相左。數月以來未買一張紙，其他可知。衹有上月在滬裱一小立軸全裱（綾），其價竟達四萬五千元，則其他亦可知矣。

上海一切不景氣，即知名畫家畫件亦清落。前者齊白石【一】、溥心畬【二】來滬展覽，成績未見佳妙。大千展覽因病未往觀，未知云何。弟不求聞達，家居習靜。偶一出示近作，友人謬知，或加賞譽。然所謂生意云者，則平生未嘗學焉。相知免笑迂闊爲幸。春間蒙辱書，當即作復寄成都，豈竟未達耶？此頌

儷祺

弟　儼少頓首　十二月十日

註釋

【一】齊白石：（一八六三—一九五七）畫家。名璜，小名阿芝，字萍生，號白石、白石翁、老萍、借山翁、杏子塢老民、木居士等。湖南湘潭人，長期寓居北京。

【二】溥心畬：溥儒（一八九六—一九六三），畫家，字心畬，號心畬居士、西山逸士、嶽道人等。北京人，清宗室。

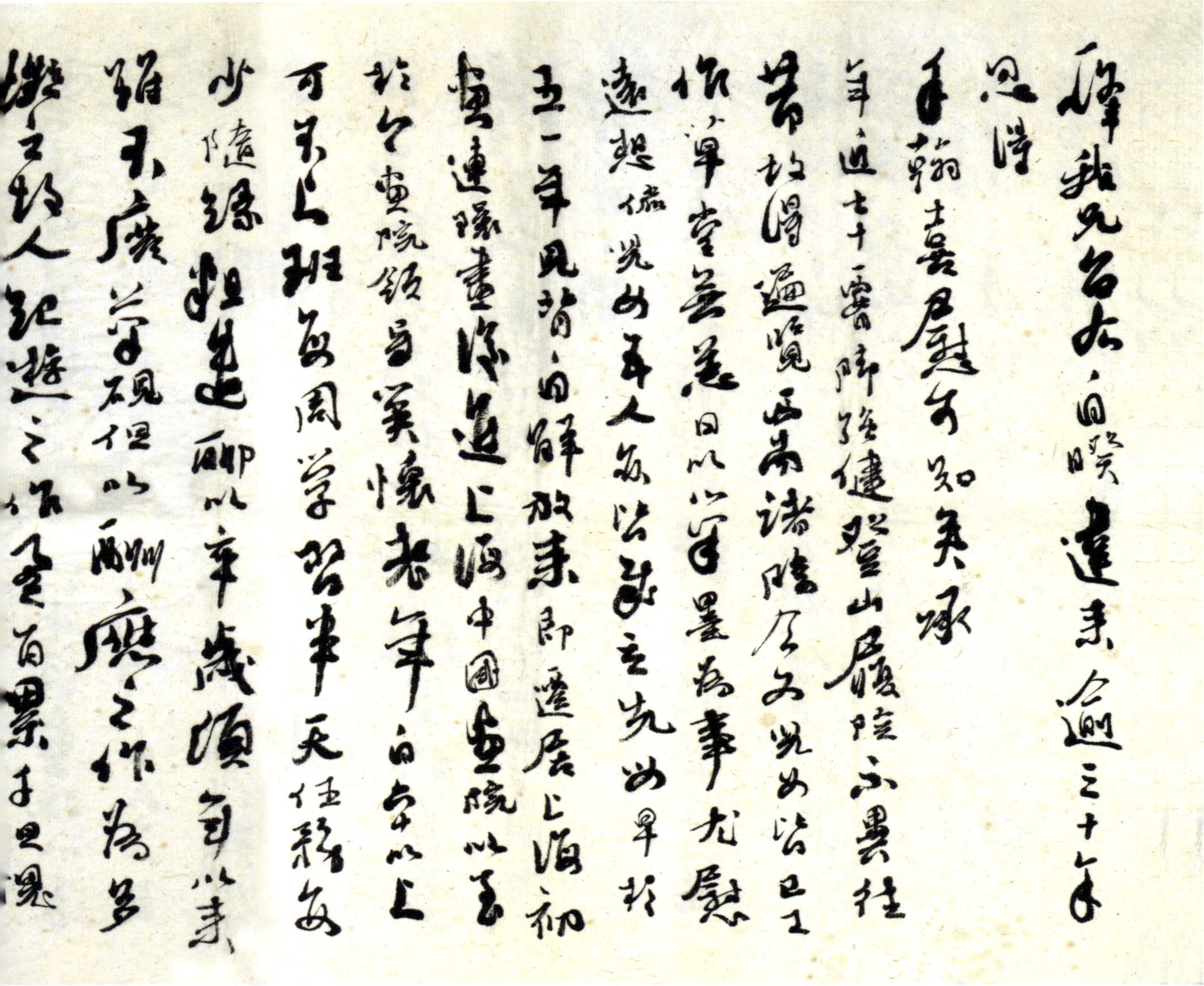

縱二七·五厘米　橫七〇厘米

一峯我兄台右：

自睽違來逾三十年，忽得手翰，喜慰可知矣！承年近七十腰脚强健，登山履險不異往昔，故得遍覽西南諸勝。及如兒女皆已工作，『草堂』無恙，日以筆墨爲事，尤慰遠想。儼兒女五人，亦皆成立。先母早於五一年見背。自解放來即遷居上海。初畫連環畫，後進『上海中國畫院』以至於今。畫院領導關懷老年，自六十以上可不上班，每週學習半天，任務亦少。隨緣粗遣，聊以卒歲。頃年以來，雖不廢筆硯，但以酬應之作爲多。擬之故人紀遊之作至百累千，但愧對耳。

聞有出峽東遊之興，不勝企佇。甚願早日相對，話宿昔故事。良晤匪遥，雲山萬里，臨紙馳神未間，尚望順時珍衛。此復不一一。即頌

日祺

弟　儼少頓首　十一月九日

通訊處：上海復興中路三百四十六弄八號

儼夙有痰疾，四十年來自不加劇。今氣喘少發，祗肺氣腫未能治愈，稍動即喘，引以爲苦。又及

按：

此函爲自一九五〇年後陸儼少致吴一峯的第一封信。以函中謂『年近七十』推之，此函時間當在一九七六——一九七七年。

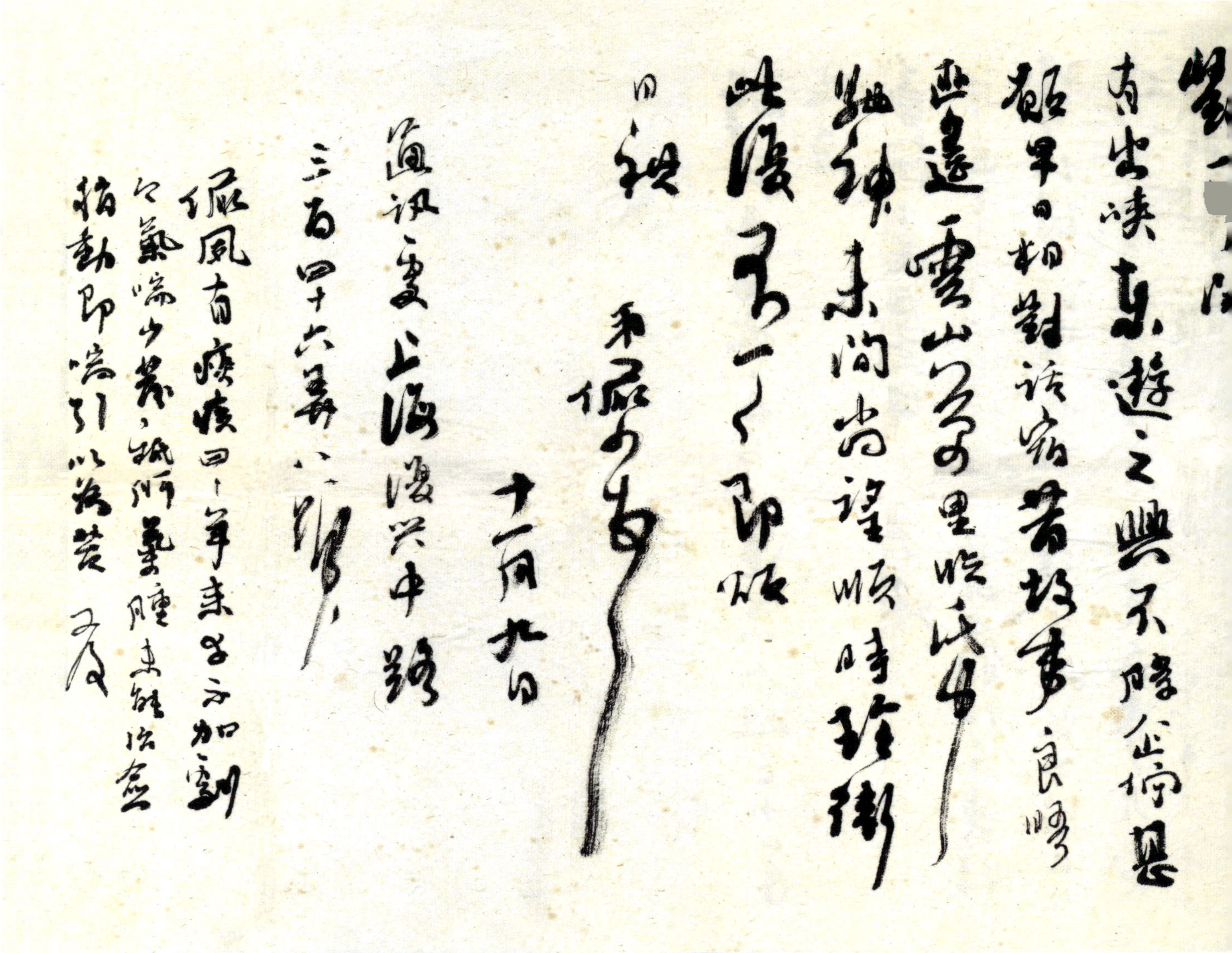
劉一兄：
前出峽東遊之興不勝企佇甚
願早日相對話宿昔故事良晤
匪遙 靈山可望即成行
拙疾未消尚望順時珍衛
此復 即頌
日祺 弟儼少 十月九日
通訊處上海復興中路
三百四十六弄六號
儼夙有痰疾四十年來未少加劇
今氣喘少發，誠所冀腫來能出
稍動即喘引以為苦 又及

陸儼少撰『吳一峯紀遊畫展』序手稿

吳一峰紀遊畫展

陸儼少

山川神貌，朝夕條變，寒暑潛易，風晴雨雪，為態千端，蓋甚難狀也。夫魏晉尚矣，自唐世山水一格，崛起代興，下更五代兩宋，至元而大備。名跡流傳，李思訓寫蜀道山，董源寫江南山，米元暉寫南徐山，范寬寫終南山，李唐寫中州山，馬遠夏珪寫錢塘山，趙吳興寫苕霅山，黃子久寫海虞山，無不躬詣目擊，心契神遊，造化自師，堂戶獨闢者也。故唐志契繪事微言有云：「凡學畫，看真山真水，極長學問，便脫時人筆下套子，便無作家習氣。又感大士谿山臥遊錄外梅〃詩画均有江山之助。若局促里門，蹤跡不出百里之外，天下名山大川之奇勝，未經寓目，胸襟何由而開拓。又惲格士亦云：古人胸列五嶽，故雲氣奔赴於腕下。今人墨守成規，所画山水樹石皆如木刻泥塑，愈細愈窒滯矣。綜此諸論，誠如郭熙林泉高致集所稱，今執筆者，所養之不擴充，所覽之不純熟，所經之不衆多，所取之不精粹，何以擬景於烟雲之表，發興於溪山之巔耶。以顧自明季諸賢，以逮四王惲吳，

縱二七·五厘米　橫一八·五厘米

守古璽〻，要能脫然自拔，以與眞宰謀者甚鮮。雍嘉以還，末流益類，所謂木刻泥塑，誠慨乎言矣。在今而言画，若擕遵幽絕巷，何期於江海。故吾友吳子一峰能自脫略陳規，而探天地造物之心，未嘗不佩其識之卓也。余識一峰在壬戌之秋，於時皆童穉，而好弄筆墨。一峰兼治印章，摹秦范漢，自歎弗如也。二十而後相別二十餘年，杳不通音問。洎余遭亂避地來蜀，始復相遇。出示蜀中紀遊諸稿，知其所經覽之廣矣，蓄養之深，而又能擷英弃滓，鉤選蹊途。自外於前人。其用力甚勤。而用心甚苦也。四海之大。山川林木。雲霞雨雪。古人師之。得一而遺九。其得於一者。誠足師承。而後啟發。而遺於九者。瑰瑋[illegible]奇麗。繁賾繽紛。不更足淩亂。其亦後人之責也。今一峰將陳其紀遊之作於成都之士之前。夫成都士物之盛。燁冠於今時。賢士大夫。留情翰墨。嘗今證古。而又與一峰夙所習識。必有感矣。遂書其端。

三十三年六月於重慶。

縱二七·五厘米 橫一八·五厘米

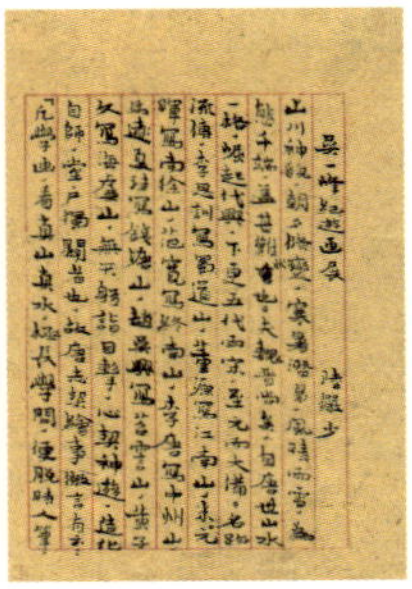
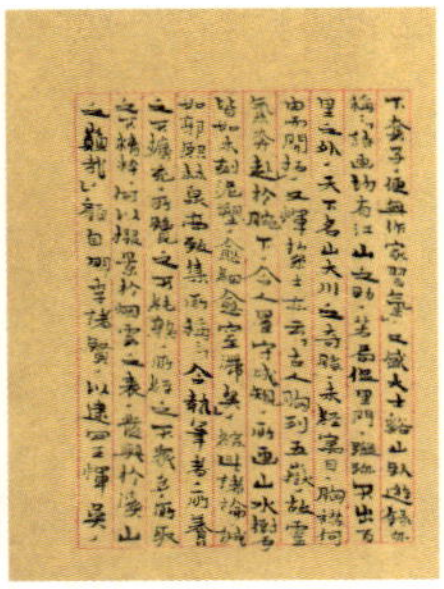
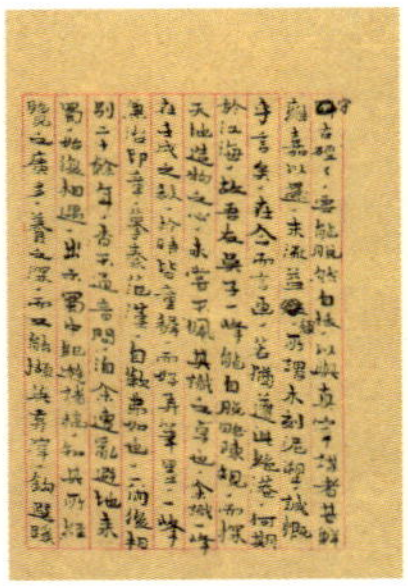
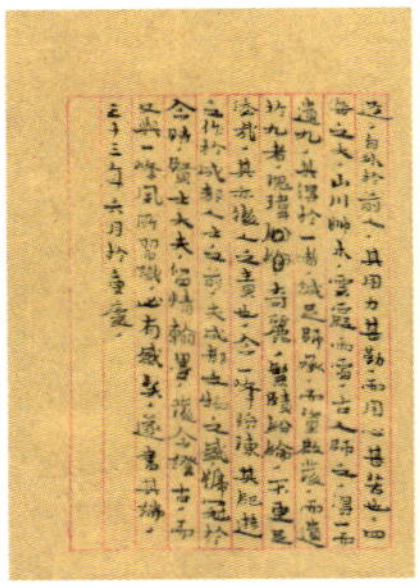

吳一峯紀遊畫展

陸儼少

山川神貌，朝夕倏變，寒暑潛易，風晴雨雪，爲態千端，蓋甚難狀也。夫魏晋尚矣。自唐世山水一格，崛起代興，下更五代兩宋，至元而大備。名跡流傳，李思訓【一】寫蜀道山，董源寫江南山，米元暉寫南徐山，範寬【二】寫終南山，李唐寫中州山，馬遠【三】夏珪【四】寫錢塘山，趙吳興【五】寫苕霅山，黄子久寫海虞山，無不躬詣目擊，心契神遊，造化自師，堂户獨闢者也。故唐志契【六】《繪事微言》有云：『凡學畫，看真山真水，極長學問，便脱時人筆下套子，便無作家習氣。』又盛大士【七】《谿山卧遊録》亦稱：『詩畫均有江山之助，若局促里門，蹤跡不出百里之外。天下名山大川之奇勝，未經寓目，胸襟何由而開拓？』又惲挈士【八】亦云：『古人胸列五嶽，故靈氣奔赴於腕下。今人墨守成規，所畫山水樹石，皆如木刻泥塑，愈細愈窒滯矣。』綜此諸論，誠如郭熙【九】《林泉高致集》所稱：『今執筆者，所養之不擴充，所覽之不純熟，所經之不衆多，所取之不精粹，何以掇景於煙雲之表，發興於溪山之巔哉！』

顧自明季諸賢，以逮四王【一〇】、惲【一一】、吳【一二】，守古硜硜，要能脱然自拔，以與真宰謀者甚鮮。雍嘉以還，末流益頽，所謂木刻泥塑，誠慨乎言矣。在今而言畫，若猶遵此絶港，何期於江海。

故吾友吳子一峯，能自脱略陳規，而探天地造物之心，未嘗不佩其識之卓也。余識一峯在壬戌之秋。於時皆童稚，而好弄筆墨。一峯兼治印章，摹秦範漢，自嘆弗如也。爾後相别二十餘年，杳不通音問。洎【一三】余遭亂避地來蜀，始復相遇。出示蜀中紀遊諸稿，知其所經覽之廣，多養之深，而又能擷英棄滓，鈎選蹊逕，自外於前人。其用力甚勤，而用心甚苦也！

四海之大，山川草木，雲霞雨雪，古人師之，得一而遺九。其得於一者，誠足師承，而資啓發；而遺九者，瑰瑋奇麗，繁賾紛綸，不更足法哉！其亦後人之責也。

今一峯將陳其紀遊之作於成都人士之前。夫成都文物之盛，號冠於今時。賢士大夫，留情翰墨，發今證古，而又與一峯夙所習識，必有感矣。遂書其端。

三十三年六月於重慶

註釋

【一】李思訓（六五七—七一六），唐畫家。字建見，唐宗室。玄宗開元初官武衛大將軍。師法展子虔，工金碧山水，自成家法。

【二】範寬：北宋畫家。字中立，陝西華源（今耀縣）人。活動在宋仁宗天聖（一〇二三—一〇三一）年間。和李成、關仝被稱爲『三家鼎立、照耀古今，爲百代師法』的楷模。

【三】馬遠：南宋畫家，字欽，錢塘（今杭州）人。南宋畫院待詔。

【四】夏珪：南宋畫家。字禹玉，錢塘（今杭州）人。南宋畫院待詔。

【五】趙吴興：趙孟頫（一二五四—一三二二），元畫家、書法家。字子昂，湖州人。號松雪道人。宋宗室，入元爲翰林學士。

【六】唐志契（一五七九—一六五一），字玄生，揚州人。善畫。著有《繪事微言》。

【七】盛大士（一七七一—？），字子履，號逸雲。太倉人。善畫。著有《谿山卧遊録》。

【八】惲挈士：惲秉怡（一七六二—一八三三），字潔士，號梧崗。常州人。惲壽平後裔。書畫皆能。著《墨林今語》。

【九】郭熙：北宋畫家。河南温縣人。宋熙寧年間爲御書院藝學，師法李成。

【一〇】四王：參見一六五頁註【三】。

【一一】惲：惲壽平（一六三三—一六九〇），清畫家。初名格，字壽平，又名正權，號南田，别號雲溪外史等。常州人。

【一二】吴：吴歷（一六三二—一七一八），清畫家。字漁山，號墨井道人，又號桃溪居士。常熟人。

【一三】洎：到、及。意指與吴一峯二十年不通音訊，抗戰時避亂到蜀，相會於蜀中。

陸儼少畫贈吳一峯夫人駱禧懋水墨山水

一九四二年

縱一〇四厘米　橫三九厘米

三十一年九月十日坐一峯草堂，小雨留人。案上適有素紙，點染成此。即似禧懋夫人清賞。　陸儼少並記

浙江省平湖市『吳一峯藝術館』藏

陸儼少爲一峯草堂書聯

一九四二年

縱一〇三·五厘米 橫二二·五厘米

陸儼少《一峯草堂圖》款識

室有孟光案，堂成錦水濱；
壯懷收翰墨，健翮弄風塵。
摘樹嘗新果，看山憶故人；
寫圖聊寄興，共此性情真。
三十二年癸未九月有懷
一峯老兄　寫此圖賦詩奉寄
陸儼少

按：

據陸儼少函（四），詩作於前（一九四二年）而畫成於後。《一峯草堂圖》於『文革』抄家中散佚。

吳一峯爲陸儼少治印

一九四二年

陸儼少撰《吳一峯畫集》序

我友吳一峯，浙江平湖人。幼而聰慧，性好繪畫。與予上海澄衷中學同學，聯牀共桌，朝夕相處。自其牀榻，雜置篆刻刀具，以及硃筆勾摹秦漢印譜，積至盈尺。性之所好，專精勿怠。予因亦學習刻印自君始也。如是者不一年，君轉入上海美專，專習國畫山水，予意戀戀欲同往，嗣以家君謂學畫宜先讀書，遂不果往。自後予考入無錫美專，不相聞問者多年。弟知其隨黄賓虹先生去四川。當時中國畫壇，摹古成風，於故紙堆中討生活，上溯四王，陳陳相因，鮮有新意。而黄賓虹先生獨排衆議，力挽狂瀾，倡爲出外寫生之舉。打破千家一面，奄奄無生氣之弊。君追隨黄先生跋涉萬里，看盡神州風景，經歷險阻，深入窮鄉僻壤。高山大野，遠林平楚，江流之湍急，雲物之凄迷，以及通都大邑，關隘津梁，皆可按圖索驥，指名而得。於是畫風丕變，而君名亦大噪。

今君年逾八十，精力未衰，精進不已。於傳統中獨闢蹊徑，則其所詣，詎可量哉！

一九九二年一月五日於深圳

載《吳一峯畫集》，四川美術出版社，一九九二年版

吳一峯撰《陸儼少書畫藏品畫集》序

吾同窗好友陸儼少，上海澄衷中學同班同學，連牀共桌，朝夕相處，習畫、治印志趣相投，書畫結緣。吾長二歲，一九二四年入上海美術專門學校首屆國畫系，嗣知儼少老弟入無錫美專。吾於一九三二年隨尊師黃賓虹入四川，留居成都。抗戰期中，儼少老弟舉家入蜀，與吾相會。一九四二年重陽佳節下榻吾齋堂，切磋畫藝，互叙衷腸。儼少老弟乘興書對聯兩副，作畫二幀相贈，吾收藏至今。抗戰勝利後，儼少老弟順長江東下返回故里，幾十個春秋書信往返，書畫繫情。

儼少老弟詩、書、畫兼擅，尤長於山水。詩文功底極深，且融於畫中，故妙趣横生，蓋畫外有畫爾。其山水畫遠宗宋元，近師明清，博採衆家之精華，積數十年實踐經驗，山勢、行雲、流水；點、綫，積墨之精髓，又闢蹊徑，自成面目。當今畫苑，不可多得也。

儼少老弟禀性剛直，自强不息，畫風人品，令人肅然起敬。

今香港朵雲軒，廣集儼少老弟流傳海内外佳作真跡，積集四輯，面示讀者，立辨真僞也。吾自當爲此效力，提供儼少老弟早期書畫真品公之於衆，或許能爲畫集增輝也。

載《陸儼少書畫藏品畫集》第四輯序八，一九九三年版。

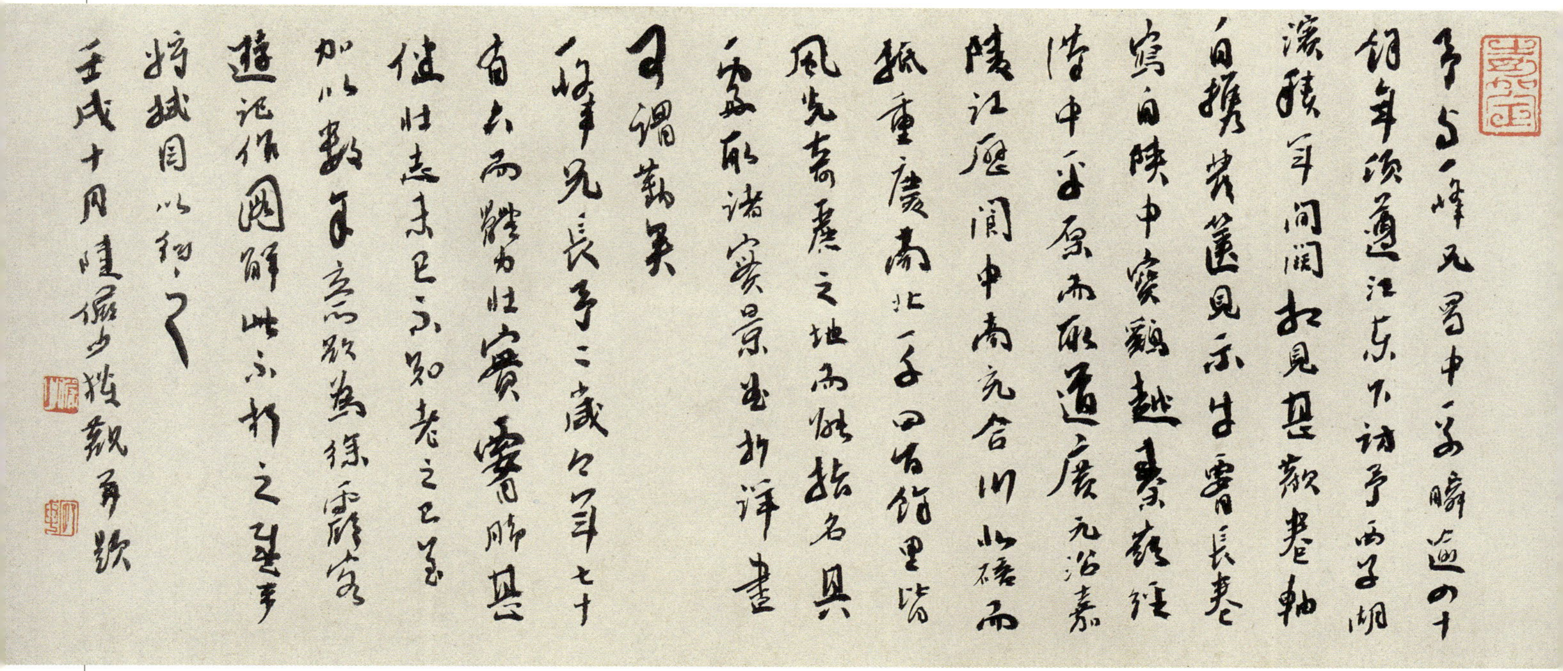

陸儼少跋吳一峯《嘉陵山色》手卷　一九八二年

予與一峯兄蜀中一别，瞬逾四十餘年。頃遵江東下，訪予西子湖濱。積年間闊，相見甚歡。卷軸自携，啓篋見示。牛腰長卷寫自陝中寶鷄，越秦嶺，經漢中平原而取道廣元。沿嘉陵江歷閬中、南充、合川、北碚而抵重慶，南北一千四百餘里，皆風光奇麗之地。而能指名具處，取諸實景，曲折詳盡，可謂勤矣！

一峯兄長予二歲，今年七十有六。而體力壯實，腰脚甚健。壯志未已，不知老之已至。加以數年，意欲爲《徐霞客遊記》作圖解。此不朽之盛，予將拭目以待之。

壬戌十月　陸儼少獲觀並題

嘉陵山色（局部）

吴一峯作

一九九一年攝於深圳陸儼少寓所。
左起：吳一峯、陸儼少。

一九八四年攝於成都吳一峯寓所。
左起：陸儼少、吳一峯、駱禧懋、朱燕因。

關山月書札

關山月（一九一二—二〇〇〇），畫家，美術教育家。原名澤霈，廣東陽江人。一九三三年畢業于廣州市立師範學校，後入高劍父創辦的春睡畫院學習。上世紀四十年代曾赴敦煌研習莫高窟千佛洞古代壁畫。一九四九年後長期在華南文藝學院、廣州美術學院等校任教。曾任中國美術家協會副主席、中國美術家協會廣東分會主席、廣東畫院院長等職。爲當代嶺南畫派的主要代表。

吳一峯與關山月定交於一九四一年。時值抗戰期間，關山月到四川成都下榻於督院街附近的『法比瑞同學會』樓上，常過訪於『一峯草堂』交流畫藝。其上青城，訪桂湖等成都周圍名勝，吳一峯亦陪同游覽。一九四一年，關山月在成都舉辦畫展，吳一峯亦幫助張羅租借場地。關山月在蓉時吳一峯爲其治印兩枚相贈。新中國成立後因各種原因未通音訊。一九八一年關山月來成都舉辦畫展，老朋友方得以再聚。

一九九二年吳一峯往廣州舉辦畫展，關山月亦大力支持並爲之作題。

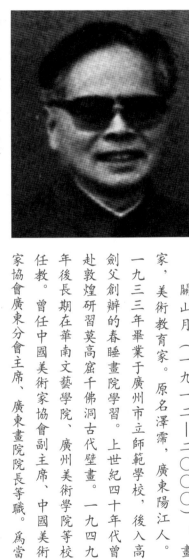

广东画院

一峯同志：

五月四日来信并剪报一份，均拜收，谢谢！这次去访蜀都，并与旧友重逢，至为欣慰！拙作展览，得到美协四川分会和成都画院诸同志的大力支持，谨此表示衷心感激！特别是老兄亲援笔，为我的画展撰文推荐，尤为可感，厚厚盛情，实为荣幸。

从川返穗后，一直忙着开会，应酬，未及修函致谢！十分抱歉！顺此请代向成都诸画友问好，多多珍重，一并叩

俪安

弟　关山月

五、11日

縱二七厘米　橫二〇厘米

一峯同志：

五月四日來信并剪報一份，均拜收，謝謝！

這次重訪蜀都，并與舊友重逢，至爲欣慰！拙作展覽，得到美協四川分會和成都畫院諸同志的大力支持，謹此表示衷心感謝！特别是老兄還撥冗爲我的畫展撰文推薦，尤爲可敬。虔虔盛情，更爲感幸。

從川返穗後，一直忙着開會、應酬，未及修書致謝，十分抱歉！順此請代向成都諸畫友問好，匆匆奉復，並叩

儷安

弟　關山月頓首　五、八日

琳琅滿目　美不勝收——關山月畫展觀後

吴一峯

我和關山月同志相識於一九四一年，當時大家都正當壯年。闊別卅九年後，又在四川省展覽館參觀他的畫展時欣然相逢，彼此分外高興。

這次展出的作品，是他多年漫遊祖國各地及波蘭、法國、瑞士、比利時等國創作的精品。他的技法豐富多樣，筆墨蒼渾雄厚，每幅畫都給人以高度感染力。整個畫展琳琅滿目，美不勝收。如《城市撤退》通景屏八幅，描寫了抗戰時期廣州人民扶老携幼離開家園的慘狀。南方極少降雪，作者用畫冰天雪地的手法，加强了悲痛凄凉的氣氛。這幅畫以渲染淡雅取勝。是一幅有價值的歷史畫。八十年代創作的《江峽圖》手卷，是他寫蜀道山水的傑作。他用簡練勾勒畫懸巖陡壁，形象畢肖。或以濃墨淡彩，或以虚實乾濕並施，雲煙繚繞，氣韵生動。與上述《城市撤退》相比，前者清麗飄逸，後者蒼渾奔放。更妙的是，這幅手卷結尾畫的起重高架，一輪紅日在薄霧中冉冉昇起，顯示祖國奔向『四化』的美景，給觀者以豐富的想象餘地。

此外，《巫山煙雨》水墨淋灕，别具新貌。《快馬加鞭未下鞍》是朱赭熱調設色，千軍萬馬兵士在重山之中。遠處若隱若現的點綴些群鳥，具有大膽的誇張。《井岡山頌》是一幅鉅型大横幅，作者既抓住了全貌，又刻畫細微，完整地展現了革命摇籃的雄偉景象。《蒙民遷徙圖》所寫男女老幼十四人，個個神態生動，各富表情，體現了他早期秀麗的繪畫風格。《一天的戰果》是一幅耐人尋味的漫畫，亦是一幅翎毛佳作。

看了關山月畫展，欣喜之餘，寫此短文以供愛好者共賞。

一九八一年四月於成都

吳一峯與關山月合影

一九八一年攝於成都。左起：關山月、吳一峯、李小平。

一九九一年攝於廣州。左爲吳一峯。

吳一峯爲關山月治印

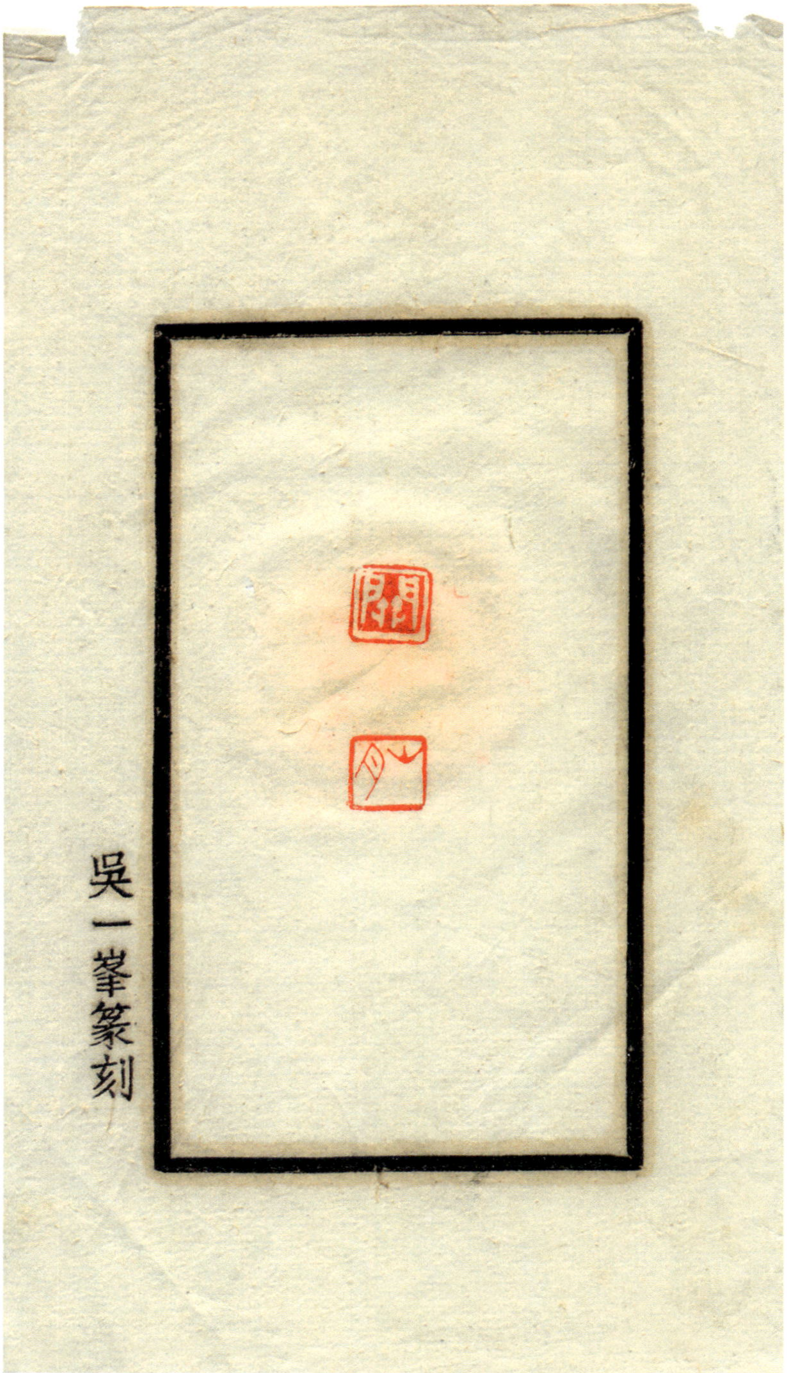

關山月題『吳一峯畫展』

一九九二年

浙江省平湖市吳一峯藝術館藏

流沙河書札

流沙河（一九三一—　　），原名余勛坦，詩人、作家。

一九五八年初，吳一峯『增補』爲右派分子。同年冬季，與流沙河一同下放在崇慶縣長河壩的陳家巖與懷遠鎮的曹家溝兩地『大煉鋼鐵』工地勞改一年餘。

一峰同志：

久違为念，問候起居。拙荆之一女友賈惠美同志，在成都玉器厂工作，有志于国画，常苦無良师，久仰仁兄画名，無缘當面聆教，乃求于我为介紹。望仁兄丹青之馀給她指点一二。若能惠然收她为藝徒，不勝感激。薪有尽而火傳，伏愿仁兄弟子遍蓉城，我亦有榮焉。

恭叩

夏安

流沙河

四月二十八日

縱二六·五厘米　橫一九厘米

一峯同志：

久違爲念，問候起居。拙荆【一】之女友賈惠美同志，在成都玉器廠工作，有志於國畫，常苦無良師。久仰仁兄畫名，無緣當面聆教，乃求於我爲介紹。望仁兄丹青之餘給她指點一二。若能惠然收她爲藝徒，不勝感激。薪有盡而火傳，伏願仁兄弟子遍蓉城，我亦有榮焉。恭叩

夏安

流沙河　四月二十八日

註釋

【一】拙荆：對人稱自己妻子的謙辭。

鞍子河礦區

吳一峯作

縱四五厘米 橫三二·五厘米

此畫作於一九五八年，寫『大煉鋼鐵』時期礦區所見。所寫萬家鄉鞍子河礦區距吳一峯與流沙河勞動改造地尚有數十里，二人曾往礦區拉過礦石。

吳一峯、流沙河聯吟『鋸柴』詩

一九五八年冬煉鐵爐旁鋸柴，吳一峯吟前二句，流沙河吟後二句。

煙如迷霧催人淚，砭骨寒風夜夜來。
斧影刀光鋸聲裏，大柴紛紛變小柴。

李可染畫贈吳一峯夫人駱禧懋《看山圖》

一九五六年　縱四九·五厘米　橫三九厘米

吳一峯贈李可染詩

送李可染畫師

一九五六年，可染畫師溯江來蜀，錦城相會，朝夕作畫，相與甚歡。今又將返京，賦此贈別。

君有煙霞癖，千山萬里尋。
鑒湖【一】景色好，鴈蕩水雲平。
峨嵋積雨暗，秋風三峽清。
胸中氣磅礴，筆意何縱橫。
寒鴈争南渡，伊人北歸行。
李昇【二】貌蜀道，歸去譽滿京。

註釋

【一】君方自紹興寫生來。

【二】李昇：五代·前蜀成都人。小字錦奴。善寫蜀中山水，心思造化，意出先賢，自創一家之能。其畫細潤中有氣韻，極爲米芾賞識。得李思訓筆法，而清麗過之，蜀中亦稱其爲『李將軍』。

賀天健題吳一峯《壯遊圖》（辛未卷）

一九三一年

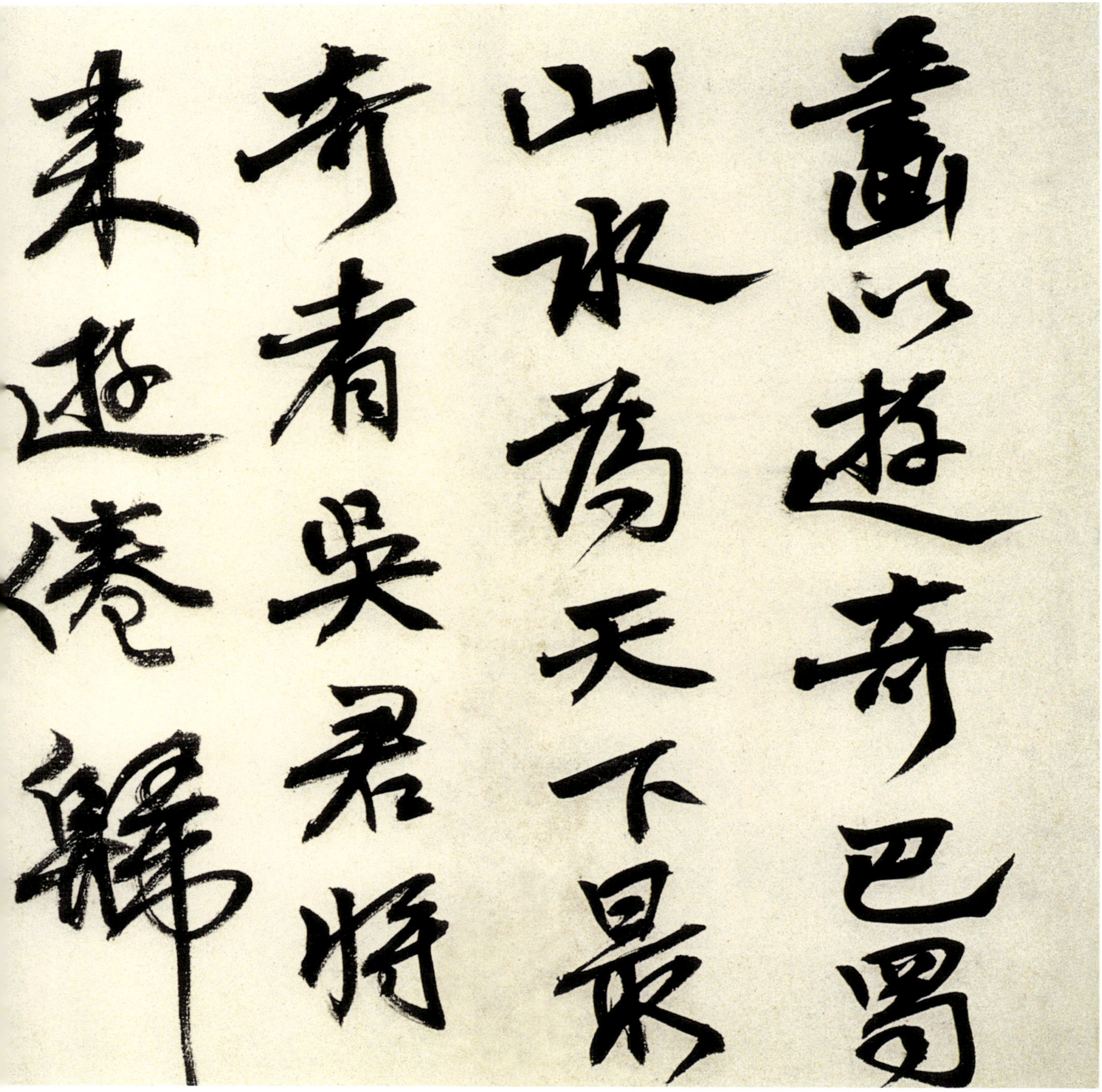
畫以遊奇巴蜀
山水為天下最
奇者吳君將
來遊倦歸

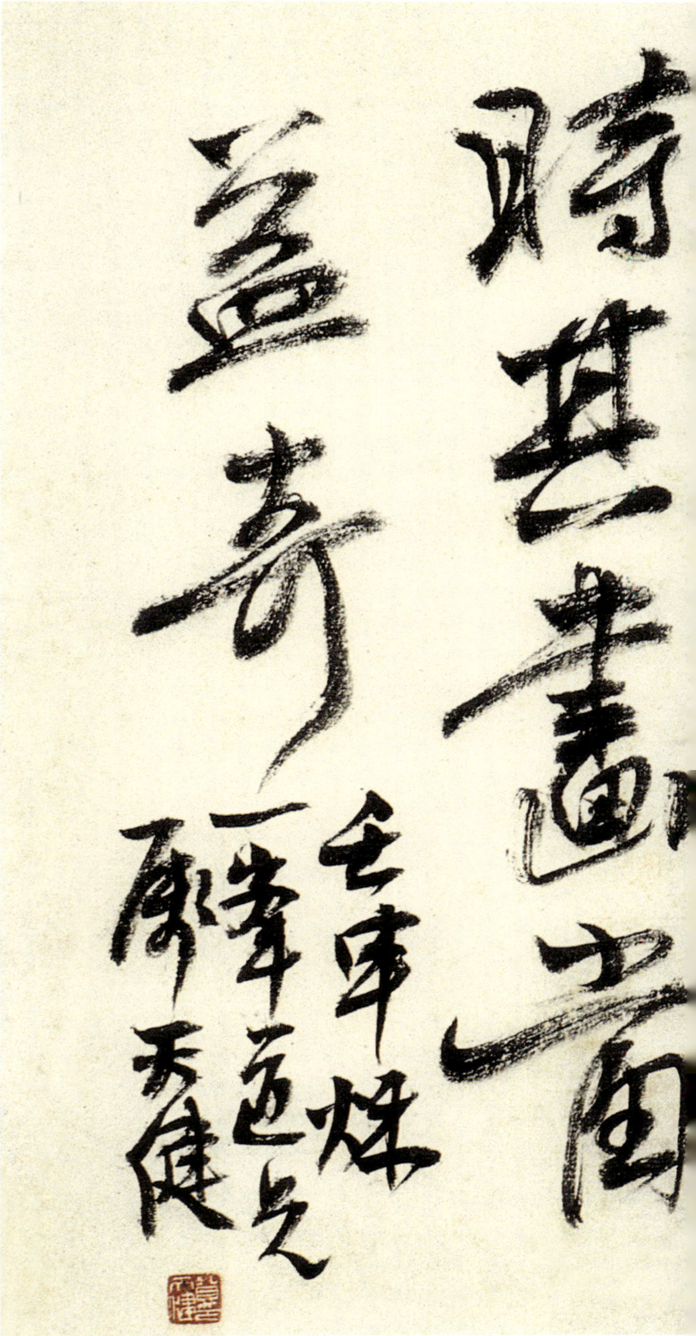

畫以遊奇，巴蜀山水爲天下最奇者。吳君將來遊倦歸時，
其畫當益奇。 壬申秋
一峯道兄囑 天健

鄭岳題吴一峯《壯遊圖》（辛未卷）

一九三一年

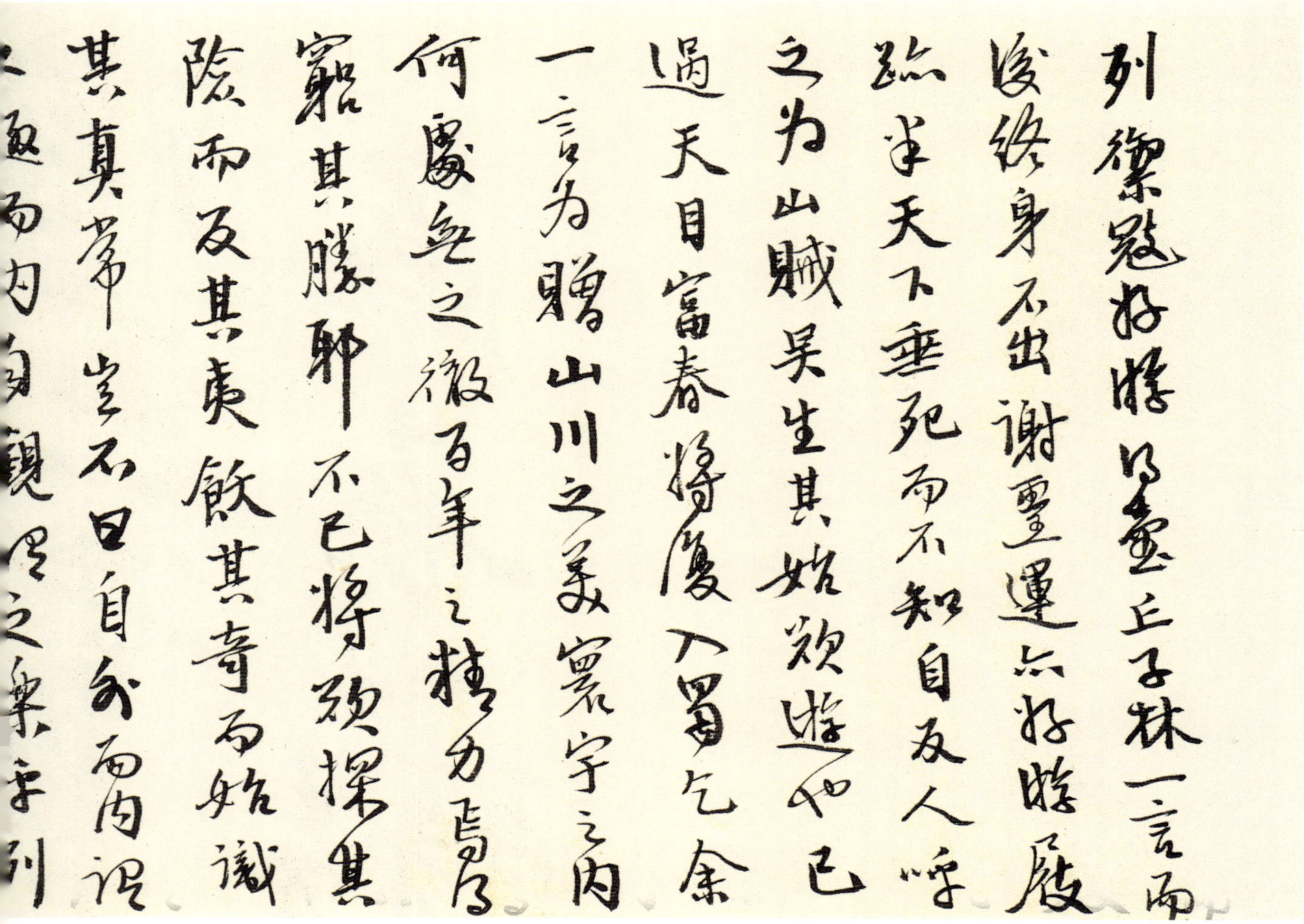
列御寇好將以蓋丘子林一言而
後終身不出謝靈運亦好勝履
蹤半天下垂死而不知自反人呼
之為山賊吴生其始殆游也已
過天目富春將履入蜀乞余
一言為贈山川之美寰宇之内
何處無之微百年之精力焉得
窮其勝聊不已將殆探其
險而及其夷飲其奇而始識
其真常豈不曰自我而内證

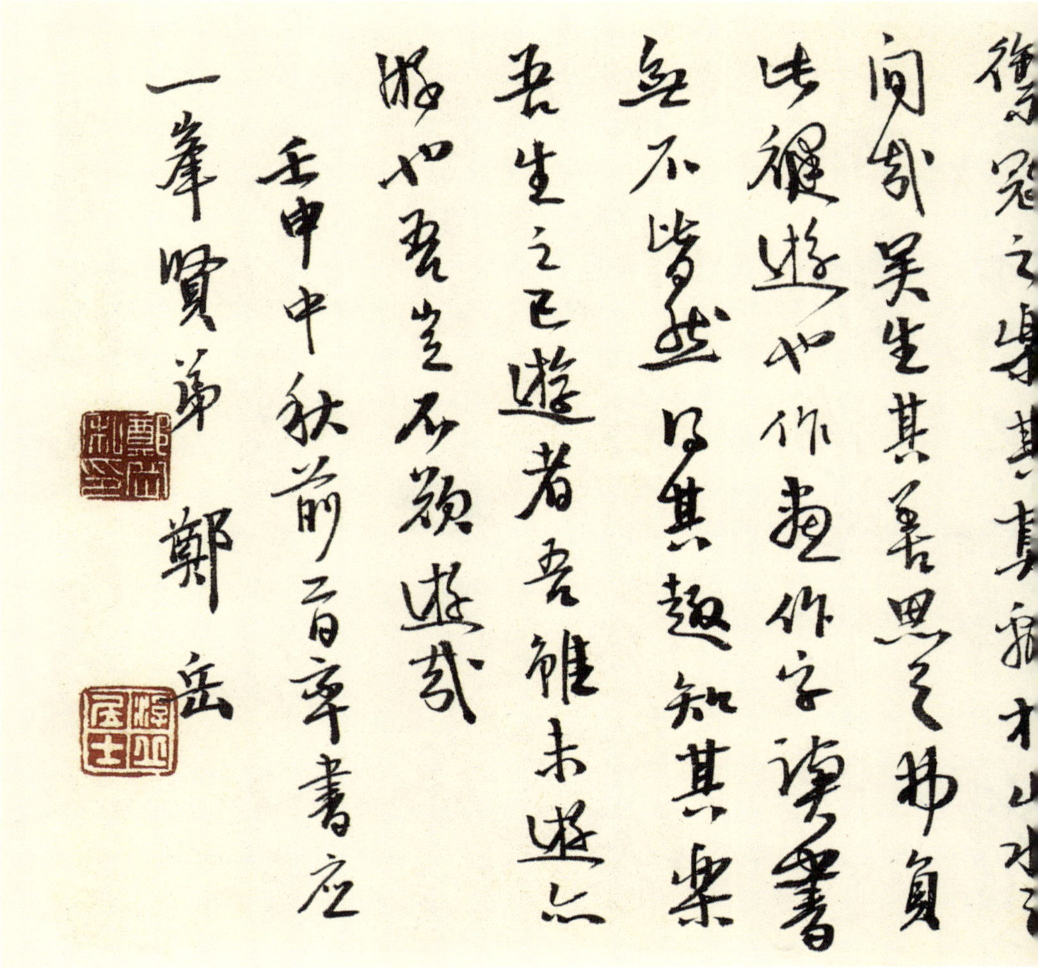

列禦寇好遊，得壺丘子林一言，而後終身不出。謝靈運亦好遊，屐跡半天下，垂死而不知，自（至）友人呼之爲山賊。吳生其始欲遊也。已過天目、富春，將復入蜀。乞余一言爲贈。山川之美，寰宇之内何處無之？徹百年之精力焉得窮其勝耶！不已將欲探其險而反其夷，飫其奇而始識其真常。豈不曰：自外而内，謂之趣，而内自觀，謂之樂乎？列禦寇之樂其真，離於山水之間哉！吳生其善思之，弗負此健遊也。作畫作字讀書無不皆然。得其趣知其樂，吾生之已遊者，吾雖未遊亦遊也。吾豈不欲遊哉！

壬申中秋前二日　率書應

一峯賢弟　　鄭岳

謝玉岑題吳一峯《壯遊圖》（辛未卷）

一九三一年

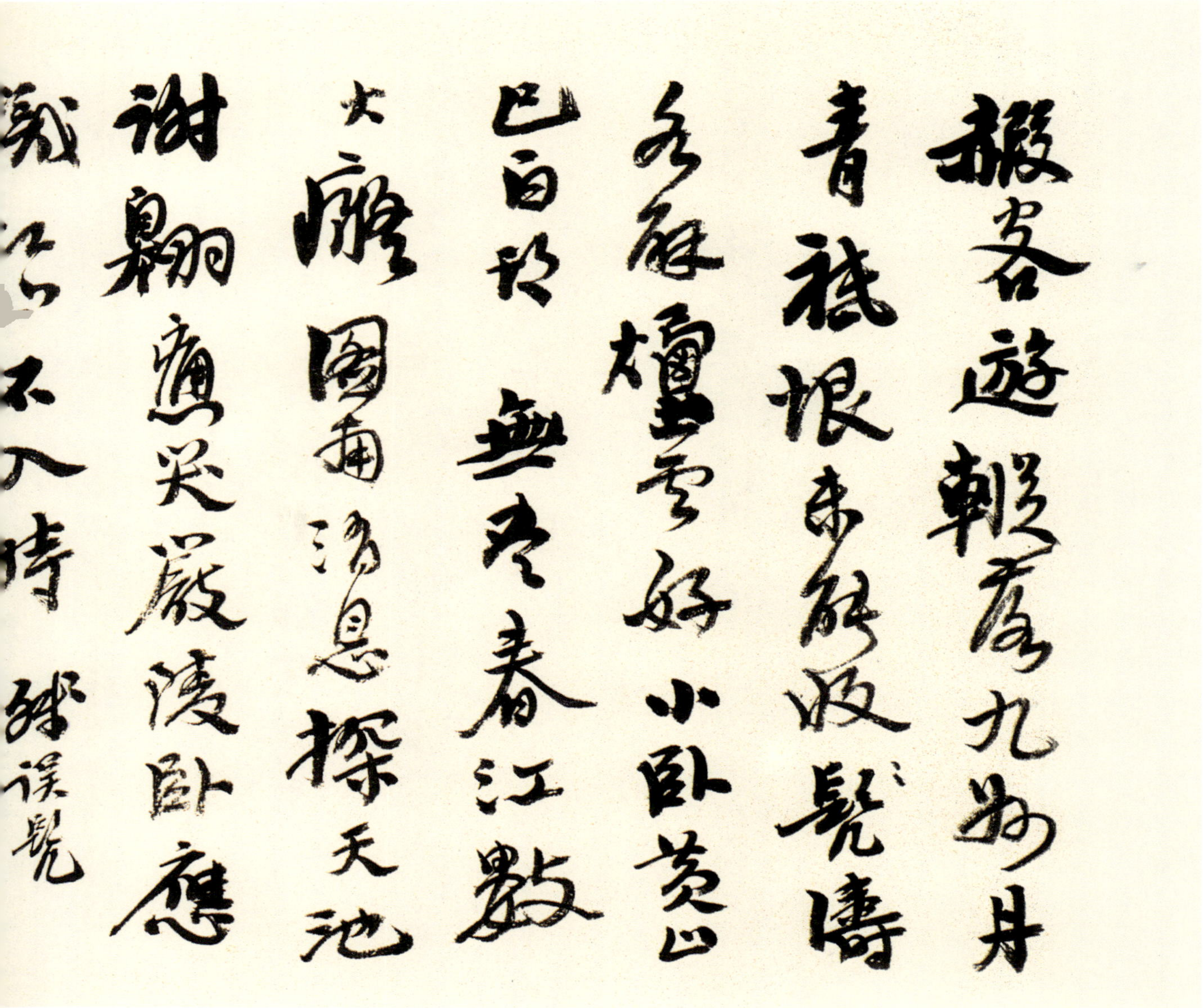
擬客遊轍處九州丹
青鞋恨未能波鬚濤
多殘壇雲好小臥茂山
已白頭無尺春江數
大癡圖裏消息探天池
謝翱遺采嚴陵臥聽
識江不入詩 [illegible]

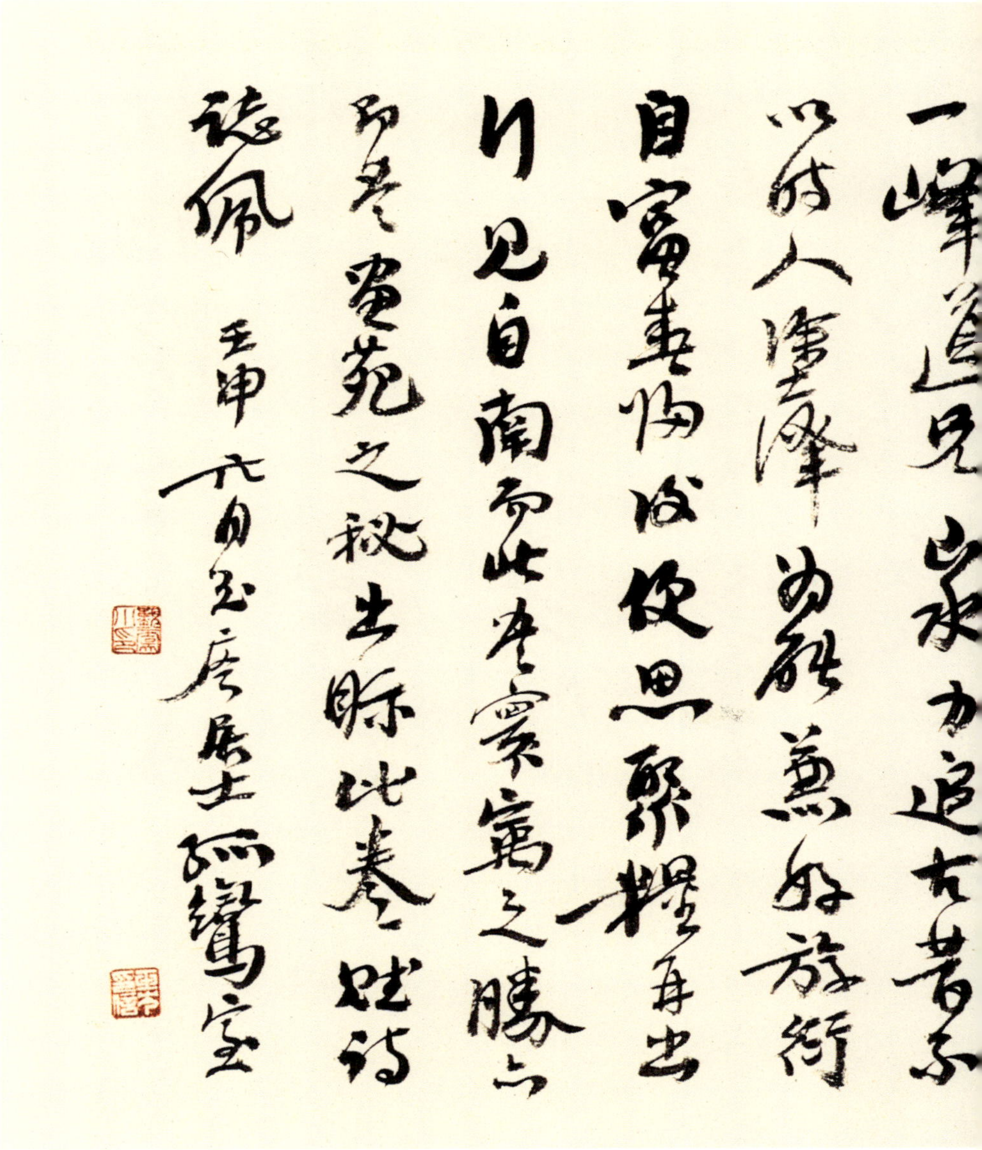

赮客遊蹤落九州，丹青衹恨未能收。髡濤各解煙雲好，小卧黃山已白頭。無盡春江數大痴，圖南消息探天池。謝翱慟哭嚴陵卧，應識江山不入時。殘誤髡

一峯道兄山水力追古昔，不以時人塗澤爲能。兼好遊行，自富春歸後便思聚糧再出行，見自南而北盡寰宇之勝，亦即盡畫苑之秘。出視此卷，賦詩誌佩。

壬申六月　玉岑居士孤鸞室

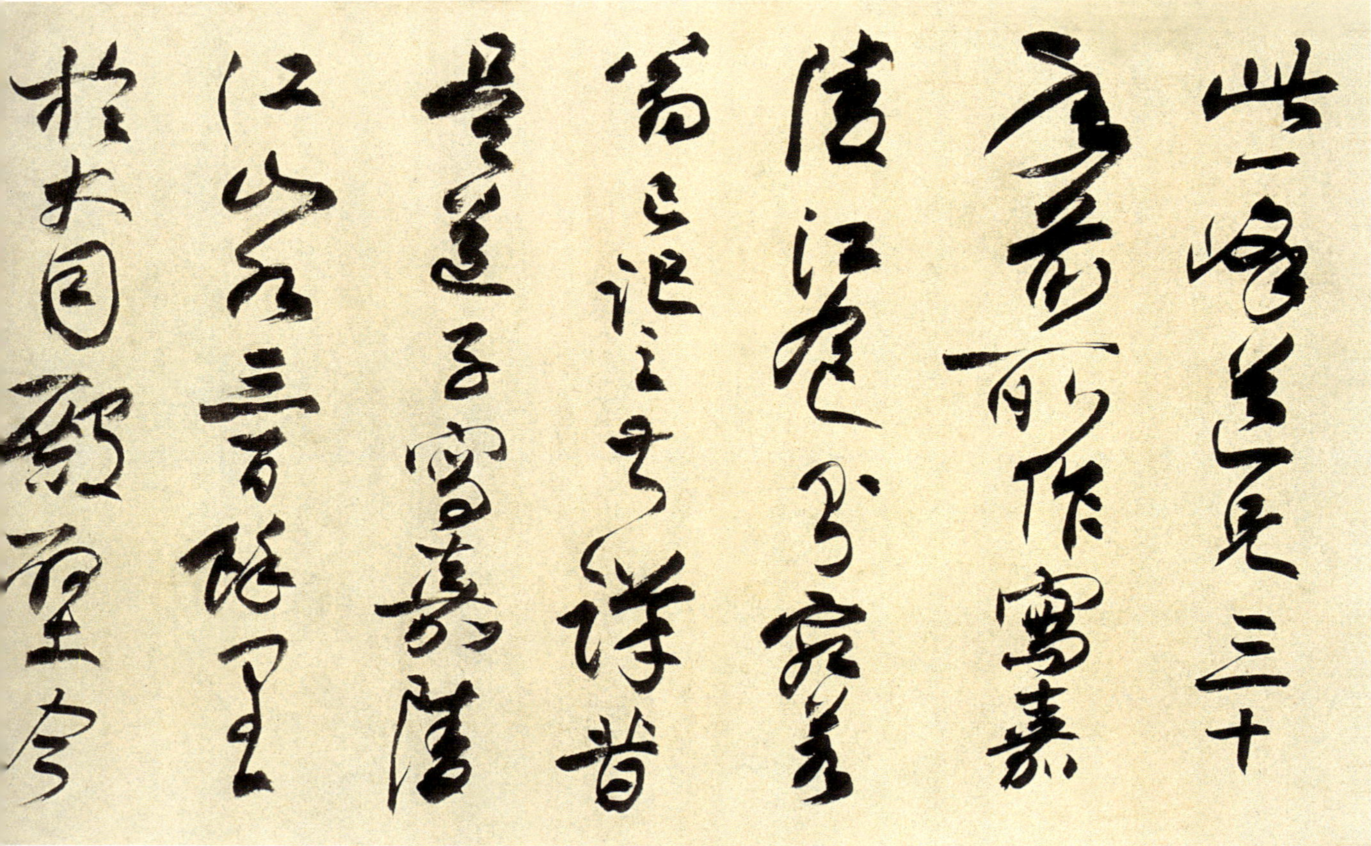

謝稚柳跋吳一峯《嘉陵山色》手卷

一九八二年

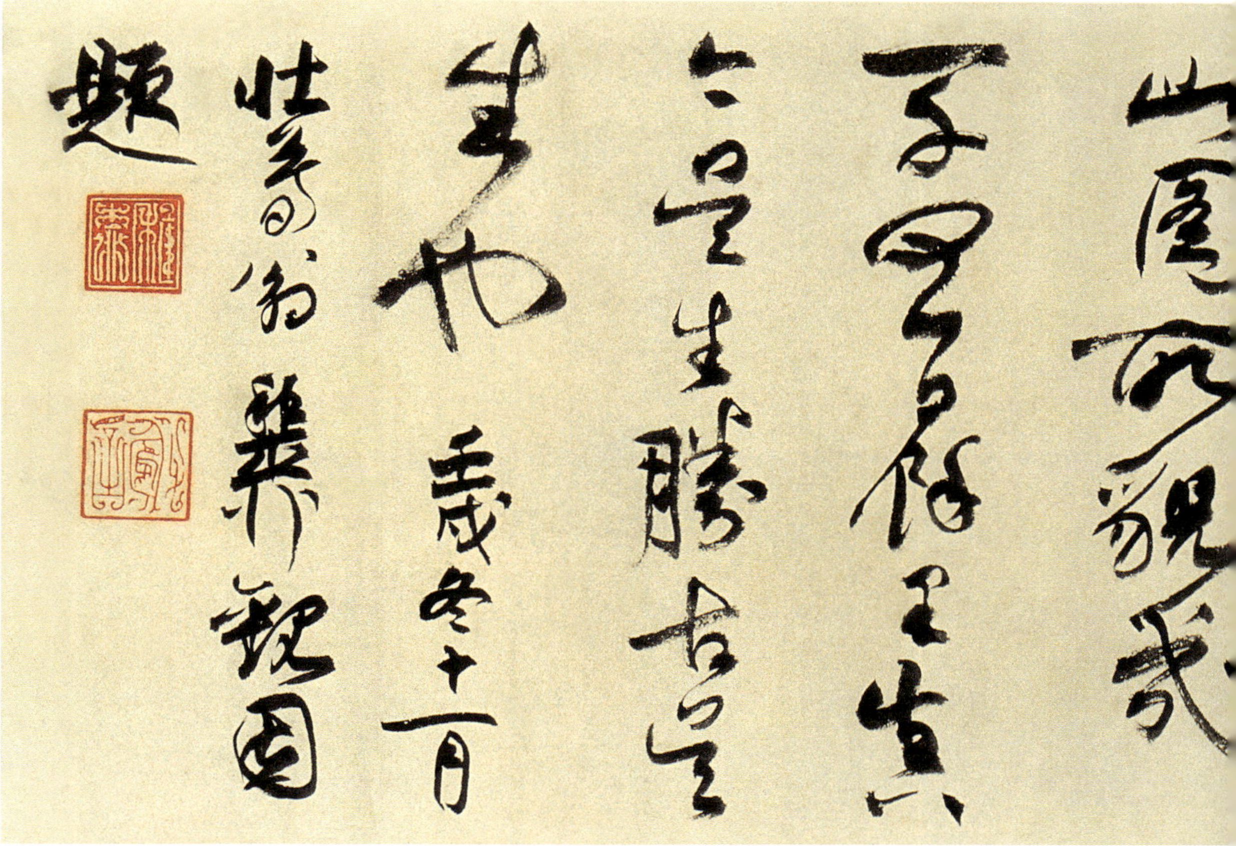

此一峯道兄三十年前所作，寫嘉陵江□□，宛若翁已記之甚詳。昔吳道子寫嘉陵江山水三百餘里於大同殿壁，今此圖所貌幾一千四百餘里。真今吳生勝古吳生也。

壬戌冬十一月　壯暮翁稚柳觀因題

一九九〇年吳一峯（左）與謝稚柳攝於『壯暮堂』

錢瘦鐵爲吳一峯《壯遊圖》（辛未卷）繪彭蠡湖圖　一九三二年

一峯道兄將入蜀，出卷屬題。予不文，故寫匡廬碧龍潭俯瞰彭蠡湖之一角，聊以塞責。

叔厓

錢瘦鐵題吴一峯篆刻

一九五七年

縱一四五厘米　横五二厘米

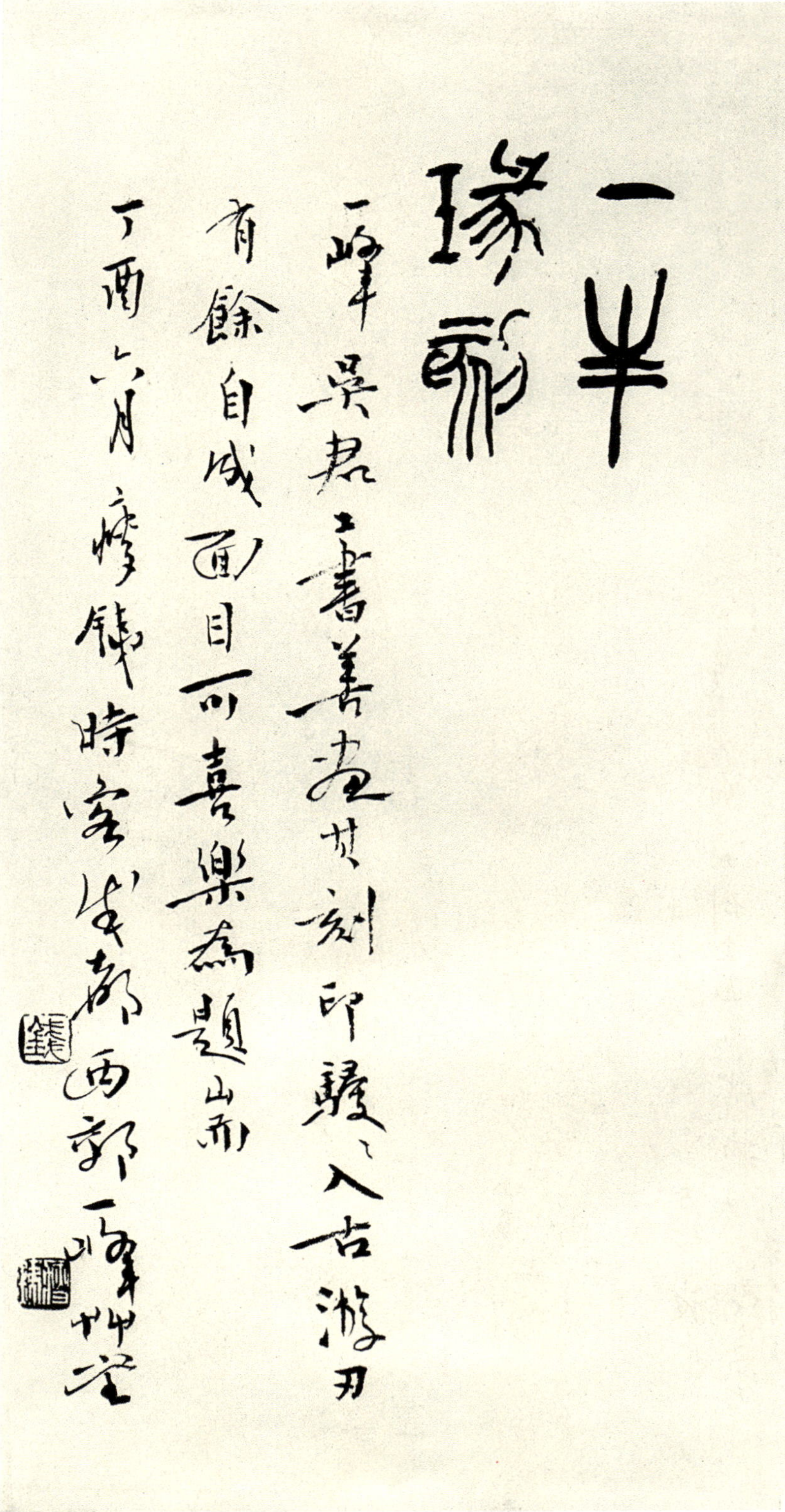

一峯篆刻

一峯吴君工書善畫，其刻印騣騣入古，遊刃有餘，自成面目。可喜！樂爲題耑。

丁酉六月　瘦鐵時客成都西郊一峯草堂

吳一峯爲友朋治印選

黃君璧

王漁父

宋吟可

鄧錫侯

郎静山

董壽平

葉淺予

馬悦然

張一麐

程漫父

劉廬隱

楊　森

編後語

《一峯草堂師友書札》是紀念吳一峯先生百年誕辰系列圖書中的一本。本書得以順利地編輯和出版，有賴於衆多師友的關心和支持。

首先要感謝吳一峯先生的子女吳蜀江先生、駱臨存先生、吳嘉陵女士、吳若陵女士爲我們提供了這批珍貴的信札和其他相關資料。

流沙河先生上世紀五十年代與一峯先生蒙冤共厄，其間有着一段難忘的苦難經歷，是本書信函書寫人中唯一的在世者。對於本書的編輯，沙河先生披讀作序之餘，還不避細瑣，幫助校改編輯過程中的錯漏。其對故友殷殷之情和嚴謹學風，令人感動。

本書序二，是發自瑞典的E–mail，係國際著名漢學家馬悦然先生的一篇詩境般的散文。他給我們講述了與一峯先生近六十年前結下的異國友情。人類的情感是相通的，真摯的友情不會因時空和種族而阻隔。當年操着四川話，從華西壩『拐走』四川女子的『馬洋人兒』，如今已是耄耋老人。我們虔心遥祝他健康長壽。

上海王中秀先生長期致力於黄賓虹先生的研究，對吳一峯與黄賓虹之間的交往頗有瞭解。爲了本書的編輯，他不僅提供了很好的建議，更撥冗審改了部分稿件，對本書出版所作的貢獻令人尊敬。

文物出版社以其對文獻資料的敏感和重視，慨允出版，尤爲體現了其獨立可佩的專業精神。

爲本書編輯付出辛勞和提供幫助的文敏小姐、葉瑞琨先生、謝小波先生、韓雲朗先生、陳韜先生等，均此一並致謝。

限於編者水平，錯漏之處尚夥，祈望讀者不吝指正。

編　者　二〇〇六年四月

責任印製：張道奇
責任編輯：張廣然

圖書在版編目（CIP）數據

一峯草堂師友書札/劉欣，江功舉編；張啓政，劉欣校註．—北京：文物出版社，2006.10

ISBN 7-5010-1968-1

Ⅰ.一...　Ⅱ.①劉...　②江...　③張...　④劉...
Ⅲ.吳一峯—書信集　Ⅳ.K825.72

中國版本圖書館CIP數據核字（2006）第080839號

一峯草堂師友書札

劉　欣　江功舉　編
張啓政　劉　欣　校註

文物出版社出版發行
（北京東直門内北小街2號樓　郵政編碼100007）
http://www.wenwu.com
E-mail:web@wenwu.com
北京圖文天地企業形象策劃有限公司設計
北京圖文天地中青彩印製版有限公司印製
新華書店經銷
889×1194　1/16　印張：14.75
2006年10月第一版　2006年10月第一次印刷
ISBN 7-5010-1968-1/K・1041
定價：198.00元